MARIANO TRIA

ADDETTO VENDITE MIGLIORE: SI PUÒ!

Il Manuale Operativo per Vendere di Più, Evitare Gravi Errori in Negozio e Non Essere un Commesso Qualunque

Titolo

ADDETTO VENDITE MIGLIORE: SI PUÒ!

Autore

Mariano Tria

Editore

Bruno Editore

Sito internet

http://www.brunoeditore.it

Sommario

Introduzione

Ciao e grazie per aver scelto di leggere questo manuale.

Voglio dirti subito perché ho dedicato l'ultimo anno a un lavoro così impegnativo, sul ruolo di addetto vendite in negozio.

Il mondo del commercio al dettaglio è sempre di più in crisi e sai qual è una delle cause che non aiuta a invertire la tendenza?

I grandi professionisti delle vendite nei negozi sono ancora in pochi, purtroppo, e la maggior parte degli addetti, seppur con lodevole impegno, improvvisa, opera con approssimazione. Si tratta di commessi, senza una preparazione adeguata rispetto agli standard d'eccellenza richiesti oggi dal mercato. Ognuno fa il meglio che può con ciò che sa e con quello che è. Intanto, secondo autorevoli ricerche, il 68% dei punti vendita perde clienti proprio per carenze nel servizio. Gravissimo.

Chissà quante volte è accaduto anche a te di non mettere più piede in un negozio perché ti sei trovato molto male, sei stato servito in maniera superficiale. In quel caso non c'entra né la politica, né la tassazione, né la contrazione dei consumi, né qualsiasi altra giustificazione. Tu cliente avevi deciso di entrare proprio lì, per comprare, ma non sono stati in grado di fornirti il valore necessario per decidere di spendere i tuoi soldi. Ed è un peccato.

Il commesso inizia a svolgere quest'attività perché è libera, non richiede un percorso di studi. Non sono previsti esami, né abilitazioni. Si crede che basti saper parlare in italiano, avere un po' di parlantina, mostrare i prodotti, dire il prezzo e il gioco è fatto. Rappresenta una fra le scelte più facili nel complesso mondo del lavoro. Per necessità, piuttosto che per passione. Così, il ruolo è ricoperto in modo indifferenziato, senza una reale produzione di valore per il punto vendita.

Mi duole il cuore quando vedo, sulle vetrine di molti negozi, il cartello con la scritta: "Cerchiamo commessi". Non professionisti, ma risorse troppo semplici. Il destino di quell'attività commerciale è già segnato.
Soluzione? Deve scattare un clic in testa. Dai titolari ai collaboratori. Bisogna partire dal presupposto che fare l'addetto

vendite, e non il commesso, è un mestiere, con la M maiuscola. Da professionisti. E richiede una grande preparazione. **Va studiato** nei dettagli. **Non si può improvvisare.**

La formazione del personale è una delle priorità per i negozi che vogliono rendersi unici e distintivi rispetto ai competitor, in un mercato difficile e in continua evoluzione, in cui la tecnologia si sviluppa con una velocità impressionante. La qualità delle risorse umane è una vera e propria variabile di marketing, ormai. Il moderno professionista della vendita comprende bene che può anche aver finito gli studi ma **non deve mai terminare di istruirsi**. È una considerazione saggia e intelligente.

Dal 1996 mi occupo di formazione commerciale e di consulenza per lo sviluppo delle vendite al dettaglio, a stretto contatto con imprenditori, store manager e addetti di negozi di vari settori, in tutt'Italia. Ho svolto più di 26.500 ore di interventi, a cui hanno partecipato circa 81.000 persone. Ho verificato che evitare gravi errori in negozio, non essere un commesso qualunque e diventare un addetto vendite migliore è possibile. Si può!

Ho contribuito a rendere eccellenti migliaia di risorse, ma a loro nulla è caduto dal cielo. È stato necessario tanto impegno. I risultati si ottengono, i progressi sono continui e si fa carriera quando ci si impone di migliorare davvero. La buona notizia è che se ci sono riuscite moltissime persone che ho seguito, puoi farcela anche tu.

Ecco perché ho deciso di scrivere un manuale operativo: per **dare anche a te**, a chi desidera fare della vendita in negozio il proprio mestiere, **la possibilità di essere guidato passo per passo in un percorso di valore e di crescita professionale**. Di studio vero e proprio.

Ho trasferito in maniera completa **i migliori contenuti dei miei corsi di formazione** e degli approfondimenti, pensando ai vantaggi e ai benefici che avrei assicurato a te e al tuo negozio, sia con libero servizio sia con vendita assistita. E se sei già un venditore top, imparerai comunque qualcosa in più, oltre a verificare quanto sei in linea con il profilo di eccellenza che ho definito nel libro.

Tutte le indicazioni fornite sono ispirate innanzi tutto ai principi di **etica e correttezza verso la clientela**, alla base di una sana attività commerciale, rispettosa delle persone, prima che clienti.

Lo stile utilizzato è molto diretto, concreto, scorrevole, per agevolare il tuo apprendimento. Edulcorare la situazione del basso livello del servizio offerto in Italia non aiuta a migliorarla. Affrontarla in maniera decisa, invece, sì.

Se per alcuni negozi il concetto di *customer satisfaction* è ancora una conquista, pensa che oggi si parla addirittura di **customer obsession**, cioè del fatto che il cliente debba diventare una vera e propria *ossessione*, un pensiero fisso, per fargli vivere esperienze d'acquisto memorabili, di altissimo valore esperienziale, emozionale. Per i giapponesi, ti aggiungo, è considerato divino.

Chi riuscirà a seguire tali tendenze avrà successo nel settore del commercio al dettaglio. Gli altri, chiuderanno miseramente. La stessa integrazione fra negozi fisici e virtuali, social network, digitale e quant'altro le nuove tecnologie consentiranno di sperimentare di qui a breve, impone di ripensare la figura di addetto vendite in chiave "futuristica". Una risorsa con conoscenze informatiche e tecnologiche, sempre di più in grado di assistere il cliente in negozio anche a livello digitale, per coinvolgerlo. Così, diventa indispensabile accelerare il processo di miglioramento.

È chiaro che la variabile P di Persone è una fra tantissime che compongono il *marketing mix* di un punto vendita. Devono essere tutte coerenti fra loro e serve a ben poco avere addetti fantastici se si commettono errori su altri fronti. Ma contare su venditori professionisti è, di sicuro, **il primo passo**. E saranno ancor più richiesti con l'evoluzione del retail.

In molti chiedono, durante i miei corsi: lo sviluppo dell'e-commerce porterà alla scomparsa dei negozi? Ritengo di no, ma bisognerà fornire ai clienti **il motivo** per continuare a frequentarli. E una buona ragione non è certo la mediocrità del servizio.
Fatte queste considerazioni, sarai d'accordo con me che sviluppare un percorso di miglioramento come addetto sia prioritario non solo per **proteggere il proprio lavoro** ma per garantirsi **nuove opportunità**.

Ed è con grande piacere che ti presento i tratti salienti del manuale che ho preparato per te, per il tuo successo nelle vendite in negozio. Ben presto, quando li avrai già assimilati e messi in atto, ti renderai conto della differenza fra il tuo valore e quello dell'esercito di commessi qualunque. Anche nello stipendio.

Da cliente proverai pure un certo fastidio nel ricevere un servizio che non sarà all'altezza di quello che tu saprai offrire. E che un numero sempre maggiore di persone apprezzerà. Le proposte dai migliori retailer fioccheranno per te. E non metterai più fine alla tua voglia di imparare e crescere.
Nel frattempo, dammi la mano e iniziamo il nostro viaggio insieme.

La prima tappa è nel nuovo spietato scenario in cui l'addetto è chiamato a operare oggi. Tutto si evolve e la competizione diventa cruenta. I dilettanti chiudono bottega e i clienti sono sempre più consapevoli e preparati. Da ciò emerge il nuovo concetto di **servizio**, che non è più locale ma globale, perché oggi si viene confrontati con il mondo. E il **valore** assume una centralità tale che non possano esserci più compromessi.

Su questo palcoscenico stravolto, ogni giorno vai in scena tu, addetto vendite, che hai il compito di superare le aspettative della clientela, generando entusiasmo e fedeltà.

Per diventare davvero un grande professionista, devi lavorare sulla tua struttura personale. È una parte che ho previsto per essere sicuro che la tua presenza in negozio sarà perfetta, rispetto alla **cultura del lavoro e del team**. I commessi mediocri portano nel punto vendita le abitudini e i comportamenti sbagliati della vita di tutti i giorni. I loro **difetti di fabbricazione**. Scoprirai cosa significa davvero lavorare da professionista con i colleghi, stando attento non solo alla quantità ma alla qualità delle ore in negozio. Senza questa impostazione, sarebbe inutile proseguire il percorso.

Se stai leggendo il libro, penso che tu voglia ottenere qualcosa in più. Migliorare gli standard di servizio e le vendite dipende dalla disponibilità ad accettare il verbo più complesso: **cambiare**. Un commesso qualunque, invece, si convince che a determinare la sua qualità sia soltanto l'esperienza accumulata. Se essa, però, non è bilanciata con la conoscenza, con il sapere, il rischio è di continuare a lavorare solo sulla base delle proprie abitudini, di quello che si ritiene essere giusto o sbagliato, interpretando in base al proprio modo di pensare qualsiasi aspetto relativo al rapporto con il cliente.

Capisci bene che il manuale si basa proprio sul sapere, sul saper fare e sul saper essere. Approfondirai tutti gli aspetti principali che regolano la **comunicazione efficace di vendita**, in modo da essere consapevole degli effetti che produci sul cliente ogni secondo del tempo che passi con lui in negozio. Ti aiuterò a comprendere come influenzarlo positivamente. Verificherai che non basta saper parlare, perché ci sono altri mille aspetti che possono trasformare gli esiti di una trattativa. Il punto è conoscerli. Da qualche parte un modo migliore di comunicare per vendere esiste, ma è patrimonio solo delle eccellenze.

Ti svelerò il **potere delle domande** da fare per concludere più vendite, imparando ad ascoltare le risposte del cliente, seguendo alcune precise indicazioni. In più, ti abituerai a prestare attenzione ad alcuni principi fondamentali nella tua relazione con lui, la cui mappa va compresa per gestire al meglio la trattativa. Ti fornirò la spiegazione reale al motivo per cui, piaccia o no, **il cliente ha**

sempre ragione.

Dopo aver arricchito le tue conoscenze con questi argomenti fondamentali, che rappresentano i pilastri, entrerai nell'affascinante mondo della **mente del cliente**. Ti spiegherò, con assoluta semplicità, come far leva su **bisogni, emozioni, motivazioni e criteri di scelta**, per vendere. Appena avrai compreso i meccanismi che regolano i suoi comportamenti d'acquisto, non vedrai l'ora di correre in negozio per mettere in pratica i tantissimi input che ti darò.

Come sai bene, non c'è mai una seconda possibilità per dare un'ottima prima impressione. Per questo, ogni professionista delle vendite in negozio è consapevole che deve essere perfetto nell'**accoglienza**. Su questo momento così determinante, ho previsto così tanto materiale da usare che avrai l'imbarazzo della scelta per fare colpo sul cliente e gestirlo al meglio, fino all'uscita. Il taglio è così pratico che ho indicato una valanga di frasi che potrai utilizzare.

Siccome nei miei corsi chiedo sempre ai partecipanti di alzare l'asticella della preparazione, ho dedicato un intero capitolo al miglioramento della tua **capacità di persuadere** il cliente, di spingerlo a dirti di sì. Tantissima roba, che va in profondità, per spiegarti gli automatismi che generano certe reazioni nella gente, in generale, e nella clientela, in particolare.

Sul capitolo 9, consentimi uno slancio di grande entusiasmo. È la Bibbia della comunicazione positiva di vendita in negozio, in cui ti presenterò le più comuni **frasi killer** da cancellare e sostituire con quelle vincenti. Espressioni che molti addetti ritengono corrette, perfette, solo perché utilizzate abitualmente, scoprirai che sono tutte sbagliate e che, anzi, producono effetti molto negativi sul cliente.

È un lavoro indispensabile per chi si occupa di vendita. Dopo lo studio di questa parte e l'impegno che metterai nel ripulire la tua comunicazione di vendita, i progressi saranno enormi. Cambierai proprio la prospettiva con cui parlerai ai clienti e i vantaggi saranno immediati.

Infine, il professionista in negozio – se ha dato valore al cliente, si è fatto percepire come un esperto autorevole e non ha sbagliato alcun passaggio – è facile che concluda la vendita. Le **obiezioni**, che tanto spaventano un commesso qualunque, saranno magari più blande. In ogni caso, avrai a tua completa disposizione un intero capitolo per rispondere da campione delle vendite, preparato, senza improvvisazioni.

Ti ho scritto una lunghissima serie di risposte con cui potrai trattare le obiezioni più comuni che si ricevono in negozio. Comprese quelle sul **prezzo**, per le quali troverai eccellenti soluzioni da utilizzare. E se qualcuno, dopo l'acquisto, dovesse reclamare? Alla fine del manuale c'è un ottimo sistema, in tre fasi, a prova di cliente imbestialito.

Che cosa ne pensi? Tanti contenuti, indicazioni pratiche, operative, a cui attingere da subito. Più impari, più diventi consapevole e più cresce la tua **sensibilità di vendita**, che ti consente di fare la cosa giusta al momento più opportuno. Sarà un percorso utile e produttivo, vedrai.
Otterrai grandi benefici dalla lettura e dallo studio di tutto quello che ho scritto per te.

Al termine di questo manuale sarai diventato un **addetto vendite migliore in negozio**.

Te lo prometto.

Ho una sorpresa per te. Per ringraziarti di aver scelto il mio libro, ti invio con piacere tre video formativi. Vai su www.addettovenditemigliore.it/video per scaricarli gratis.

Capitolo 1:
Come è cambiato il servizio nel retail

Una delle domande con cui, di solito, inizio i miei corsi è: "Come sono i vostri clienti?".

E i tuoi, quali caratteristiche hanno? Pensaci.

Sai quali sono le principali risposte che ricevo e fra cui, probabilmente, ci sarà anche la tua? Per qualche minuto registro una lunga serie di lamentele sui clienti, etichettati con giudizi trancianti. "Sono esigenti, polemici, arroganti, presuntuosi, maleducati, irrispettosi, furbi ecc." E io rincaro la dose: "Vi chiedono sconti? Dopo aver mostrato i prodotti di mezzo negozio rispondono che ci devono pensare? Si lamentano dei prezzi? Sono diffidenti?".

In quel momento leggo sui volti di molti corsisti rabbia e frustrazione, miste alla soddisfazione di potersi finalmente sfogare. E si rinforzano tra loro, si danno "coraggio". "Pensate che a me una volta è accaduto che un cliente ha fatto... ha detto..." è tra le frasi preferite, tipica di chi desidera avere la comprensione e l'approvazione dei colleghi. L'alibi per rafforzare l'idea che la colpa sia dei clienti cattivi, insensibili. Brutte persone.

Se non intervenissi per "sedare" i partecipanti, sarebbero capaci di passare otto ore a massacrare tale *essere indegno*: il cliente.
Dai, ti prego, dimmi che tu sei diverso. No?!? Beh, allora leggi attentamente.
Ho la soluzione per tutti i venditori che hanno queste difficoltà.

Basta mettere un cartello, all'esterno del punto vendita, con l'elenco di tutte le tipologie di clienti non gradite. "È vietato l'ingresso a: arroganti, presuntuosi, frettolosi, maleducati, indecisi ecc. Serviamo solo clienti gentili, educati, con le idee chiare, che non ci facciano perdere tempo e che paghino subito e tanto, senza fare domande o richiedere sconti".

Può essere una buona idea per non stressarsi, vero? Ma credi anche tu che il target si restringerebbe troppo? Ci sarebbero pochi ingressi e non servirebbero addetti. Neanche tu.

E allora? A parte gli scherzi, chi fa vendita deve accettare che non può disegnarsi, su misura, il cliente ideale e sperare che ognuno sia proprio così. È impossibile.

Fanno eccezione, e quindi vanno gestite con decisione, tutte le situazioni estreme, dall'inosservanza delle regole del negozio ai furti. Buoni e comprensivi sì, scemi no.

In questo manuale farò di tutto per aiutarti a essere un eccellente consulente di vendita, ma tu devi aiutare me. Apriti al miglioramento, con umiltà, e metti da parte qualsiasi pregiudizio. Tu non sei il mondo e non tutti i clienti sono come te. Quindi non puoi pensare di vendere a te ma a gente che, per forza, è diversa da te.

Bene, è già un buon inizio. Allineiamoci per trattare la clientela in maniera corretta.

Chi è davvero il cliente?

Analizza con me questa situazione: Giovanni lavora in un negozio di oggettistica per la casa, insieme con cinque colleghi e il proprietario. Le cose vanno abbastanza bene ma un giorno, per svariati motivi, nel punto vendita non entra nemmeno un cliente. Idem il giorno dopo. E quello successivo. Per tutta la settimana, nessuno. Nel negozio c'è scoramento, non si spiegano come sia possibile. Trascorso un mese senza alcun ingresso di clienti, il titolare riunisce i collaboratori e li informa della decisione di chiudere l'attività.

Chi è il **vero datore di lavoro** di Giovanni? Il proprietario del negozio? Eh no, non conta quasi nulla. Lui è il primo dipendente del più grande datore di lavoro che esista in tutto il mondo: **il cliente**.

Giovanni è un collaboratore del primo dipendente del cliente. Da quello gentile fino al più insopportabile, è lui a decidere quali punti vendita devono chiudere e quali no. Ha un potere immenso.

Sam Walton, fondatore di Walmart, ha detto: **"Esiste un solo capo supremo: il cliente. Può licenziare tutti nell'azienda, dal presidente in giù, semplicemente spendendo i suoi soldi da un'altra parte"**.

Convieni con me che si debba essere perfetti con il proprio datore di lavoro?

Ottimo. Proseguiamo su questa strada allora.

E tu, chi sei? Se stai leggendo questo libro **sei fortemente interessato alla vendita**, lo so. Ma nella vita tu sei, innanzi tutto, un cliente. Ebbene sì. Proprio un cliente. E forse anche tu sei molto esigente, diffidente, competente, intollerante, pur se educato e gentile. Vero?

Paghi volentieri in cassa? Sempre? Mai chiesto uno sconto in vita tua? Se un addetto è scortese porgi sempre l'altra guancia? Se è pigro o incompetente compri lo stesso da lui?

Noooo?

Allora ricorda che un bravo venditore è, prima di tutto, un cliente. Pensa a come desideri essere trattato quando sei dall'altra parte. Cosa ti entusiasma e ti spinge a tornare in un negozio? E perché preferisci che a servirti sia un addetto piuttosto che un altro?

Nelle prossime pagine approfondiremo quali caratteristiche di base deve avere il moderno professionista delle vendite in negozio. Nel frattempo, voglio condividere con te una considerazione.

Un addetto ha gli stessi compiti, o quasi, di un promotore

finanziario.

Hai compreso bene. Se tu hai un capitale di 100mila euro e lo affidi a un consulente, gli chiedi di fartelo fruttare. Giusto? Ti aspetti che in un certo arco temporale si incrementi almeno di qualche punto percentuale. O sei contento se ne perdi una quota? Qualcosa mi dice che ti arrabbieresti.

Lo stesso compito ha un venditore in negozio. L'azienda gli affida il suo capitale. Prezioso. Uno scrigno di gioielli con la scritta "fragile". **I clienti sono il capitale**. E l'addetto deve gestirli al meglio, per farli fruttare. Ha il compito di incrementarne il numero e il valore. Si tratta di una grande responsabilità, che non può far rima con superficialità. Se consideriamo quanti clienti vengono serviti da un venditore in un giorno, in un anno, e moltiplichiamo per il valore effettivo e potenziale di ognuno di loro, vien fuori una cifra importante. Soldi, tanti.

Tu affideresti mai i tuoi 100mila euro al primo consulente che incontri? Sono certo che ti sentiresti più al sicuro con un grande professionista. E tu, che promotore finanziario sei?
A volte molti titolari di negozi fanno dei clamorosi autogol. Dopo

tanti sforzi, sacrifici, debiti vari e… mutui, con molte speranze e una tonnellata di timori, cosa combinano? Invece di affidarsi a personale qualificato si rivolgono a chi, spesso, non si rivela all'altezza della situazione. Per risparmiare. Dai parenti in poi, il capitale viene fatto gestire da chi non ha la preparazione adeguata. Così come accade spesso nei periodi cruciali dell'anno: i saldi e le festività di Natale, per esempio. Aspettandosi una maggiore affluenza in negozio, si chiede a una nipote, a una conoscente, a chi nella vita si occupa di tutt'altro: "Vieni a darmi una mano?".

Una manooo?! Gli stai affidando il tuo capitale. I tuoi clienti. Sveglia!
Che servizio potranno mai offrire? Senza nemmeno un briciolo di formazione, nella maggior parte dei casi. Senza un'approfondita conoscenza dei prodotti.
È il metodo più veloce per sviluppare un passaparola negativo, virale online, su quel negozio. Con le relative, drammatiche, conseguenze. Punto.

Solo garantendo valore ai clienti si può riuscire a superare le loro aspettative, per stimolarli a tornare. Ogni attività ha *bisogno* di clienti pienamente soddisfatti, fidelizzati. Le ricerche di marketing dimostrano che per le imprese è molto più difficile, oltre che oneroso, acquisire nuovi clienti piuttosto che fidelizzarli. Per questo, aumentarne la soddisfazione diventa un investimento redditizio per mantenere o incrementare quote di mercato.

Alcuni dati, tanti anni fa, prima della nascita di internet, erano già allarmanti. Rileggerli ci aiuta a diventare ancor più consapevoli di quanto tutto sia radicalmente cambiato. Dalle ricerche compiute da un istituto statunitense di ricerca (il *Technical Assistance Research Programs*) emergeva che:

- Solo il 4% dei clienti reclamava; il 96% non avanzava alcuna protesta, ma il 91% non avrebbe più acquistato.

- Un cliente insoddisfatto comunicava a 11 persone la propria insoddisfazione (con uno sviluppo del passaparola negativo che portava l'insoddisfazione di un cliente a conoscenza, in maniera diretta e indiretta, di almeno altre 300 persone).

- Un cliente soddisfatto informava solo 4 persone della sua favorevole esperienza, perché la soddisfazione era scontata, visto che il cliente *paga* per ricevere un prodotto o servizio.

• Facilitando il cliente a esprimere la sua insoddisfazione riguardo a un problema riscontrato, anche senza intervenire per la sua risoluzione, si elevava del 10% la probabilità che il cliente acquistasse ancora dalla stessa azienda.

Se già prima di internet, quindi, un cliente insoddisfatto rappresentava una grave minaccia, è facile verificare cosa signifìchi, oggi, per un punto vendita. Con la nascita dei blog, dei forum, dei social network è sufficiente che una persona scriva un post su Facebook, ad esempio, per informare in un secondo migliaia e migliaia di amici. Che si fidano di lui o di lei.

E se ognuno di loro condividesse l'esperienza negativa vissuta dall'amico con tutte le altre sue migliaia di contatti? Si innescherebbe un virus negativo che rischierebbe di allontanare in pochissimo tempo migliaia e migliaia di clienti potenziali dal negozio. Nel dubbio, il cliente eviterebbe di andare proprio in quel punto vendita, dato che c'è solo l'imbarazzo della scelta.
La conseguenza? Pochi ingressi e molti rischi. Di chiudere.

Oggi un cliente insoddisfatto potrebbe raggiungere un numero infinito di persone! Paradossalmente, quei vecchi dati rappresentavano bei tempi. Passati, però. Il mercato è diventato selettivo. Se sbagli rischi di essere tagliato fuori. Senza pietà.

Ecco perché ogni addetto si deve sentire **responsabile**, con il suo lavoro, degli effetti che produce sui clienti, sui colleghi e sull'azienda più in generale, oltre che sul proprio futuro lavorativo.

In virtù di ciò, **bisogna essere sempre grati ai clienti che reclamano** (nell'ultimo capitolo del manuale ti indicherò come gestire un reclamo in modo professionale). È importante sollecitare i loro pareri per le seguenti ragioni:

- Possono trasformarsi nei clienti più fedeli, dal momento che il 95% di loro, se vedrà risolto quanto accaduto, non solo rimarrà fedele, ma parlerà bene del negozio a parenti, amici e conoscenti.

- Sono i collaboratori più utili per il miglioramento della qualità dei prodotti e dei servizi, perché nella maggioranza dei casi il reclamo dipende da carenze e situazioni reali.

- Grazie ai reclami ci si può impegnare a recuperare quel 91% di clienti insoddisfatti che preferisce rivolgersi ad altri, piuttosto che lamentarsi.

- L'ammontare del fatturato che un cliente può raggiungere nel corso degli anni rappresenta un valore molto al di sopra del costo di un cambio di prodotto, di un servizio extra o, addirittura, della restituzione della somma versata.

Ricorda che **acquisire un nuovo cliente costa almeno sei volte di più che mantenerne uno fedele**. Per questo bisogna puntare sempre a "**deliziarlo**", cioè a offrirgli qualcosa in più rispetto a ciò che lui si aspetta di ricevere. Ad esempio, se vendi un'auto a una donna, quando la consegni puoi far trovare sul sedile del guidatore una rosa e un bigliettino, con una bella frase.

Se lavori in un negozio di alimentari, studia una ricetta al giorno da proporre ai tuoi clienti. Se sei un addetto di un negozio di elettrodomestici e hai assistito una cliente nell'acquisto di una lavatrice, promettile che sarai a sua disposizione per qualsiasi cosa e, nei giorni seguenti, chiamala per verificare come si sta trovando.

In tutti questi casi, hai fatto qualcosa che il cliente non si aspetta. Percepirà che ci tieni davvero a lui, che non sei interessato soltanto a vendere.

Hai dimostrato orientamento alla persona-cliente, non alla vendita. Ogni volta che, invece, metti al primo posto la necessità di incassare, il cliente se ne accorge. E scappa da te.

Ormai **la semplice soddisfazione della clientela non genera più valore**.

Come ti sei trovato in quel negozio? "Bene." In questa risposta non c'è entusiasmo, stupore. C'è normalità.

Le aspettative dei clienti

Per il cliente, oggi, la semplice soddisfazione rappresenta un'aspettativa scontata.

Preparati. Il dato che ti presento ora è molto preoccupante. Il 75% dei clienti solo **soddisfatti**, in base alla ricerca anticipata, **dichiara di essere disponibile a rivolgersi alla concorrenza** per il prossimo acquisto.

Il dato è reale, purtroppo. Accade sia a me sia a te di comportarci così. Perché sappiamo che nel mercato si può avere di più e non ci sembra giusto doverci accontentare. Entrambi paghiamo. Tutti i clienti pagano e il denaro è la loro arma per farsi rispettare.

Ciò significa che l'unica via per la fidelizzazione della clientela è quella della "delizia". Bisogna dare molto di più. Valore e attenzioni, in tutte le forme possibili.

Prendi appunti su un quaderno. Scrivi tutto ciò che potresti fare, da oggi stesso, per stupire i tuoi clienti, entusiasmarli, far vivere loro esperienze d'acquisto indimenticabili. Distintive. Uniche. Al punto di voler tornare presto da te, per rivivere quelle sensazioni così positive.

Non è un caso che la rivista *Largo Consumo*, nel pubblicare i risultati di una ricerca sui principali motivi per cui le imprese **perdono clienti**, anni fa abbia evidenziato che al primo posto c'era **l'insoddisfazione per il servizio** offerto, pari al **68%** dei casi.

Se tu entrassi in dieci negozi della tua città, in sette di essi quasi sicuramente riceveresti un servizio non adeguato. Al punto da non metterci più piede. Ma se parlassi con i titolari di quei negozi si lamenterebbero della crisi, dell'euro, della concorrenza e di qualsiasi altra variabile che non dipenda direttamente da loro. Immuni da colpe. Perfetti. "Sono tanti anni che lavoriamo nel commercio…"

Mi rendo conto che sto scrivendo alcuni concetti un po' scomodi. Allo stesso tempo, una verità meno bella è da preferire sempre a una inutile bugia. E i problemi altrui possono diventare grandi opportunità per altri. Per te, ad esempio.

C'è un gigantesco bisogno di eccellenti addetti alle vendite. È questa l'opportunità.

Ciò conferma che la principale lacuna sia nell'incapacità di offrire un servizio in linea con le aspettative di un mercato trasformato, la cui responsabilità è spesso da addebitare alle risorse umane, dal management fino all'ultimo collaboratore. Il pilastro su cui si regge tutto è la **coerenza**. Spesso, purtroppo, qualità assente già in diversi proprietari dei punti vendita, che non forniscono agli addetti esempi credibili a cui ispirarsi.

Dai dati analizzati emerge la necessità di puntare solo su collaboratori orientati al cliente e in grado di generare un valore aggiunto. Con il buon esempio dei titolari e degli store manager.

Chiediti sempre:

- Cosa facciamo per ascoltare i nostri clienti?

- Cosa infastidisce o indispone i nostri clienti?

- Quali sono i fattori più critici che creano soddisfazione e generano valore nell'ottica del cliente?

- Stiamo facendo meglio o peggio rispetto alla concorrenza?

- Cosa potremmo migliorare facilmente e subito rispetto ai concorrenti, per differenziarci e renderci unici?

Una premessa è d'obbligo, prima di andare avanti.

È ovvio che il successo di un negozio non dipende solo ed esclusivamente dagli addetti alle vendite. **La variabile P di Persone è una fra le tantissime che compongono il marketing mix di un punto vendita.** Devono essere tutte coerenti fra loro e serve a ben poco avere addetti fantastici se si commettono errori su altri fronti.

Ma avere venditori di altissimo livello è il primo passo. Essi devono essere coerenti con i prodotti e le varie soluzioni, con le politiche di servizio fissate, con il livello dei prezzi, con la comunicazione aziendale, offline, online e digital, con la *mission* e la *vision*, con lo stile del punto vendita, con i target di riferimento, con il posizionamento aziendale… può bastare forse. Che cosa ne pensi? È una bella responsabilità.

Eliminiamo qualsiasi alibi e proseguiamo.

Il nuovo concetto di servizio

Ormai **chiunque sa valutare il servizio d'eccellenza** perché almeno una volta, nella sua vita, lo ha ricevuto e, quindi, avendo verificato che esiste, lo pretende. Si tratta di un concetto che si è trasformato nel tempo, ma in molte attività commerciali l'orologio sembra essersi fermato. O, peggio, non se ne rendono proprio conto.

La storia che ti racconto aiuta a comprendere quanto il **nuovo** concetto di servizio sia determinante perché tu sia percepito come un professionista delle vendite in negozio. Non a caso è il fulcro attorno a cui ruota questo libro.

I protagonisti sono Colino e Marietta, ruspanti cinquantenni che hanno sempre vissuto a Vattelapesca, un paesino di poche anime, sperduto e ai margini della provincia italiana. Non sono mai usciti dal quel borgo. Trent'anni di matrimonio, due figli e una vita trascorsa nei vicinissimi campi. Un bar, una farmacia, un negozio di alimentari, un panificio e qualche altra micro attività. Con il servizio che può offrirti un borgo "fuori dal mondo". Per Colino e Marietta, mai andati nemmeno a 15 chilometri di distanza, il servizio, come concetto, è quello ricevuto lì. A Vattelapesca. È stato l'unico metro di confronto per loro. Fino a quando ricevono un inaspettato regalo dai figli, che lavorano e vivono all'estero: un viaggio a Los Angeles, per una settimana. Hanno fatto le cose in grande, senza badare a spese.

Arriva il giorno della partenza e la coppia si ritrova in business class, in aereo. E già lì inizia a scoprire una cosa che mai avrebbe immaginato esistesse: il servizio d'eccellenza. Le hostess e gli steward ricoprono Colino e Marietta di coccole e di attenzioni per tutto il viaggio, come mai era accaduto nella loro vita. Atterrano a Los Angeles e agli arrivi un gentilissimo autista dell'hotel si prende cura di loro per il transfert.

Trenta minuti separano i due *vattelapeschesi* dal nido d'amore scelto dai figli a Beverly Hills. Un hotel 5 stelle lusso. Varcata la soglia una receptionist fantastica, sorridente, si rivolge a loro con un calorosissimo "Buongiorno e benvenuti", che li mette a proprio agio in un ambiente inusuale e lussuoso. La ragazza si occupa subito del check-in e, in pochi minuti, consegna la scheda della stanza dicendo loro: "Consideratemi a vostra completa disposizione per qualsiasi cosa. Farò di tutto per rendere il vostro soggiorno indimenticabile. Vi auguro una vacanza meravigliosa".

Colino e Marietta non credono alle loro orecchie. Mai avrebbero potuto immaginare che nel mondo, da qualche parte, esistesse un servizio di quel tipo. Sono entrambi il ritratto della felicità. Entusiasti, commossi per l'esperienza che stanno vivendo.
La governante li accompagna in stanza. Bellissima, elegante. Il bagno con decine e decine di prodotti di bellezza che Marietta, sin dal primo giorno, provvederà a "custodire" in valigia…

È ormai l'ora del pranzo e la coppia si reca nel ristorante dell'hotel. Ad accoglierli un maître fantastico che va loro incontro e si presenta: "Buongiorno Mr. Colino e Mrs. Marietta, benvenuti nel nostro ristorante. Sono Frank, il responsabile di sala, vi accompagno al tavolo". Fa accomodare prima Marietta, spostando la sua sedia, e fa avvicinare i camerieri, dicendo: "Signori, permettete che vi presenti le persone che si prenderanno cura di voi a pranzo e a cena. Consideratele a vostra completa disposizione per qualsiasi cosa. Sarà un piacere servirvi".

Colino e Marietta ormai si sentono su una nuvola, in un sogno. Inimmaginabile. Hanno scoperto cosa significa ricevere un servizio d'eccellenza, esclusivo, che non dipende solo da quanto si spende ma dall'atteggiamento, dai comportamenti, da quei dettagli che spesso non hanno prezzo. Sono a disposizione di tutti. Ops… non di tutti. Solo dei professionisti.

La settimana termina velocemente, come tutte le cose belle. La nostra coppia, a cui ci siamo affezionati, deve tornare a Vattelapesca City. Ma dei "vecchi" Colino e Marietta non c'è più traccia. Sono diventati due clienti totalmente diversi, consapevoli che esista un servizio di alto livello e che possano pretendere ovunque di essere trattati con cura e attenzione. Sono cambiati e se ne accorgono appena arrivati nel paesello.

Al bar nessuno li saluta all'entrata e all'uscita, i modi del barista sono burberi. Nel negozio di alimentari aspettano per cinque minuti che la salumiera finisca di parlare con la nipote di questioni familiari ecc. Fino a sette giorni prima tutto sarebbe sembrato loro normalissimo. Ora si sentono come dei pesci fuor d'acqua. Non lo accettano più.

Cosa ci insegna questa storia?
Immagina. Sono le ore 17 ed entra nel tuo negozio la signora Maria. Tu sai quali esperienze d'acquisto ha vissuto nella sua vita e dove? Ovviamente no.
Ma lei sì!

Tu non sai se ha ricevuto un servizio meraviglioso in un negozio splendido a New York, a Singapore, a Sidney, a Barcellona, a Milano, a Roma, a Reggio Calabria, a Cagliari o ad Alberobello. E quando un cliente vive un'esperienza fantastica non solo non la dimentica più, ma non vede l'ora di rivivere la stessa piacevole situazione e confronta il servizio che riceve ogni giorno con il meglio che abbia mai vissuto nella sua vita.

Quindi la signora Maria non te lo dice ma ti confronta con il ricordo dell'eccellenza.

Ci sono tre possibilità:

- Il tuo servizio è nettamente inferiore alle sue aspettative standard.

- Il tuo servizio è normale, standard.

- Il tuo servizio è nella top ten fra quelli che abbia mai ricevuto finora.

Secondo te, qual è l'unica situazione che ti può dare quasi la certezza che la signora Maria resterà fedele al tuo negozio?

Elementare, Watson. La terza.

Come puoi verificare, in un mercato così trasformato, globale, l'unica possibilità è essere un'eccellenza delle vendite. È chiaro che se molti negozi sono tutti uguali, indifferenziati, con addetti di media qualità, le condizioni sono tali da spingere il cliente a scegliere il negozio con i prezzi più bassi. Almeno si garantisce un vantaggio economico. Non avrebbe alcun motivo per spendere di più altrove.

Bisogna dare al cliente il motivo per comprare nel tuo negozio. E il servizio distintivo è una motivazione indispensabile, oggi.

Chi non vuole accettare la continua sfida che il mercato lancia, spesso mi risponde: "Ma noi siamo i migliori in zona, quindi vuol dire che rispetto agli altri siamo più bravi".

"Ottimo" rispondo. Ma non basta. Essere bravi rispetto agli altri commercianti della zona non significa esserlo in assoluto.

Mi spiego meglio. Hai mai sentito la storia di chi ci vede solo da un occhio e fa il sindaco nel paese dei ciechi?

Non me ne vogliano i non vedenti ma è un esempio che chiarisce molto bene il senso del discorso. Essere i migliori nel paesello, nel quartiere, in una città, in una zona più ampia potrebbe non essere sufficiente.

Se l'addetto non si evolve professionalmente la sua attività avrà un successo "a tempo determinato". Fino a quando non aprirà un negozio con prodotti simili, o più buoni, con prezzi adeguati e un servizio d'eccellenza, nettamente superiore, quell'attività resterà la migliore. Ma nel caso in cui arrivasse un numero 1?

Perderebbe i clienti.

Ciò che conta è **come si è posizionati in classifica nella testa della clientela**, fra le esperienze d'acquisto che ha vissuto in Italia e nel mondo. Puoi essere il migliore a Mondovì ma se la signora Maria, nella sua classifica, ti mette al 3.400° posto, è quello il tuo valore reale. Certo, compra ancora da te perché in zona non trova di meglio ma sa, di sicuro, che c'è di meglio. Lo ha verificato altrove. Il fatto di doversi accontentare la fa incavolare. E non vede l'ora che apra un nuovo negozio. Da visitare. E se poi trova di meglio? Ciao ciao all'ex migliore della zona.

Il confronto nel mercato globale
Emerge con forza che **il concetto di servizio non è più locale. È diventato globale.** Si è confrontati con il mondo, non più con il negozio a cento metri di distanza. **Ciò influenza i comportamenti d'acquisto** del cliente e impone agli addetti un miglioramento continuo.
Tu non lo sai ma ti confrontano ogni giorno con venditori che si trovano dall'altra parte del mondo, se i tuoi clienti sono entrati in contatto con loro.

Sai chi ha generato, in gran parte, oltre alla tecnologia,

l'evoluzione del nuovo concetto di servizio? Il sistema dei trasporti. Può sembrarti bizzarro ma è proprio così. E ti dico perché.

Fino a cinquant'anni fa i costi dei voli aerei erano proibitivi. Per andare a Roma o a Milano ci voleva un sacco di soldi. Quasi uno stipendio medio. E i treni? Pochi e lentissimi. Gli autobus? Idem. La maggior parte della gente faceva brevi spostamenti dal luogo di residenza e ignorava quanto offrissero le altre città d'Italia e del mondo. Quindi la percezione del servizio era circoscritta alle attività commerciali della propria zona, il cui numero era limitato.

Oggi il mondo è a nostra disposizione, con poche ore di volo e a pochi euro. È facile visitare qualsiasi tipo di negozio, ovunque. Ci si confronta con addetti vendita di ogni nazionalità e settore. Fanno a gara per farci vivere esperienze d'acquisto memorabili. Torniamo a casa sempre con nuovi stimoli. E allora scatta il confronto.

Nessuno ha più l'anello al naso o viene dalle caverne.

A tutto questo c'è una soluzione, per non farsi trovare impreparati: essere i migliori. Non accontentarti della semplice comparazione. "Siamo i più bravi a Scasazza" non premia più. Ragiona sempre in termini di competizione. **Sii il miglior addetto alle vendite del tuo settore**. Della tua regione. D'Italia. E tutte le aziende più importanti ti faranno la corte, disposte a pagarti quanto un commesso qualunque può solo sognarsi. Lui non agisce.

Tu sì. Ho fiducia in te!

Tanti grandissimi addetti, insieme, rendono unico un negozio. Il migliore, in assoluto. Il vero leader di mercato. Per gli altri, i followers, solo le briciole. E mentre cercheranno di imitarlo, il numero 1 avrà già staccato tutti con grandi novità. E altre ancora. Senza fermarsi mai. Migliorando sempre. Al punto che i competitor avranno paura di entrare in quella zona e confrontarsi.

Quando ho avuto il piacere e l'onore di fare formazione per le risorse umane di un importante Hotel Double Tree, della catena Hilton, mi hanno affascinato i valori che il fondatore, Conrad Hilton, ha ispirato nelle sue aziende. Quando fondò il suo impero, la mission fu ben chiara: "Essere la prima scelta per tutti i viaggiatori". In poche parole, chiunque cercasse un hotel avrebbe dovuto contattare innanzi tutto Hilton. Siamo di fronte a un immenso imprenditore che sapeva bene quanto fosse determinante garantire valore agli ospiti. Con le persone di qualità.

Secondo te, per essere la prima scelta, su quali risorse puntò Hilton?

Sulle prime scelte. Sui migliori.

Mi sembra che non ci siano molte alternative, vero? Tutto conduce all'eccellenza.

Se un punto vendita vuole essere la prima scelta per i clienti, i venditori devono essere le prime scelte. I migliori. In assoluto.

Bene. A questo punto devi concedermi di farti una domanda. Per te, per il tuo futuro professionale. Per il tuo bene. Vado… mi hai dato tu l'ok.

Sii onesto con te stesso. Verità. Non ci ascolta nessuno.

Ma tu, in base a ciò che hai letto finora, a che posto ti metteresti in classifica rispetto agli altri addetti vendita del tuo settore, in Italia e nel mondo?

Sei uno dei tanti commessi o il miglior venditore?

Tra "un" e "il" c'è un abisso. Ti lascio qualche minuto per pensarci.

Ti aspetto al prossimo capitolo, più motivato che mai.

Scoprirai le regole di base per essere un addetto vendite migliore.

Il **saper essere**.

I punti chiave del 1° capitolo

• Sam Walton, fondatore di Walmart, ha detto: "Esiste un solo capo supremo: il cliente. Può licenziare tutti nell'azienda, dal presidente in giù, semplicemente spendendo i suoi soldi da un'altra parte".

• Un bravo venditore è, prima di tutto, un cliente. E si chiede come vorrebbe essere servito lui per primo, in modo da garantire valore.

• I clienti sono i datori di lavoro e il vero capitale del negozio. Se già prima di internet una persona insoddisfatta rappresentava una grave minaccia, è facile verificare quanto oggi bisogna essere grati a quelle che reclamano. Infatti, acquisire un nuovo cliente costa almeno sei volte di più che mantenerne uno fedele.

• La semplice soddisfazione della clientela non genera più valore. Il 75% dei clienti solo soddisfatti dichiara di essere disponibile a rivolgersi alla concorrenza per il prossimo acquisto. Il 68% delle aziende perde clienti per carenze del servizio. Ormai chiunque sa valutare quello d'eccellenza.

• Il concetto di servizio non è più locale. È diventato globale. Si è confrontati con il mondo, non più con il negozio a 100 metri di distanza. Ciò influenza i comportamenti d'acquisto del cliente, che vive ormai ovunque esperienze nei punti vendita.

• Bisogna dare al cliente il motivo per comprare nel negozio. Ciò che conta è come si è posizionati in classifica nella sua testa. Essere indifferenziati lo spinge a fare solo scelte di prezzo.

• La variabile P di Persone è una fra le tantissime che compongono il marketing mix di un punto vendita. Devono essere tutte coerenti fra loro e serve a ben poco avere risorse eccellenti se si commettono errori su altri fronti. Ma se un negozio vuole diventare la prima scelta per i clienti, un buon inizio è proprio avere addetti che siano le prime scelte. A livello globale, non locale.

Capitolo 2:

Come "essere" un addetto vendite migliore

Venditori si nasce o si diventa?

Ho ricevuto questa domanda migliaia di volte. Così come "leader si nasce o si diventa?". Essere predisposti alle relazioni con le persone aiuta di sicuro, ma ciò che conta è innanzi tutto avere il riconoscimento altrui. Non serve a nulla credere di essere bravissimi se i clienti o i collaboratori non lo pensano affatto.

Quindi si può diventare un eccellente addetto alle vendite in negozio ma, oltre alla preparazione, c'è una componente che si nota subito: se vuoi davvero bene a tutti i tuoi clienti, se hai il piacere di servirli, di stare con loro, di aiutarli a trovare le soluzioni a quello che ti chiedono, come se fossero le persone a te più care. L'amore per gli altri.

Se, invece, continui a fare solo quello che hai sempre fatto, al massimo otterrai gli stessi risultati che hai sempre ottenuto. Lo diceva anche Albert Einstein. Se vuoi migliorare nelle vendite, devi chiederti: **cosa posso fare meglio?** Con umiltà.

In questo mercato, in continua evoluzione, c'è spazio solo per l'eccellenza.

Il mestiere di addetto vendite

Quello di addetto vendite è un **mestiere** che non può essere improvvisato, né si può svolgere con superficialità e approssimazione o, peggio ancora, per provare. È fondamentale **studiare questo lavoro**, prepararsi, così come fa ogni professionista che si rispetti.

Sia chiaro una volta per tutte.

Chi vuole diventare chirurgo sa che l'unica possibilità è studiare. Superare un test d'ingresso all'università, frequentare le lezioni, fare tutti gli esami e laurearsi. Magari in cinque anni. Poi è la volta della specializzazione. Altri tre anni. Se tutto va bene e inizia a lavorare, entra in una equipe e dopo un po' di tempo esegue la prima operazione. Totale? Almeno dieci anni.

Basta la conoscenza acquisita durante gli studi universitari? No di certo. L'aggiornamento deve essere continuo. Non si può fermare la preparazione. È fondamentale partecipare a convegni, seminari ecc.

Nessuno può entrare in una sala operatoria e *provare* a operare un paziente. "Datemi un bisturi, provo. Se poi mi trovo bene continuo, altrimenti lascio".

Ci pensi?

Un percorso simile accomuna tutti i liberi professionisti: avvocati, architetti, ingegneri ecc. Nessuno di loro può improvvisarsi, anche perché non è consentito.

Nella vendita tutto ciò non esiste. Purtroppo. È un'attività *free*. Libera. Senza percorsi obbligatori di studio ed esami. Non sono richieste abilitazioni.

Cosa ci vorrà? Basta saper parlare in italiano, avere un po' di parlantina, mostrare i prodotti, dire il prezzo e il gioco è fatto. È questo che pensano in molti.

"Non so cosa fare, non avendo proseguito gli studi. Ho bisogno di lavorare. Provo a fare la commessa, il commesso, l'addetto vendita in un negozio". Oppure: "Vado a lavorare nel negozio dei miei genitori, di mia zia, di mia cugina", "Conosco una persona che ha un punto vendita, chiedo di lavorare lì".

Nessuno direbbe: "Conosco un chirurgo, gli chiedo di iniziare a fare interventi al cuore".

È qui che deve scattare il click.

Se il cliente entra in un punto vendita ed è servito da un addetto improvvisato, che ne sa meno di lui, che non è credibile, autorevole, motivato (e tanto altro...), come possiamo pensare alla differenziazione rispetto ai competitor, all'unicità, al valore, alla fidelizzazione?

Essere uno fra migliaia e migliaia di venditori sufficienti come può portare a meritare stipendi di ottimo livello, sopra la media? Tutti si dovranno accontentare: i proprietari dei negozi, gli addetti e i clienti. Ma chi si accontenta... non gode. E va a cercare altrove il godimento negato.

Detto questo, tu che tipo di addetto vuoi essere davvero? Sento la responsabilità di persuaderti che l'unica strada sia quella dell'eccellenza. Non è facile ma è la sola possibilità. Specie se ambisci a fare carriera.

I pilastri del valore e della conoscenza

Il fatto che si debba essere delle eccellenze è insito nel significato stesso di **vendere,** che deriva dal latino "**venum dare**", cioè **dare valore**. Chi si occupa di questo mestiere meraviglioso deve far percepire al cliente che gli offre molto di più dei prodotti e della semplice vendita; c'è il valore della consulenza, della preparazione, del servizio personalizzato, del supporto per fare il miglior acquisto possibile ecc.

Devi essere **l'esperto a cui il tuo cliente ha il piacere di affidarsi**. Ma non perché in zona non ci sia di meglio.

Eppure verifico molto spesso, purtroppo, svolgendo interventi formativi in aziende del commercio al dettaglio, che bisogna sgombrare il campo da una errata convinzione. Ancora in tanti credono che sia sufficiente fare il venditore da molti anni per essere già bravo e sentirsi "arrivato".

Un giorno ho letto una frase che mi ha fatto molto sorridere: "Chi crede di essere arrivato, vuol dire che fa… l'arrotino". Con tutto il rispetto per gli arrotini.

C'è un esercito di addetti che lavora da tanti anni e commette errori da sempre. Dalla comunicazione con i clienti in poi.

In breve, non è solo il numero di anni di militanza nelle vendite che determina se si è più o meno validi. **Ciò che conta è l'eccellenza con cui si lavora oggi**, in questo mercato.

Un giorno, durante la prima pausa di un corso aziendale, una venditrice mi venne incontro e ci tenne a sottolineare che dieci anni prima era stata premiata fra le prime tre in Italia per il fatturato prodotto e che aveva ben 25 anni di esperienza. Si vedeva lontano un miglio che snobbasse tutto e tutti. Ben presto verificai che si era fermata a quel premio. Da allora era cambiato tutto, nel mercato. Tranne lei.

È il focus del manuale.

Un grande personaggio della storia ha ben chiarito tale aspetto, alcuni secoli fa. Si tratta di Leonardo da Vinci, che ha detto: "Quelli che si innamorano di pratica senza scienza sono come il nocchiere che entra in un naviglio senza timone o bussola, che mai ha certezza dove si vada. Sempre la pratica deve essere edificata sopra la buona teoria".

La conoscenza è alla base di tutto. **Il sapere. Essere esperti, i migliori**. Il che può anche essere rinforzato dall'esperienza, intesa come bagaglio di preparazione acquisito negli anni. Ma non significa "da quanti anni lavoro". Se un commesso è mediocre, ma lavora da dieci anni, sarà un esperto della mediocrità. Questo sì. Ha esperienza.

È molto più facile crearsi un alibi e credere che tutto si possa imparare solo sul campo. Pur di non sacrificarsi e studiare. È un discorso che viene fatto, guarda caso, proprio da chi non ha conoscenze. È un meccanismo umano di difesa, comprensibile ma improduttivo. Chi ha *studiato*, ed è preparato, non si sognerebbe mai di dire che conta solo l'esperienza. Infatti le uniche obiezioni su questo concetto, durante i miei corsi, le ricevo da chi ha limiti strutturali. Da chi non ha *studiato*.

Ti faccio una domanda: si può costruire una casa partendo dal quarto piano?
A meno che in angoli remoti nel mondo ci sia qualcuno capace di farlo, e che ignoro, converrai con me che risulta improbabile. Su cosa lo appoggiano il quarto piano?

Con il sistema classico, che entrambi conosciamo, si parte dalle fondamenta, dai pilastri. Soltanto dopo si costruiscono i vari piani, a iniziare dal primo per arrivare al quarto.

Bene. Così si crea, con materiali di elevata qualità, una struttura solida.

È il percorso di definizione dell'eccellenza, che dovrebbe seguire ogni professionista delle vendite in negozio (gli altri pilastri, fra cui comunicazione e vendita, saranno trattati nei prossimi capitoli).

Sai cosa succede molto spesso, invece?

Tanti addetti non dedicano tempo allo studio di ogni piano, fino al quarto, lì dove si trova la stanza che richiede una preparazione idonea a gestire in modo vincente la clientela. Credono di poter entrare direttamente in quella camera, senza aver svolto tutto il lavoro propedeutico, rigoroso, sui pilastri della conoscenza. Fanno un grande balzo.

Con disarmante leggerezza è come se sfondassero le finestre e si collocassero in salotto, dove trovano i clienti da servire. Il capitale dell'azienda. La quale, in molti casi, ha la grave responsabilità di non formare adeguatamente le risorse e di affidare loro con leggerezza il capitale da gestire: la clientela.

Sarebbe il caso di sporgersi dalla finestra, guardare in basso e chiedersi con umiltà e spirito critico: "Mi sono creato i giusti pilastri? Ho una solida struttura professionale per garantire valore ai clienti? Ho una preparazione completa, su mille fronti, che mi consenta di resistere agli scossoni del mercato?".

A volte basta un cliente difficile, una richiesta inaspettata, un'obiezione particolare, un'offensiva dei competitor, un periodo di contrazione dei consumi e la struttura personale inizia a presentare delle crepe. In poco tempo le lesioni si moltiplicano. Il negozio ne risente, fino al crollo. Chiude l'attività, termina il lavoro.

L'obiettivo del capitolo è proprio quello di fornire stimoli e indicazioni di base, di valore, per rafforzare la struttura personale del venditore, secondo gli standard di eccellenza del mondo del retail.

Il saper essere un professionista in negozio

Diciamo addio ai mercanti delle vendite, vecchio stampo, per i quali il cliente era il pollo da *fregare* e da *spennare*, grazie all'obsoleta *parlantina*. Ai finti sorrisi e all'unico interesse per i suoi soldi. **Stop all'improvvisazione.**

Capisci bene che non possono esserci compromessi sul valore e sulla qualità del servizio.

Te lo anticipo, in modo che tu possa affrontare le pagine seguenti con il giusto atteggiamento. Alcuni passaggi saranno anche un po' duri, forti, indigesti. Qualcosa ti smuoverà all'interno, ti provocherà. La schiettezza accompagna ogni pagina del libro.

Non ho alternative. Sarai tentato di trovare alibi. Resisti.

Sto per fornirti indicazioni fondamentali sul *saper essere* un professionista delle vendite. Dal modo in cui devi comportarti in negozio a cosa significhi lavorare in questo settore. Segui tutto e ti distinguerai.

Ora fai un lungo respiro. E ricorda sempre che ho grande rispetto per il tuo mestiere.

Tutto parte da tre principi che rappresentano il necessario patrimonio personale di ogni addetto alle vendite:

1. La cultura del servizio
2. La cultura del lavoro
3. La cultura del team.

La cultura del servizio

La cultura del servizio, della *customer satisfaction*, è la base su cui costruire il lavoro di addetto vendite nel moderno retail e che approfondiremo, in termini di relazione con la clientela, nei prossimi capitoli. **Il cliente non va giudicato ma solo servito,** coccolato, deliziato, curato, ricoperto di attenzioni, indipendentemente dal ceto sociale, dal modo in cui è vestito, dal linguaggio, dagli atteggiamenti, dal carattere ecc.
Deve essere al centro di tutto.

Il venditore non ha il compito né di insegnare l'educazione alla clientela né di cambiare il mondo, ma deve solo saper servire chiunque, per superare le aspettative e regalare un'esperienza d'acquisto unica. E, ovviamente, è richiesta una preparazione di altissimo livello sui prodotti che si vendono nel negozio e su quelli proposti dai concorrenti, per essere in grado di fare un confronto e influenzare gli acquisti.

Il venditore deve essere un esperto merceologico. **Il cliente è cambiato**, ha a disposizione la più grande enciclopedia del mondo: internet. Quando entra nel punto vendita è sempre più preparato, si documenta sulla rete e il confronto con l'addetto si sposta sulla rispettiva conoscenza di ciò che egli desidera comprare. Per questo motivo, se il cliente ne sa più del venditore la partita è persa già in partenza.

Diventa così necessario sviluppare una grande curiosità per il proprio settore se si vuole essere in grado di sostenere una relazione al top con clienti informati. Non si accontentano più di risposte semplici. Pretendono di parlare con esperti che li guidino negli acquisti, e che rispondano a domande specifiche a cui non sono riusciti a trovare una risposta online.

Chissà quante volte accade anche a te di entrare in un negozio e di chiedere informazioni a un addetto che si limita a leggere le caratteristiche tecniche del prodotto da un espositore. Qualche giorno fa, mentre visitavo un punto vendita, ho domandato a un venditore quale fosse la composizione del tessuto di una giacca che aveva attirato la mia attenzione. Mi ha guardato un po' stranito e ha cercato disperatamente l'etichetta interna per darmi la risposta.

Da quel momento le sue parole sono diventate solo un fastidiosissimo rumore per le mie orecchie. La tentazione di rispondergli "so leggere anche io" è stata proprio forte. Non contento, ha continuato a parlare per convincermi a tutti i costi, decantando un prodotto che nemmeno conosceva e che non era in grado di confrontare con altri. Totale orientamento alla vendita. Voleva solo i miei soldi.

Al mio posto cosa avresti fatto? Eh no… i calci sul sedere no… scherziamo dai.
In uno scenario stravolto la cultura del servizio, dell'accoglienza, della comunicazione, della vendita di valore, l'essere esperti e tanto altro sono imprescindibili per il ruolo.

Passiamo al secondo punto.

Molti "commessi" credono ancora che il lavoro sia una necessità personale, utile innanzi tutto per ricevere uno stipendio a fine mese e soddisfare le proprie esigenze di vita. Spesso si sente dire dai venditori, e in generale nel mondo aziendale: "Ho bisogno di lavorare perché mi servono i soldi…".

Purtroppo, questa affermazione sposta il focus sulla persona invece che sull'azienda, la quale non è una onlus, non fa beneficenza, non ha il compito di ridurre il tasso di disoccupazione in Italia e di garantire il lavoro alla gente. A livello umano è comprensibile quell'affermazione, ci mancherebbe.

Il motivo per cui si assume il personale di vendita, però, è un altro. L'imprenditore si chiede: "Quali risultati potrò ottenere grazie alla risorsa che entrerà in azienda?". E soprattutto chiarisce: "Il mio addetto alle vendite, per generare sviluppo, deve possedere precise caratteristiche che ho ben identificato". Questo è ciò che dovrebbe accadere, in punti vendita seri.

Allo stesso tempo, sottolineo, a scanso di equivoci, che **la**

proprietà deve essere rispettosa dei suoi addetti. Corretta, etica. Non deve sfruttare o minacciare di licenziamento chi non si piega ad assurdi ricatti. Deve pagare gli stipendi con regolarità, con buste paga trasparenti ecc.

Anche se non è sempre facile, fra mille tasse e balzelli, ciò concorre a creare l'immagine pubblica del punto vendita.

Senza coerenza non funziona. Titolari che pretendono soltanto e non rispettano la dignità della persona, prima che del lavoratore, rappresentano esempi da cui prendo le distanze e che non rientrano nella tipologia di negozi a cui ho il piacere di mettere a disposizione il lavoro svolto per il manuale. Si tratta di strutture per le quali mi rimetto alla giustizia del mercato. Queste considerazioni, sul buon esempio che spetta alla proprietà, valgono per ogni argomento trattato.

La cultura del lavoro

Intanto, il moderno venditore deve avere una cultura del lavoro improntata alla **responsabilità** rispetto al ruolo ricoperto. Il punto vendita non è una "mucca" da mungere per garantirsi lo stipendio necessario a soddisfare i propri bisogni. È un'azienda a cui assicurare valore, in maniera unica e distintiva.

Ti faccio un esempio sulla struttura personale richiesta a un vero professionista.

Decidi di acquistare un televisore, grazie al quale soddisfare due esigenze:

- possedere un oggetto di arredo, dal gradevole impatto visivo, per esaltare la bellezza del tuo salotto bianco;
- godere della visione speciale delle partite di calcio della tua squadra del cuore con un eccellente contrasto di immagini, colori perfetti, effetto dolby surround e il meglio delle moderne tecnologie, come se tu fossi sugli spalti dello stadio.

Ti rechi in un negozio specializzato e acquisti un televisore, di colore rosso, dal design particolare e tecnologicamente all'avanguardia. Hai elevate aspettative sulle prestazioni che desideri ottenere.

Torni a casa, lo scarti e lo posizioni al centro del salotto, per dare una nota di colore alla stanza. Lo colleghi alla presa elettrica, sintonizzazione automatica dei canali e via. Manca poco all'inizio della partita. Non vedi l'ora di verificare che tutto sia perfettamente funzionante.

Nel frattempo, ti avvicini al televisore per apprezzarne la bellezza. Ti è costato un bel po'. Procedi a un'attenta ispezione e... oddio... ti accorgi che è rigato in più parti, un angolo è ammaccato, il bottone di accensione non funziona bene e i piedini sono disallineati. Non sai che fare, la partita sta iniziando. La passione chiama e la rabbia per i difetti riscontrati si placa un attimo. È il decimo minuto. Calcio di rigore per la tua squadra. Sul dischetto c'è il tuo idolo, pronto a calciare il pallone in rete. Ma proprio appena inizia la rincorsa, il monitor si riempie di strisce e "nebbiolina". Non si vede più nulla. Non si sente nemmeno la telecronaca.

Noooo. Sei infuriato.

Il televisore ha **difetti di fabbricazione** ma tu lo hai acquistato per soddisfare due bisogni e ti aspettavi che fosse perfettamente funzionante. Invece no.

Cosa ne fai ora di quella tv? Te la tieni lo stesso? Immagino che la riporterai subito nel negozio in cui l'hai acquistata per cambiarla con un'altra che funzioni. Senza difetti di fabbricazione. Tu hai speso i tuoi soldi e pretendi che tutto sia ok. Non hai comprensione.

Qual è la morale di questa storia?

Facendo un ardito e freddo parallelismo fra televisore e addetto alle vendite, il proprietario di un negozio "acquista" un venditore (se vogliamo edulcorare ed essere più morbidi, diciamo che acquista un certo numero di ore di lavoro) e si aspetta che sia perfettamente funzionante. Soprattutto, non acquista i suoi difetti di fabbricazione ma ha aspettative ben precise sull'addetto, per lo sviluppo del punto vendita:

- Fornire un **servizio d'eccellenza** alla clientela
- Lavorare in **team** con senso di responsabilità collettiva e cultura del lavoro.

Tutto il resto non interessa, perché la proprietà ha acquistato solo i punti di forza del collaboratore: la preparazione da condividere con i colleghi, la capacità di servire in modo eccellente i clienti, la gentilezza, il garbo, l'educazione, le ottime capacità comunicative, relazionali e di vendita, il senso di responsabilità e lo spirito di collaborazione, il saper fare squadra ecc.

In particolare, **nessuno si può permettere di portare in azienda i suoi difetti di fabbricazione**, proprio perché l'azienda non li ha acquistati, pretende che restino all'esterno.

In molti casi, invece, ci sono risorse che pensano, con gran disinvoltura, di poter portare liberamente nei negozi i propri limiti personali e lavorativi, come la maleducazione, il carattere difficile, le pessime abitudini della propria vita, il pettegolezzo, la comunicazione inefficace e l'incapacità di fare squadra, di collaborare, di assumersi responsabilità, oltre alle convinzioni totalmente sbagliate sul cliente, sul servizio ecc. "Io sono fatto così punto e basta, ho questo carattere. Non ci posso fare niente. Se vi sta bene è così".

Questi elementi "devastanti" devono restare fuori perché, ripetiamo, l'azienda **non** li ha acquistati ed è disposta a fornire una retribuzione solo in caso di "televisore" perfettamente funzionante, senza difetti. Quelli non sono graditi, non servono. Appartengono ai dilettanti delle vendite in negozio.

Si tratta, in poche parole, del corretto concetto di cultura del lavoro. Su cui i responsabili devono dare il buon esempio. È scontato ma, purtroppo, non accade sempre.

Apro una parentesi, comunque coerente con l'argomento che stiamo trattando. C'è una questione delicata e sempre più pressante che mi viene sottoposta ormai di continuo: l'utilizzo del cellulare da parte degli addetti. Che fare?

È innegabile che tolga concentrazione e tu sai quanto sia importante dedicarsi completamente al lavoro in negozio e ai clienti. Tra sms, telefonate, Facebook, Twitter, Whatsapp, Instagram e compagnia bella, rischia di andar via un sacco di tempo. Improduttivo. Ed è una scena davvero sconveniente quella in cui il venditore è al telefono e il cliente resta in attesa che finisca. Dire che dimostra mancanza di rispetto è il minimo. "Me ne frego di tutti, ho cose più importanti da fare al cellulare".

So che comprendi tutti gli effetti negativi di tale comportamento sui colleghi, sui clienti e sulla proprietà, oltre che sulle vendite e sul futuro del negozio. Se il collega ti vede al cellulare si sente autorizzato a farlo anche lui. E poi tutti gli altri. Il servizio sarà percepito come scadente.

Stiamo dando per scontato che il responsabile, o il proprietario, diano il buon esempio. Se poi fossero loro i primi a utilizzare il telefono al lavoro, allora tutto decadrebbe. "Se lo fa proprio lui, posso farlo anche io". Accade addirittura di vedere i titolari che, mentre sono in cassa, parlano al cellulare, o al telefono fisso, fregandosene del cliente di fronte. Inqualificabili.

Soluzione?

Mentre si lavora, il cellulare va lasciato "a cuccia". Stop. Vale per tutti.

Diverso, ovviamente, se qualcuno ha necessità di essere reperibile per gravi motivazioni. In ogni caso, l'addetto può essere contattato al telefono fisso del negozio. Che non deve diventare il centralino a cui chiama il fidanzato geloso per verificare che la sua amata sia davvero al lavoro. O la mamma che vuole sapere se a cena si preferisce mangiare carne o pesce.

Parentesi chiusa. Per tutto il manuale.

La cultura del team

Strettamente collegata alla cultura del lavoro è la capacità di lavorare in team. L'educazione al lavoro in team.

È vero che la maggior parte delle persone cresce con una visione individualistica rispetto alle **responsabilità**. Pensa a quanto accadeva a scuola, rispetto ai voti, con relativo godimento: "Ho preso 8 al compito d'italiano. I miei amici 4, peggio per loro". E tutte le volte che nella vita privata ci hanno detto o diciamo: "Assumiti le tue responsabilità per questa cosa, per ciò che hai fatto, non mi interessa degli altri"? Siamo abituati a risponderne individualmente.

In un punto vendita è l'esatto contrario.

Un negozio è come una squadra. Vince insieme e perde insieme. Serve a poco siglare un goal, cioè fare un buon lavoro, se i colleghi contribuiscono a subirne quattro. Resta la sconfitta per 4-1 e chi ha segnato non può ritenersi soddisfatto, perché la squadra ha perso comunque e riceve zero punti in classifica.

Non si può accettare questa logica: "Io faccio bene il mio lavoro e non guardo gli altri". Era vincente a scuola ma non al lavoro. Si deve vivere la responsabilità del gruppo, assumersela e stimolare la crescita professionale. A tutti i costi.

Ognuno in negozio ha il **diritto** e il **dovere** di interessarsi agli altri addetti per aiutarli a fare sempre meglio. Senza remore, con intelligenza e cultura personale, nel rispetto reciproco, oltre che con apertura mentale, stimolando i colleghi a ricambiare l'attenzione se dovesse verificarsi qualche situazione particolare. Parlandone a fine turno, ovviamente.

Più in dettaglio: "Francesca, sai che, come te, ci tengo molto al nostro lavoro. E apprezzo il tuo impegno. Oggi ho notato che la signora che stavi servendo ti ha chiesto alcuni dettagli sull'aspirapolvere in offerta e la tua risposta, per quanto corretta, sarebbe potuta essere ancor più completa. Ho piacere di fornirti io quelle informazioni, in modo che la prossima volta possa andare meglio. Nulla di personale, è chiaro. Lo dico solo nell'interesse del nostro punto vendita. Proprio per questo, se tu dovessi verificare che anche io possa migliorare qualcosa, ti prego di dirmelo, te ne sarei grata. Così ci aiutiamo reciprocamente e diventiamo ancor più brave. A vantaggio della nostra attività. Cosa ne pensi, è una buona idea, vero?". È ciò che dovrebbe accadere fra professionisti.

Condividere il proprio know-how con i colleghi e non esserne gelosi è un altro aspetto irrinunciabile, non sempre scontato in negozio. "Fino a quando lo chiedo a te lo faccio io…" è una tipica affermazione degli accentratori, degli egocentrici, di chi non vuole insegnare agli altri e si crea questo alibi.

"Ho fatto tanto per raggiungere questo livello di preparazione, con mille sacrifici, e ora viene questo qui, fresco fresco, e dovrei trasferire a lui tutte le mie conoscenze in un mese? Ma scherziamo? Troppo comodo. Poi se diventa bravo quanto me, lui resta in azienda e a me danno un calcio nel sedere. No no. Imparasse da solo come ho fatto io all'inizio. A me non hanno insegnato nulla".

Quante volte hai sentito tali discorsi? Spero non li abbia fatti anche tu. A parziale discolpa, va detto che ciò si verifica soprattutto quando la proprietà non spiega per quale motivo si voglia accelerare il processo di crescita di un collega, generando così timori, paure. Diverso sarebbe se si prospettasse un incarico più importante, un passo in avanti in carriera, la responsabilità di un nuovo punto vendita: "Ti chiedo di dedicarti a Giovanni e insegnargli tutto di questo lavoro, perché ho deciso di affidarti un incarico ancor più importante fra due mesi". Allora sì che l'atteggiamento cambierebbe.

Alla mancanza di educazione al lavoro in team si associa, a volte, una gestione inefficace del personale di vendita. In ogni caso, l'addetto che agisce come negli esempi precedenti è un individualista che non opera per il bene della squadra ma fa di tutto per rendersi indispensabile, credendo così di garantirsi a lungo "il posto". È un distruttore del team.

Chissà quante volte, inoltre, hai sentito parlare di collaborazione. Appartenenza, coinvolgimento.

Sembra qualcosa di astratto, teorico. Tutti sanno che si deve collaborare nei negozi, ma in quanti di essi accade davvero? In base alla mia esperienza di formatore e consulente è fra gli aspetti più critici che riscontro in assoluto. Quanto lavoro per tatuare nel "cervello" questo concetto…

Condividere un obiettivo e raggiungerlo richiede che si ristrutturi l'idea di collaborazione. Quando un collega chiede aiuto a un altro la percezione è che gli si farà un favore.

Ecco tre casi.

- "Giovanni, puoi andare a verificare, per favore, se in

magazzino ci sono altri articoli simili a questo?"

- "Antonella, mi aiuti a mettere sullo scaffale queste scatole?"

- "Nicola, puoi pulire tu questi vetri, mentre io faccio altro?"

Giovanni, Antonella e Nicola crederanno di aver fatto una cortesia ai colleghi. E chissà quante volte accade ogni giorno e cosa produce in loro tale richiesta. Forse sbuffano. L'interpretazione è il fulcro. Ma spesso è errata.

I tre addetti, in realtà, il favore lo hanno fatto al loro negozio, non ai colleghi. La richiesta di collaborare è un'esigenza manifestata per gestire al meglio qualche situazione. Per il punto vendita. Per l'azienda.

La collaborazione è stata fornita alla proprietà, al brand, al negozio. Il collega è un tramite. Se fosse antipatico, negare l'aiuto vorrebbe dire penalizzare il punto vendita, non una persona che non si sopporta. **La collaborazione va oltre le persone che la chiedono ma rappresenta una necessità**, in quel momento, del negozio. È come se fosse stato lo stesso punto vendita a chiederla. Poi ci si potrà confrontare sulla distribuzione del lavoro in negozio, ma a fine turno. "Se ti chiedo aiuto sappi che non lo stai dando a me in persona, ma al punto vendita". Ok?

Intanto si deve agire, evitando le polemiche. Non è facile, lo so. È anche vero che se nel team avessero tutti questa cultura del lavoro, dell'organizzazione, tutto diventerebbe più semplice. Il clima interno ne gioverebbe, alimentato dall'entusiasmo e dalla positività.

E i clienti se ne accorgerebbero subito, sentendosi ben accolti e a proprio agio.

Un professionista delle vendite è consapevole del fatto che **il collega è una risorsa**, un'opportunità di crescita. Non è un avversario e dal confronto può nascere solo sviluppo.

Un esempio chiarisce ulteriormente il concetto.

Se io ho un euro e tu hai un euro e ce li scambiamo, entrambi resteremo con un euro. Ma se io ho una conoscenza e la scambio con una tua conoscenza, entrambi da quel momento ne avremo due. **Lo scambio fra colleghi genera sempre arricchimento**, crescita, sviluppo, miglioramento.

Non sono tollerabili risposte tipo: "Tu pensa a fare le tue cose e non permetterti di entrare nel merito di ciò che faccio io". Il cliente è di tutti e non del singolo. Se il collega sbaglia con un cliente gli effetti dell'errore non ricadono solo su di lui, ma su tutti, perché lo stesso cliente è di ognuno. È una risorsa irresponsabile, crede di poter gestire la clientela senza dar conto agli altri addetti. Perdere clienti sarebbe un problema per l'intera squadra. È questo il punto.

In tali situazioni diventa determinante l'intervento del responsabile del punto vendita, o dello *store manager* nel caso di negozi più strutturati.

Se, invece, ognuno si limita a fare il suo compitino e non si sforza di vivere nel profondo il concetto di responsabilità collettiva, tale comportamento è solo ed esclusivamente omertoso. Della serie: "Ma chi me lo fa fare. Penso a me e basta. Chi si fa i fatti suoi campa cent'anni...".

Beh. Poi non ti lamentare quando il negozio chiuderà e perderai il lavoro. L'omertà per molti è una forma di difesa. "Se mi faccio i

fatti miei e domani dovesse accadere a me di sbagliare, non credo che gli altri lo direbbero, visto che io non ho spifferato nulla su di loro. Sarebbero infami. Quindi mi conviene stare sempre zitto".
Non è più un negozio ma **un'associazione a delinquere di stampo omertoso**.
Che chiuderà.

Allo stesso tempo non si può additare come un "lecchino", una "spia", un "infame" chi, esercitando il diritto-dovere di intervenire, pretende di lavorare con professionalità e secondo i corretti principi dell'eccellenza.
Si tratta di storture, modi di fare infantili, superficiali e dilettantistici che nulla hanno a che spartire con la cultura organizzativa moderna. I tempi dell'asilo sono lontani anni luce.

Ci sono addetti che credono di poter trasferire in negozio le proprie discutibili abitudini di vita, con estrema leggerezza. Non si rendono conto che il mondo aziendale non c'entra nulla con la dimensione privata. Sono due ambiti separati.

Un negozio è un'azienda, in cui ci sono investimenti, rischio imprenditoriale, fornitori, logistica, banche, burocrazia, clienti, concorrenti, mercato e tanto altro. Non è un semplice luogo fisico in cui si passano alcune ore della giornata a lavorare. Lì non vale il modo in cui si è abituati a comunicare, relazionarsi e comportarsi a casa, con i parenti, con gli amici e i conoscenti.

Il sistema di un negozio è dominato da vere e proprie regole che diversi addetti hanno difficoltà ad accettare. Cultura del servizio, del lavoro, del team, della responsabilità collettiva, del diritto-dovere, della collaborazione, della preparazione, della comunicazione, della vendita, della customer satisfaction.
Bisogna proiettarsi in una dimensione diversa. Altamente professionale.

In poche parole, nella tua vita privata puoi fare quello che vuoi, ne sei responsabile individualmente. In negozio, **no**.
Ma non finisce qui. Ti avevo avvisato. C'è dell'altro. Stai verificando, finora, che non si diventa un professionista delle vendite per caso. Il lavoro è impegnativo. Continua a seguirmi, rafforza la tua struttura con gli input che ricevi da ogni pagina.

Le quattro aree di valutazione di un addetto vendite

Mi accade di incontrare venditori che, per il fatto di saper svolgere bene il proprio lavoro, si convincono che ciò sia sufficiente a far accettare anche i propri punti di debolezza. Espressioni come "ma io lavoro bene...", "ma nelle vendite sono bravo...", "ma i clienti sono contenti di me...", "ma io mi impegno..." ecc. sono tipiche di chi crede che l'unico elemento di valutazione di una risorsa umana sia quello legato alla sua maturità lavorativa o al tempo che dedica al lavoro.

Spesso accade che un addetto si convinca che, siccome lavora molte ore ed è presente nel punto vendita nei giorni di festa e nei week-end, ciò lo metta a posto con la propria coscienza e lo autorizzi a pensare che lui vada già bene per questo. Invece, nel lavoro, non esiste soltanto l'aspetto quantitativo. Anzi, è la qualità del proprio operato che consente di differenziarsi dai competitor.

Non è il numero di ore lavorative dei collaboratori che distingue un negozio da un altro, ma il valore che le persone garantiscono durante quelle ore. Tanta quantità senza qualità non serve a nulla. Al riguardo, è importante qualche considerazione.

C'è una crescente tendenza, oltre che polemica, sul tempo di lavoro degli addetti nei diversi giorni della settimana. Soprattutto nei week-end. È ovvio che trascorrere i giorni di festa a casa, con i propri cari, sarebbe fantastico per iniziare a tracciare un percorso di recupero dei valori familiari, ma la questione è troppo profonda e rischieremmo di scambiare chiacchiere da bar. Come fanno in molti su questo tema, senza rendersi conto delle trasformazioni radicali che in Italia, e in Europa, si sono registrate sui comportamenti d'acquisto delle persone.

Dal punto di vista del venditore è comprensibile. Ma al cliente che entra nel negozio interessa? Il suo tempo vale? E i suoi soldi? Lui quante ore al giorno lavora? Sappiamo se fa straordinari di continuo? Se è sfruttato? Se il suo capo è insopportabile? Se ha un'occupazione molto pesante? Se la sua vita è piena zeppa di sacrifici? Se fa fatica ad acquistare ciò che i figli desiderano? Se arriva con lo stipendio a fine mese? Se alcuni giorni lavora anche sedici ore? Se ha mai fatto una vacanza nella sua vita? Se si fa un grandissimo "cuore" ogni giorno?
È lui che paga gli stipendi.

Bene. Allora perché molti addetti partono quasi dal presupposto che solo il loro lavoro comporti grandi sacrifici? Cosa ne sanno della storia di vita che caratterizza ogni cliente? Perché il "mazzo" che la gente comune si fa ogni giorno dovrebbe valere meno di quello che si fa un addetto in negozio?

Perché giudicare in maniera offensiva chi lavora tutta la settimana e può uscire e regalarsi qualche ora di relax solo il sabato sera o la domenica? Perché ridicolizzare il loro comportamento quando cercano di risparmiare qualcosa? Cosa ne sa un addetto del valore di 10 euro per un cliente? E della sua vita, dei sacrifici che ha dovuto fare per metterli da parte e spenderli in negozio? E delle faticose ore in fabbrica, o nei campi, o in auto per migliaia di chilometri? È da queste piccole cose che si costruisce l'empatia.

Potrei fare altri mille esempi e considerazioni ma il concetto immagino ti sia chiaro.

Chi fa il guardiano notturno, non può lamentarsi dopo un anno perché la notte deve essere sveglio mentre tutti, o quasi, dormono. Sapeva già dall'inizio in cosa consiste quel lavoro.

Chi sceglie di fare l'addetto alle vendite sa già da subito come funziona. Io e te non possiamo cambiare il mondo del commercio o dettare le nuove regole sulle aperture e sugli orari. Ben venga una maggiore attenzione ai turni lavorativi fra colleghi ma lasciamo volentieri questo compito a chi ne ha la responsabilità politica, con l'augurio che si individui la migliore soluzione, coniugando le ragioni di imprenditori e collaboratori per proteggere i posti di lavoro.

Torniamo a focalizzarci, quindi, sull'obiettivo di essere un professionista delle vendite.

Abbiamo stabilito che prima viene la qualità e poi la quantità. Di seguito verificherai che addirittura ciò potrebbe anche non bastare per essere identificato come un numero 1. Infatti, in tutti questi anni ho imparato, a strettissimo contatto con le aziende del settore retail, che è giusto valutare ben quattro variabili di un addetto:

- La **capacità lavorativa,** ben distribuita fra vendita, "tecnica", gestione del magazzino, esposizione e attività varie nel negozio;
- il **carattere personale**, il modo di essere;
- il **rapporto con il team**, con i colleghi;

- il **rapporto con la proprietà,** il titolare del punto vendita o, più in generale, con l'azienda.

Se a ogni variabile assegniamo un 25% di valore (è chiaro che si possono prevedere pesi diversi fra le quattro aree ma, per ora, è importante sviluppare il concetto), solo quando per ognuna si registra la soddisfazione piena, da parte dell'azienda, quel collaboratore può essere definito "perfetto". La matematica non è un'opinione: 25% x 4 = 100%.

Ti faccio un esempio.

Giuseppe è un addetto particolarmente brillante nelle vendite, preparatissimo e apprezzato dai clienti. È presente molte ore in negozio ma le altre attività le svolge controvoglia. Ha un pessimo carattere e non accetta suggerimenti, risultando arrogante e presuntuoso. Non è per nulla gradevole come persona. Pretende che gli altri accettino il suo modo di essere. Lui è fatto in quel modo e non cambierà mai.

I colleghi non lo sopportano, anche perché è un elemento disgregante che non si assume responsabilità anche per gli altri, con cui non collabora mai. Crea tensioni continue nel team e ha il piacere di alimentarle, mancando completamente di cultura organizzativa. La proprietà spesso lamenta la mancanza di correttezza di questo collaboratore che non perde occasione per esprimere, anche al di fuori del lavoro, giudizi molto negativi sull'azienda e sul suo sistema di lavoro. È sleale e scorretto in diverse situazioni.

Qual è il reale valore di Giuseppe? Siccome è bravo nelle vendite gli stendiamo ogni mattina un tappeto rosso all'ingresso e lo facciamo accogliere da danzatrici festanti?
In base al modello proposto, un addetto di quel tipo soddisfa solo al 25% le aspettative aziendali. Un professionista vero è completo.

Giuseppe crede che vendere ed essere preparato, oltre a lavorare molte ore, siano caratteristiche sufficienti a proiettarlo nell'Olimpo dei venditori. Può bastare, secondo lui. E si convince che la proprietà non sia riconoscente per quanto fa ogni giorno, per le ore in negozio e le vendite che realizza.
Giuseppe, abbassa la cresta e impara, con umiltà, a essere un vero campione.

Quando ci vuole, ci vuole!

Sai qual è il paradosso? Che se si assume un giovane, professionalmente acerbo, nell'area della capacità lavorativa, della preparazione e della vendita, all'inizio varrà lo 0%. Se è una bella persona, squisita, umile, dai sani principi e valori, che sa fare gruppo e si assume responsabilità in maniera crescente, positiva, collaborativa, orgogliosa di far parte del negozio, etica, corretta, leale, disposta a farsi in quattro per dimostrare il proprio valore alla proprietà, potenzialmente varrà molto più di Giuseppe. Non dico il 75% complessivo ma di sicuro, affiancato da un tutor, in pochi mesi riuscirà a dare al team la serenità di cui ha bisogno per esprimersi al meglio.

A volte è più facile insegnare il mestiere di venditore che modificare i difetti di fabbrica stratificati in una persona blindata nei suoi limiti e che non vuole cambiare. Forse il nuovo collaboratore non otterrà grandi risultati di vendita all'inizio, ma il clima interno migliore renderà più produttivi tutti gli altri colleghi e i clienti saranno avvolti da un'armonia speciale. E il gruppo compenserà il fatturato del "campione" venuto meno.

Qualche volta ci vuole anche un po' di coraggio per sistemare un'organizzazione. Se non si riesce da soli, **è bene avvalersi di validi consulenti esterni**. Perché ognuno deve fare il suo mestiere. Benissimo, senza improvvisarsi tuttologi.

In questo capitolo hai constatato che per essere un completo professionista delle vendite bisogna lavorare sulla propria impostazione. Rigorosa, ma flessibile nell'approccio alle diverse situazioni. Da subito.

Ti ho fornito tantissime indicazioni, molto pratiche. Hai percorso la prima parte di un cammino impegnativo. È fondamentale per evitare di uscire fuori strada in questo mestiere.

Come va? Sei carico? Ormai ti sei messo in gioco. Sei pronto a scoprire tantissimi strumenti operativi? Sei ansioso di salire al quarto piano? Calma. Ogni cosa a suo tempo.

Ogni gradino ti rafforza, e mentre sali ricordati di dare sempre un'occhiata giù, ai pilastri.

Mi raccomando.

Apri bene gli occhi e le orecchie, ora. Inizia a toccare con mano gli strumenti che devono essere in circolo nelle vene di un venditore di valore. Fatti contagiare dall'entusiasmo e dall'emozione di essere il migliore. Il profumo del successo diventerà sempre più intenso e apprezzerai il gusto unico dell'eccellenza.

Andiamo, seguimi.

I punti chiave del 2° capitolo

• Quello di addetto alle vendite è un mestiere che non può essere improvvisato, né si può svolgere con approssimazione o, peggio ancora, per provare. È fondamentale studiare da professionisti.

• È importante che tu ti chieda: "Mi sono creato i giusti pilastri? Ho una solida struttura professionale, una preparazione completa, per garantire valore ai clienti?".

• Leonardo da Vinci diceva: "Quelli che si innamorano di pratica senza scienza sono come il nocchiere che entra in un naviglio senza timone o bussola, che mai ha certezza dove si vada. Sempre la pratica deve essere edificata sopra la buona teoria".

• Devi essere un consulente, l'esperto a cui la clientela ha il piacere di affidarsi. Non a caso, vendere viene dal latino "venum dare", cioè dare valore.

• Per cultura del servizio si intende che il cliente non devi giudicarlo, ma solo servirlo, coccolarlo, deliziarlo. Se ne sa più di te, invece, la partita è persa già in partenza. Quindi, l'imprenditore si chiede: "Quali risultati potrò ottenere grazie all'addetto vendite che assumo?".

• Avere cultura del lavoro vuol dire che, ad esempio, non è possibile portare in azienda i propri difetti di fabbricazione, perché l'azienda non li ha acquistati. C'è chi crede invece che, per il fatto di essere così, debbano essere tollerati maleducazione, carattere difficile, pessime abitudini di vita, pettegolezzo, comunicazione inefficace, incapacità di fare squadra, di collaborare, di assumersi responsabilità, oltre alle convinzioni totalmente sbagliate sul cliente, sul servizio ecc. Diventare migliore significa, innanzi tutto, cambiare atteggiamenti e comportamenti.

• Un negozio è come una squadra. Vince insieme e perde insieme. La responsabilità è collettiva. Ognuno nel punto vendita ha il diritto e il dovere di interessarsi agli altri addetti per aiutarli a fare sempre meglio. La cultura del team, inoltre, prevede che il tuo collega sia una risorsa e che il confronto produca sempre arricchimento. Condividi il tuo know-how, non esserne geloso, perché è un ulteriore aspetto irrinunciabile. La collaborazione in negozio va oltre le persone che la chiedono e rappresenta una necessità.

• Non è dal numero di ore lavorative in negozio che dipende il valore della tua attività, ma dalla qualità espressa. Inoltre, le quattro aree di valutazione come addetto vendite in negozio sono: la capacità lavorativa, ben distribuita fra vendita, "tecnica", gestione del magazzino, esposizione e attività varie; il carattere, cioè il tuo modo di essere; il rapporto che hai con i colleghi; la tua relazione con la proprietà. Per essere definito un vero professionista, non devono esserci zone d'ombra.

Capitolo 3:
Come comunicare consapevolmente

Comunicare in maniera efficace è la *condicio sine qua non* per diventare un eccellente addetto alle vendite. Conoscerne i principi di base è fondamentale.

Ti dico subito che questo capitolo non è un trattato sulla comunicazione interpersonale. Altrimenti il libro diventerebbe un'enciclopedia da migliaia di pagine. Ho estratto e approfondito i principi che un professionista deve conoscere e applicare per forza. I pilastri.

L'argomento è affascinante, ma se ti piacerà soltanto e alla fine non lo farai tuo resterà ben poco. Mi aspetto che tu dia il massimo.

Secondo te cosa significa davvero comunicare con il cliente?

Le prime risposte che ricevo durante i corsi di vendita sono: saper parlare, sapersi esprimere, far arrivare un messaggio all'interlocutore, farsi capire.

Tanti venditori credono che l'atto del comunicare sia legato alle parole. Peggio ancora, alla "parlantina". Vecchio stile, vecchio stampo.

Di sicuro parlare un perfetto italiano è già una gran conquista. Lo scempio a cui è sottoposta la nostra lingua, da tantissimi addetti, fa rabbrividire. Spesso verifico che, prima di tutto, ci vorrebbe un bel corso di grammatica. Non ha senso salire al quarto piano se non ci sono nemmeno le fondamenta. Ricordi?

Se avrei più tempo lo facessi, ma non potessi perché altrimenti il libro fosse troppo lungo.

Oddio. Aiuto. Scherzo, scherzo. Tranquillo. Mi sento male per te.

Parlare bene non basta, purtroppo. È importantissimo ma non sufficiente per caratterizzare un ottimo venditore in negozio.

Forse ti starai chiedendo: "Ma se io comunico sin dalla nascita, cosa avrai mai da insegnarmi sulla comunicazione?".

Valuterai tu. La comunicazione è contestualizzazione. Essere in grado di adeguarsi a situazioni e clienti diversi. Tutti differenti tra loro. Non si può imparare uno stile e utilizzarlo con chiunque. Di sicuro è più facile, ma improduttivo. "Io sono fatto così, non posso cambiare" è la risposta scellerata che spesso si riceve quando si stimola qualcuno al cambiamento. È una forma di difesa. Inutile.

Gli alibi e le giustificazioni si sprecano, pur di restare chiusi a doppia mandata nella propria **zona di comfort**.

"Preferisco essere me stesso" dicono in tanti, come se comunicare in modo efficace con i clienti significasse fingere. Molti addetti non si vogliono mettere in gioco, in discussione. Coltivano le solite abitudini, quelle facili e spesso negative, e hanno solo desideri. Non agiscono per migliorare davvero.

La colpa è sempre degli altri e non si vogliono assumere responsabilità. Fra scuse e bugie, raccontate a se stessi e agli altri, si abbandonano al pettegolezzo e ai giudizi trancianti. Alla ricerca disperata di chi sta peggio, secondo la squallida tendenza al "mal comune mezzo gaudio". Anche quella è comunicazione e rappresenta la propria persona.

Sappi che tu comunichi agli altri se sei nella zona di comfort o fuori. Sempre. Ogni secondo. Ne sei consapevole?

Nei miei video su Facebook, pillole formative sulle vendite in negozio e sul ruolo di addetto, quando fornisco consigli su come comportarsi per produrre valore e servizio d'eccellenza, c'è sempre qualche leone da tastiera, frustrato delle vendite, che invece di chiedersi che cosa può imparare si preoccupa di distribuire le responsabilità fra il livello di serietà delle aziende, gli orari di lavoro, lo stipendio, i clienti difficili e qualsiasi altra variabile. Tranne se stesso. Dimostra così chiusura mentale. Chi vale non ha bisogno di alibi.

È importante quello che ti ho scritto, perché la comunicazione efficace richiede una grande capacità di adattamento agli altri. Tutti noi comunichiamo in modo differente se ci troviamo con vecchi amici, al lavoro, con giovanissimi o con anziani, per creare una buona relazione. In un negozio, più si riesce a stabilire un rapporto, più è facile vendere.
Il cliente ha piacere di essere servito da chi percepisce come simile a sé.

Quando chiedo ai venditori se vogliono migliorare, tutti, senza esitazione alcuna, affermano di sì. Ma poi spiego loro che nel verbo migliorare ce n'è un altro che alla maggior parte delle persone resta indigesto, difficilissimo da accettare: **cambiare**.

Se vuoi migliorare la tua comunicazione con il cliente devi decidere innanzi tutto di modificarla. Migliorarla. Cosa sei disposto a cambiare? E del tuo modo di comunicare per vendere? Ripartiamo da qui.

Gli effetti della comunicazione sul cliente

Comunicare viene dal latino *cum*, ossia insieme, con, e *munire*, cioè legare, costruire; da *communico*, che significa mettere in comune.

Nello specifico, comunicare con un cliente significa mettere in comune qualcosa con lui, interessarsi, guardare le cose dal suo punto di vista. Trovare punti di incontro. Stabilire sintonia, empatia. Una sua esigenza deve diventare quella del venditore. Come se lui stesso ne avesse bisogno.

Se il cliente reclama, l'addetto professionista gestisce la situazione con lo stesso coinvolgimento che avrebbe se fosse lui stesso a reclamare. Ecco perché comunicare non significa solo parlare in maniera corretta.

Se tu avessi necessità di trovare per forza, entro le prossime due ore, un particolare profumo da regalare a una cara amica a cui hanno organizzato una festa a sorpresa, ti faresti in quattro? Smuoveresti mari e monti per riuscire nell'impresa? Sì, vero?

Bene, ora immagina di essere tu l'addetto che serve in negozio il cliente che cerca quel profumo. Ti fai in quattro per lui? Se non è disponibile in negozio, essendo una richiesta così specifica, ti attivi per fornire indicazioni sul posto più vicino in cui può esserci un profumo di quel tipo? Fai delle telefonate per lui? Oppure ti limiti a un laconico: "Mi dispiace, non c'è". Cavoli tuoi.

Ecco il senso di comunicare con il cliente. Apprezzerà tantissimo, sarà grato per l'impegno profuso. Tornerà. E se anche non dovesse accadere, parlerà bene a tutti del negozio.

Insegnare la comunicazione fa pensare a un esercito di marionette, di pappagalli, di cloni. Tutti uguali.

Piuttosto, il mio compito è aiutarti a diventare **più consapevole della tua comunicazione, degli effetti che produci sui clienti.**

Rendersi conto di ogni aspetto dipende da mille fattori, sconosciuti ai dilettanti delle vendite in negozio. È la consapevolezza, tra i pilastri irrinunciabili.

Qui casca l'asino, però.

Un addetto vendite come può rendersi conto degli effetti che produce sui clienti se non conosce le regole, i principi che determinano la comunicazione, cioè lo strumento che lui utilizza? In breve, può essere consapevole di ciò che non conosce?

No. Per questo è giusto dire che la maggior parte dei venditori comunica da autodidatta, "inconsapevolmente". Come può gestire al meglio una trattativa, il rapporto con il cliente, se non ha la preparazione per rendersi conto delle continue dinamiche comunicative che si creano ogni secondo?

Accade che sbagli diverse cose credendo, invece, di essere stato perfetto. In buona fede, intendiamoci. Allora, la responsabilità del mancato acquisto ricade sul cliente. E giù con le invettive nei suoi confronti. Oltre alle maledizioni sulla crisi.
La consapevolezza comunicativa, quindi, nasce dalla conoscenza, utile per creare la struttura personale di una risorsa.

I tre livelli della comunicazione

Innanzi tutto l'addetto vendite deve essere consapevole che, così come evidenziato dagli studi compiuti dal prof. Albert Mehrabian, negli anni '60, negli USA, comunica su ben tre livelli e non soltanto su quello verbale:

1. **Livello gestuale**, che consiste nel cosiddetto "linguaggio del corpo": gesti, sguardi, espressioni del volto, posture, movimenti delle mani, delle braccia, delle gambe, aspetto esteriore. Secondo un motto americano: "È inutile parlare quando il corpo strilla per te". Il cliente comunica con il corpo, è un libro aperto anche quando crede di chiuderlo. Il punto è che la stessa cosa vale anche per il venditore.

2. **Livello paraverbale**, che è costituito da tutto ciò che riguarda la qualità della nostra voce (volume, tono, timbro, ritmo, cadenza, dizione, frequenza). Ad esempio, il volume può essere alto o basso. Il tono sereno, arrabbiato, dolce, sarcastico, duro, delicato ecc. Il timbro distingue fra una voce calda, roca o stridula. Il ritmo è la velocità con cui si parla e può generare tensione o tranquillità, a seconda dei tempi impiegati. Non è

importante solo cosa si dice ma **come lo si dice** (gioia, rabbia, paura, tristezza, disgusto, disprezzo, interesse, sorpresa, tenerezza, vergogna ecc). Il modo in cui ci si esprime assume notevole rilevanza. Le stesse identiche parole prendono un valore completamente diverso a seconda di come sono pronunciate. È ciò che determina il vero senso del messaggio inviato.

3. **Livello verbale**, ossia le parole e le frasi, con il loro contenuto e significato. Il venditore deve utilizzare parole note anche al cliente, che abbiano un medesimo significato per l'uno e per l'altro, affinché la comunicazione risulti efficace e si crei reciproca comprensione. Ampliare il proprio vocabolario risulta indispensabile, così come selezionare con precisione i termini più adeguati ai diversi clienti e alle varie situazioni. Positivizzare la comunicazione, inoltre, è una qualità dei grandi professionisti, come analizzeremo in dettaglio più avanti.

Dagli studi compiuti emerge che, nella comunicazione fra due persone:

- quella **gestuale** influisce sull'interlocutore per il **55%**;

- quella **paraverbale** per il **38%**;
- quella **verbale** per il **7%**.

Va precisato, però, che lo stesso Mehrabian ha affermato che queste percentuali derivano da esperimenti riguardanti la comunicazione di sentimenti e di atteggiamenti, e che non si potessero considerare di pari valore anche in contesti diversi e più complessi.

In ogni caso, pur modificando le percentuali, si può facilmente verificare che la gestualità incida in misura maggiore su tutta la nostra comunicazione, seguita dal modo in cui diciamo le cose e, infine, dalle parole.

Ciò significa forse che quanto diciamo conti così poco?

Non si tratta di questo. Il contenuto vale moltissimo ma è condizionato, in positivo o in negativo, dal modo che scegliamo per esprimerlo.

Se, per esempio, l'addetto dice a un cliente che gli fa molto piacere conoscerlo e mentre pronuncia queste parole ha lo sguardo fisso per terra, il tono di voce triste, il volume che rende le parole appena udibili e sul volto l'accenno di un sorriso, sarà difficile che quella persona ci creda. Se poi, invece di una sicura stretta di mano, avvicina quattro dita tremanti e umidicce, il danno è fatto.

Pensa alla faccia di molti addetti vendita quando devono andare a prendere dal magazzino il prodotto richiesto dal cliente e si muovono trascinando stancamente le gambe, dopo aver sospirato e detto: "Arrivo subito". Che entusiasmo.

Mi diverte molto quando alcuni corsisti vogliono convincermi che, pur non sopportando alcuni clienti, anche se scoppiano dentro, riescono a non mostrare quel fastidio. Rispondo loro che non sapevo di avere in aula Julia Roberts o Richard Gere, ma che sono contento di conoscerli di persona. Se il venditore fa l'attore, si vede. Il cliente percepisce innanzi tutto quello che il corpo comunica. Dal sorriso finto alla tensione del volto, fino a una gestualità di chiusura.

Non è facile, lo sappiamo entrambi. Cambia paradigma. Ogni cliente è il tuo datore di lavoro. I soldi sono uguali, da qualsiasi portafogli provengano. In più, fra poco scoprirai che i clienti apparentemente difficili si rivelano i più semplici da gestire.

Un aspetto che merita riflessioni è che essi, a meno che siano esperti di comunicazione, tendono a essere più attenti proprio alla componente verbale, senza comprendere sempre in maniera conscia tutti i messaggi degli altri livelli comunicativi, che hanno comunque un gran peso. "In quello che ha detto il venditore c'è qualcosa che non mi convince."

Nello stesso momento il cliente è raggiunto dai messaggi inviati sui tre livelli e, mentre presta attenzione alle parole, su di lui incidono anche la comunicazione gestuale e quella paraverbale dell'addetto. I messaggi del corpo hanno la forza di dare valore alle parole, se c'è coerenza, o di smentirle, se c'è incoerenza. Hanno l'impatto più forte in assoluto.

Un concetto va quindi ribadito: le tre componenti della comunicazione devono essere sempre congruenti, coerenti e in sintonia tra loro. Al contrario, se ad esempio un addetto dice qualcosa in cui non crede davvero, probabilmente lo si noterà da qualche particolare della sua comunicazione gestuale. È il tipico caso della persona che a livello verbale esprime un concetto e il suo corpo lo smentisce: con le parole si può bluffare, ma il corpo non sa mentire.

Immagina una persona che ti dica "Mi spiace davvero per te…" sorridendo, oppure "Sono contento che…" muovendo la testa come se volesse dire di no, e "Sono aperto a tutte le soluzioni…" tenendo le braccia conserte e le spalle chiuse.

Imparare a interpretare il significato della comunicazione non verbale dei clienti è, a maggior ragione, fondamentale. Comprendere cosa trasmettono pur senza dirlo con le parole è un grande aiuto nella vendita.

Bisogna chiarire, comunque, che è difficile schematizzare il livello non verbale delle persone, assegnando a ogni singolo gesto un significato specifico. Una determinata postura o espressione, per esempio, può significare un messaggio in un certo momento ma può voler dire poco, altro o nulla in una situazione diversa o per un'altra persona. Un conto è incrociare le braccia e stringerle a sé quando fa freddo; un altro è avere la stessa gestualità in una condizione climatica normalissima. La comunicazione gestuale va sempre contestualizzata.

Conoscere il significato dei gesti, delle posture, non è così importante nella fase statica quanto in quella dinamica; è interessante valutare il passaggio da un tipo di gestualità a un altro, in base al messaggio inviato all'interlocutore.

Ad esempio, se il venditore nota che il cliente è tranquillo, aperto, ma subito dopo l'indicazione del prezzo o l'invito ad acquistare cambia postura, chiude le braccia e ruota un po' il busto dall'altra parte, significa che il messaggio ha generato una reazione di difesa. È come se avesse detto: "Oddio, costa troppo per me", oppure "Non sono ancora pronto a comprare".

Tra i principali segnali del corpo che l'addetto deve interpretare al meglio per agevolare le vendite, te ne segnalo tre: quelli di gradimento, di rifiuto e di scarico di tensione.

Il cliente mostra gradimento quando si avvicina, sposta il busto o il corpo verso il venditore, gli tocca il braccio o gli mette una mano sulla spalla mentre parla, si accarezza il corpo, gli uomini il petto, sporge le labbra in avanti lisciandole, leccandole o mordicchiandole, avvicina a sé i prodotti e li analizza in dettaglio.

Le donne tendono a toccarsi il lobo dell'orecchio e i capelli, senza attorcigliarli, altrimenti sarebbe uno scarico di tensione.

I segnali di rifiuto sono quelli con cui il cliente esprime di non gradire i prodotti e l'addetto. È tipico allontanare le cose con le mani, avere le braccia incrociate e le gambe accavallate, molto strette, come a erigere un muro, ruotare il busto di lato con il braccio che fa da scudo.

Quando fa un passo indietro o, se seduto, si allontana con il busto, potrebbe voler dire che preferisce allontanarsi dal venditore e dai prodotti che non apprezza. Stesso significato se toglie pelucchi, polvere o qualcos'altro dagli abiti, così come da un tavolo a cui si è eventualmente seduti. Vuol dire spazzare via da sé qualcosa che non accetta e ha davanti agli occhi.

Il corpo del cliente potrebbe inviare anche segnali di scarico di tensione, per allontanare ansia, imbarazzo, stress e fatica, non sempre però rivolti al venditore o alla situazione. Tra i più evidenti, grattamenti sul naso e in tutta la zona della testa, schiarimento della gola, deglutizione della saliva e tensione muscolare nel volto. Si aggiungono pallori, rossori, tachicardia, sudorazione eccessiva, respirazione affannosa ecc.

Tutti segnali che forniscono ulteriori indicazioni per comprendere meglio lo stato in cui si trova il cliente e individuare il modo migliore per influenzarlo positivamente all'acquisto.

Qualche altro suggerimento molto pratico per la vendita in negozio?

Le mani, se ben governate, consentono all'addetto di descrivere, illustrare, coinvolgere, visualizzare, rafforzare i messaggi; in caso contrario, possono comunicare stress come per gli sfregamenti e il gioco con gli oggetti (orecchini, penne ecc.). Anche in questo caso, sono sconsigliate le mani incrociate o in tasca.

Evitare di servire il cliente mettendosi di fronte, posizione tipica in un conflitto o in una gara di boxe, ma porsi di fianco, con cui si comunica il piacere di essere dalla sua parte. Non va bene, inoltre, sporgersi troppo verso l'interlocutore perché comunica aggressività, invasione dello spazio; troppo all'indietro, invece, torcendo fianchi e spalle, indica insicurezza e mancanza di credibilità.

La postura più positiva è quella con le spalle ben erette, che trasferisce messaggi di apertura, controllo emotivo e sicurezza. Purché non si esageri con il petto all'infuori, come Arnold Schwarzenegger o Pamela Anderson, specie se il cliente appare chiuso e timido.

La **gestione del territorio** è un altro aspetto molto importante. La distanza dal cliente richiede tanta sensibilità. Va prestata attenzione al cosiddetto territorio "intimo", un'area pari alla lunghezza dell'avambraccio esteso, in cui si consente l'accesso solo al partner, ad amici, a parenti o a persone care. È bene rispettare quello spazio e cogliere i feedback, evitando di farsi percepire come invadenti; nel caso si avvertisse chiusura, spostarsi ancora.

I venditori super motivati, con gli occhi spiritati e la gestualità troppo ampia, che si sporgono eccessivamente verso il cliente, parlando con un alto volume della voce, ottengono l'effetto contrario, generando diffidenza.

La vendita non è solo entusiasmo, per quanto aiuti molto. Gli addetti in preda all'autoesaltazione, nella maggior parte dei casi, spaventano. All'inizio bisogna creare le condizioni ideali perché il cliente si faccia poi contagiare. Stabilire fiducia è alla base, come analizzeremo nel proseguo del libro.

Per trasmettere credibilità e sicurezza ci vuole una voce calma e serena, senza esagerare con il volume, in modo da ispirare fiducia. Un volume medio-basso, così come il tono, e un ritmo medio creano autorevolezza. È il tipo di voce che riconosciamo a chi spiega bene, come nell'insegnamento. Solo dopo aver creato un minimo di rapporto il cliente può accettare un paraverbale più appassionato, costruito sulla credibilità. Il contrario genera diffidenza.

Curare la dizione e la cadenza completano una figura di valore. Dipende, ovviamente, dai contesti di riferimento e dalla tipologia di attività commerciale. In un piccolo e storico panificio di quartiere, il cui target principale sono le persone della zona, parlare con una dizione perfetta farebbe percepire l'addetto come un extraterrestre.

I canali sensoriali del cliente

Più saliamo di livello professionale, maggiori sono le capacità richieste. Come quella di cogliere gli elementi che caratterizzano la tipologia di cliente che si sta servendo, per creare empatia in maniera più profonda.

Ogni persona acquisisce e fornisce informazioni su tutto ciò che la circonda attraverso i cinque sensi, le nostre finestre sul mondo, ma ne ha uno dominante rispetto agli altri. Si parla di tre canali sensoriali (sistemi rappresentazionali), ognuno con caratteristiche ben specifiche: **visivo**, **auditivo** e **cinestesico**.

In breve, i visivi fanno riferimento a tutto ciò che si può riferire alla vista, gli auditivi all'udito e i cinestesici alle sensazioni e alle emozioni, al contatto con gli altri e con le cose.

Ogni canale sensoriale ha le sue parole preferite. Un cliente che fa della vista la sua guida principale come costruisce il suo linguaggio e i messaggi? Con parole chiare a precise, che esprimono tutto ciò che si può vedere. Facciamo qualche esempio dei termini e dei verbi che i visivi prediligono. Tra i più comuni: vedere, guardare, definire, intravedere, luce, colori, prospettiva, osservare, visionare, sguardo, delineare, ammirare, illustrare, tracciare, dipingere, disegnare...

Frasi tipiche sono: "È chiaro", "Dare un'occhiata", "Gettare lo sguardo", "Il mio punto di vista è...", "Senz'ombra di dubbio", "È un'idea confusa", "Ho un umore nero", "A prima vista", "Secondo la mia prospettiva...", "Ti illustro...", "Mettere a fuoco".

Il cliente che utilizza la vista come canale privilegiato, quindi, si aspetta di sentir parlare il venditore con questo linguaggio. Parla velocemente, ha una gestualità "centrifuga", cioè con ampi gesti verso l'esterno e l'alto, quasi a disegnare quello che dice. Guarda i prodotti con estrema attenzione, cura molto la propria immagine.

Come comunicare con un cliente visivo, quindi? Parlando per immagini, adeguando il lessico a quello di chi presenta tale canale principale: "Guardi questi prodotti...", "Lei stesso vede subito che è un prodotto di qualità...", "Le illustro nei dettagli quello che ha visto...", "Guardiamo tutto con cura in modo da avere un quadro chiaro della situazione...".

Un ragionamento analogo vale rispetto al cliente auditivo, il cui canale principale è l'udito. A differenza del visivo, tende a non guardare negli occhi ma di lato. Quando parla indica spesso l'orecchio e si tocca di frequente le labbra, da cui escono le parole. Parla con cadenza ritmata e regolare, dando molto valore alle parole, spesso anche onomatopeiche.

Utilizza verbi e termini come sentire, ascoltare, armonia, musica, parole, scrittura, lingua, traduzione, conversazione, audio, sintonizzarsi, cantare, leggere, sussurrare, parlare ecc. Tra le frasi tipiche: "C'è sintonia", "È una soluzione armonica", "Rispondere a tono", "Siamo sintonizzati sulla stessa lunghezza d'onda", "Presto l'orecchio a…", "Porre l'accento su…", "La ascolto…", "La parola chiave è…".

Quando un auditivo ascolta con attenzione inclina la testa di lato, come se parlasse al telefono, porgendo l'orecchio a ciò che si sta dicendo. Si crea sintonia se percepisce che il venditore presta la massima attenzione alle sue parole.
Usare frasi come: "Sono tutt'orecchi", "Le suona bene questa cosa?", "Mi dica pure, la ascolto con grande interesse…", "Le sue

parole mi suonano familiari".

Il cliente cinestesico è identificato da tutto ciò che riguarda sensazioni, emozioni, tatto, gusto e olfatto. Il suo universo semantico è fatto di parole e verbi come sensazione, emozione, toccare, concreto, pratico, sentimento, percepire, commuoversi, solido, sperimentare, sentire, costruire, tastare, abbracciare, approfondire, provare ecc.

Tra le frasi più utilizzate: "Toccare con mano", "Sentire che c'è comprensione", "Tenere i piedi per terra", "Prendere le distanze", "Non avere peli sulla lingua", "Avere l'acquolina in bocca", "Fiutare l'affare", "Colpire nel segno", "Mettersi nei panni altrui".

La sua gestualità è "centripeta", cioè rivolta verso sé; lo sguardo spesso tende verso il basso, concentrato sulle proprie sensazioni. Si avvicina all'interlocutore, fino al contatto fisico. Adora vivere esperienze coinvolgenti, emozionanti. Preferisce provare i prodotti, testarli.

Con un cliente cinestesico è utile usare frasi come: "Ho la

sensazione che lei sia sensibile a…", "Si tratta di una soluzione vincente, che può toccare con mano…", "Sente che è una opportunità da cogliere e stringere a sé?", "È un piacere servirla, lei è una persona gradevole", "Percepisco che si senta molto a suo agio qui da noi…".

Comprendi bene che se il venditore parla senza adeguare il suo linguaggio ai diversi canali sensoriali dei clienti, a volte gli andrà bene, in caso di conformità, "ad culum". Molte altre no.
Così deve sforzarsi di capire se il cliente è principalmente visivo, auditivo o cinestesico. Compreso ciò, è utile entrare nel suo "mondo" per stabilire empatia, utilizzando tutto ciò che è in linea con il sistema rappresentazionale primario di chi si sta servendo. Ovvio che se a un visivo si parla da uditivo, creare empatia diventa molto più complesso.

In ogni caso, per non sbagliare, è bene allenarsi a utilizzare una comunicazione multisensoriale, specie se ci si sta relazionando a più persone insieme, come accade quando un cliente porta con sé degli influenzatori, che vanno sempre coinvolti per evitare che si trasformino in acerrimi nemici. Bisogna usare i tre canali contemporaneamente. Un po' di visivo, un po' di auditivo, un po' di cinestesico. È un ottimo sistema.

Visto che ci tieni ad avere un quadro chiaro sulla vendita in negozio, presta attenzione a tutte le parole che leggi, in modo da sintonizzarti con il valore dell'eccellenza e dare il giusto ritmo alla tua professionalità, per il piacere di essere un numero 1 e vivere la bella sensazione di fare la differenza, prendendo le distanze dalla superficialità e dalla sufficienza di tanti. Vedrai che sarà musica per le tue orecchie ricevere complimenti, fino a godere dell'emozione di disegnare un futuro brillante, di successo.

Hai appena letto alcune righe ricche di multisensorialità.

Gli strumenti per creare sintonia con il cliente

Come fa un addetto a sapere se sta entrando in sintonia con un cliente o, al contrario, lo sta allontanando? Come può agevolare la creazione del *rapporto*? Alcuni fra gli strumenti di cui si può avvalere sono la **calibrazione**, il **ricalco** e la **guida**.

Calibrare significa avere la capacità di porre l'attenzione sul cliente e sui suoi livelli comunicativi, di percepire i differenti stati mentali ed emotivi in cui si trova, in modo da scegliere poi i più adeguati atteggiamenti e comportamenti da adottare nei suoi confronti. In più, vuol dire individuare il canale principale del cliente, fra visivo, auditivo e cinestesico, e poi ricalcarlo. In parole semplici, è un modo per prendere le giuste "misure" all'interlocutore.

Il *ricalco* consiste nell'adeguare il proprio registro comunicativo a quello dell'interlocutore. Questo favorirà un gradimento da parte sua, perché con le persone che si esprimono in modo simile e in cui si riconosce una parte di sé si entra in una particolare sintonia. Il risultato è che il cliente, inconsapevolmente, riceve un messaggio del tipo: "Ti capisco perché riesco a entrare un po' nel tuo mondo". Se riesci nell'intento, allora sei sulla strada giusta per instaurare un buon rapporto.

È ovvio che per ottenere questo risultato è necessario comprendere e utilizzare una comunicazione complessivamente simile a quella del cliente che si sta servendo, sui tre livelli. Quindi, ricalco verbale, paraverbale e non verbale.
Più nello specifico, usare le parole chiave del cliente, il suo modo

di parlare (evitando il dialetto…), di esprimersi, e una gestualità che rispecchi la sua, senza scimmiottarlo. In particolare, riprodurre il non verbale dell'interlocutore è definito *mirroring*, effetto specchio.

Se l'interlocutore è chiuso e timido, ha un volume della voce basso e parla lentamente, l'addetto deve riprodurre una gestualità e un paraverbale simile, evitando di presentarsi con spavalderia e un'apertura esagerata. Sarebbe troppo diverso dal cliente, mentre con un buon ricalco è possibile entrare in sintonia con lui, facendolo sentire a proprio agio.

È importante modellarsi sul cliente, avvicinandosi alle sue credenze e ai valori che esprime, al suo modo di essere. Deve percepire che si può fidare del venditore perché è simile a lui. Ma, ti ripeto, valgono le considerazioni fatte all'inizio del capitolo.

Come ti comporteresti se ti trovassi di fronte a un cliente ansioso? Dovresti subito ricalcarne la postura e la gestualità complessiva, le parole, il timbro, il tono e il volume della voce, e in seguito parlare sempre lentamente e in maniera tranquilla, per guidarlo verso una maggiore serenità. Se il ricalco è ben fatto ti seguirà, altrimenti sarà necessario riprendere a "ricalcarlo" fino a quando si sarà stabilito il rapporto che lo spingerà ad affidarsi a te.

Per assicurarti di essere sempre in sintonia sforzati poi di guidarlo e verificare se ti segue.

Ecco perché il professionista delle vendite deve diventare così consapevole della comunicazione di vendita e di questo mestiere: per influenzare il cliente solo in maniera positiva.

È questione di allenamento e concentrazione. Ora tocca a te. Impegnati, dai. Da subito.

Una considerazione è d'obbligo, comunque, alla fine di questa carrellata.

Se credi che basti utilizzare tali strumenti, oltre ai precedenti, o il semplice fatto di conoscerli, per concludere trattative, sei completamente fuori strada. Si tratta di "aiutini" nella vendita, che si basa su mille componenti, a partire dall'approfondita conoscenza dei prodotti e dalla loro esposizione, dal marketing del cliente, dalla consapevolezza comunicativa in genere, dal potere delle singole parole, dalla credibilità, dall'autorevolezza, dal saper indagare le vere motivazioni d'acquisto, dalla capacità di vendita in ogni fase, dall'essere un professionista, e da tali e tante di quelle variabili che se non consideriamo questo mestiere in modo così completo, diventa soltanto un divertente esercizio accademico sulla comunicazione.

I punti chiave del 3° capitolo

• La comunicazione è contestualizzazione. Sforzati di adeguarti a situazioni e clienti diversi. Se vuoi migliorare la tua comunicazione con il cliente devi decidere innanzi tutto di modificarla. Cosa sei disposto a cambiare? E del tuo modo di comunicare per vendere?

• Comunicare con un cliente significa mettere in comune qualcosa con lui, interessarti, guardare le cose dal suo punto di vista. Trova punti di incontro. Stabilisci sintonia, empatia.

• Per consapevolezza comunicativa si intende la capacità di rendersi conto degli effetti che si producono sul cliente. Essa dipende dalla conoscenza, perché è impossibile essere consapevoli di ciò che non si conosce.

• I livelli di comunicazione sono tre. Quello gestuale influisce sull'interlocutore per il 55%, il paraverbale per il 38% e il verbale per il 7%. I messaggi del corpo hanno la forza di dare valore alle parole, se c'è coerenza, o di smentirle, se c'è incoerenza. Hanno l'impatto più forte in assoluto ma la comunicazione è efficace solo se le tre componenti sono sempre congruenti.

• Tra i principali segnali del corpo, che devi interpretare al meglio per agevolare le vendite, ci sono quelli di gradimento, di rifiuto e di scarico di tensione.

• La gestione del territorio è un altro aspetto molto importante a cui devi prestare attenzione. La distanza dal cliente richiede tanta sensibilità, a iniziare dal cosiddetto territorio "intimo", un'area pari alla lunghezza dell'avambraccio esteso.

• Per stabilire un'empatia più profonda con il cliente, approfondisci la conoscenza dei tre canali sensoriali (sistemi rappresentazionali), ognuno con caratteristiche ben specifiche: visivo, auditivo e cinestesico. In breve, il visivo fa riferimento a tutto ciò che è legato alla vista, gli auditivi all'udito e i cinestesici alle sensazioni e alle emozioni, al contatto con gli altri e con le cose. Allenati a utilizzare una comunicazione multisensoriale, usando parole affini ai tre canali.

• Per agevolare la creazione di sintonia con il cliente, alcuni fra gli strumenti più utili sono la calibrazione, il ricalco e la guida. Calibrare, in parole semplici, è un modo per prendere le giuste misure all'interlocutore. Il ricalco consiste nell'adeguarti al suo registro comunicativo, entrare nel suo mondo, per facilitare la successiva guida.

Capitolo 4:

Come fare domande e ascoltare i clienti

"Abbiamo due orecchie e una bocca, per ascoltare di più e parlare di meno..."

Noi comunichiamo sempre, anche se non proferiamo parola. **Ma gli addetti vendita sanno davvero ascoltare?**

Non molti, purtroppo. C'è un motivo profondo da cui dipende la difficoltà verso questa buona pratica, oltre alla consolidata abitudine di parlare. Si tratta del bisogno di sicurezza. Quando l'ascolto è reale, infatti, genera una visione delle cose diversa da quella personale e stimola addirittura a rivedere le convinzioni che ci si è creati. Quindi, non ascoltare consente di restare al sicuro nella propria area di certezze, evitando il confronto. E parlare illude di essere al centro delle attenzioni, piuttosto che lasciare tale opportunità al cliente.

L'ascolto è fondamentale in una buona comunicazione in generale e in quella di vendita in particolare. Significa riuscire a comprendere perfettamente il messaggio che invia l'interlocutore, senza margini di errore, in modo da gestire l'attività commerciale in modo appropriato.

La differenza fra sentire e ascoltare

Esiste una grande differenza fra sentire e ascoltare.

Sentire è solo l'atto del percepire le parole, mediato dall'udito, mentre ascoltare ha un significato più profondo, che investe tutta la persona. Oltre a percepire le parole, le dobbiamo interpretare, comprendere, in modo da fornire una risposta adeguata a quello che l'altro sta dicendo. Orecchie, occhi e, soprattutto, cuore e mente. È l'**ascolto attivo, empatico**. La capacità di sentire l'interlocutore e stabilire un rapporto positivo, eliminando qualsiasi filtro o interferenza.

Per avere successo nella vendita **bisogna imparare ad ascoltare il doppio** di quanto si parla. I risultati dipendono in buona parte dalla qualità delle domande e dal modo in cui si fanno. Devono stimolare risposte positive.

In tanti purtroppo, parlano di continuo sperando di convincere il cliente all'acquisto. Per sfinimento. Non si rendono conto che così stanno soltanto evidenziando un patetico orientamento alla vendita. Generano ansia. Gli addetti impazienti non avranno mai successo. Mai.

I professionisti, invece, non danno al cliente l'impressione di fare pressioni, ma sono loro a condurre la situazione. Parlano poco, ascoltano molto e pongono abili domande per favorire il coinvolgimento. L'atteggiamento cordiale, improntato al sincero interesse e al piacere di comprendere, mette a proprio agio e incoraggia il cliente ad aprirsi e a fornire con serenità le informazioni richieste.

Molti venditori, inconsapevoli, si limitano a rispondere alle diverse domande dell'interlocutore, come se fossero degli scolaretti con la maestra. Ma, in quel caso, è lui che guida il discorso e ne assume il controllo, ponendo l'addetto in una situazione di palese inferiorità.

Come si comporta un medico quando riceve un paziente? Inizia a fare domande per comprendere il quadro generale ed entrare subito dopo nello specifico. Utilizza dispositivi diagnostici per raccogliere dati utili. Valuta quali sono le malattie da escludere e individua quella da curare, con la relativa terapia.

È lo stesso metodo che deve seguire un ottimo consulente di vendita. Rivolgere domande per comprendere le esigenze, immagazzinare le informazioni ricevute, escludere ciò che non va bene e focalizzarsi sul prodotto che rappresenta la soluzione alla richiesta del cliente, con tutti i benefici collegati.

Quella di **porre domande è un'arte,** che si può imparare. Se sono adeguate si ottengono risposte utili; in caso contrario, si generano feedback di basso valore negoziale. Non è un interrogatorio, un terzo grado in commissariato.

Le domande chiuse e aperte

Chi domanda, comanda. Ma deve trattarsi di richieste semplici, senza mettere in difficoltà il cliente. Intanto ci sono due tipi di domande, il cui utilizzo dipende dai differenti contesti: **chiuse e aperte**.

Le domande chiuse sono quelle a cui il cliente può rispondere con un sì o un no, oppure con una scelta fra due opzioni. Quelle aperte richiedono riflessione per fornire un feedback.

Ci sono vari tipi di domande chiuse che funzionano bene durante i colloqui di vendita, come quelle poste alla fine della frase e che richiedono una risposta affermativa. "Scegliere un prodotto di valore e avere anche la possibilità di risparmiare è un gran vantaggio, vero?", "Si tratta di un abito molto funzionale, è così?", "È importante acquistare in un negozio in cui serietà e affidabilità sono al primo posto, con un attento servizio clienti, giusto?". A livello gestuale, la frase va accompagnata sorridendo amabilmente e facendo un cenno cortese di assenso con la testa.

Di seguito, alcune utili domande chiuse: "**Giusto?**", "**Vero?**", "Concorda con me?", "È d'accordo con me?", "È così?", Condivide?", "Le pare?". Esse possono essere poste anche all'inizio di una frase o in mezzo: "È vero che scegliere un prodotto di valore e avere anche la possibilità di risparmiare è un gran vantaggio?", "Scegliere un prodotto di valore, e avere anche la possibilità di risparmiare, è vero che è un gran vantaggio?".

È sempre meglio chiedere che affermare. Se lo dice il venditore, il cliente molto probabilmente non ci crede. È scontato, deve vendere. Se lo dice lui, ci crede. Condivide che è vero. Il cliente si fida di quello che lui stesso dice.

Lo stesso sistema può essere utilizzato quando un cliente fa un'affermazione utile per la vendita. Se dice: "Preferisco che il prodotto sia semplice da usare", rispondere solo: "Vero?", "Semplice?", oppure: "Cosa intende per semplice?". Dare supporto alla sua osservazione, aggiungendo: "È molto meglio per essere sereni quando lo si usa".

Un'ottima domanda chiusa, utilissima specie per la conclusione della vendita, è quella che pone una scelta fra **alternative**.
Verificane tu stesso l'importanza.
Ti sarà capitato almeno una volta di vedere il pacchetto di sigarette della Camel. Nell'immagine frontale il beduino si trova sul dromedario o a terra, mentre lo tira con una corda?

Ebbene. Sai quante persone durante i corsi quasi litigano, credendo che il beduino si trovi su o giù? Sono proprio curioso di conoscere la tua risposta.

Il beduino non c'è. Ma siccome nella domanda ho previsto, in ogni caso, l'alternativa che contempla la sua presenza, come per magia compare nella mente delle persone. A meno che mi ritrovi di fronte un accanito fumatore delle Camel.

Cosa vuol dire? Che è bene imparare a fare domande che prevedano, in ogni caso, una risposta positiva. "Preferisce il maglione rosso o quello giallo?", "Vuole approfittare della garanzia aggiuntiva di 12 o di 24 mesi?", "Per secondo preferisce carne o pesce?", "È orientato verso il finanziamento da 3 anni o quello da 5?". La scelta è fra due sì e predispone più facilmente il cliente alla decisione finale. Si abitua mentalmente all'idea dell'acquisto.
Al sì.

Le domande aperte possono iniziare con: **chi, come, cosa, quando, quale, dove e perché**. Nel caso di un cliente interessato a un computer fisso per casa, è utile chiedere: "Cosa è più importante per lei nella scelta del pc?", "Quali funzioni deve assolutamente avere?", "Perché sta valutando di cambiare il suo vecchio computer?". In altri momenti di varie trattative: "Cosa apprezza di più di questo prodotto?", "Cosa le è piaciuto in particolare della nuova collezione?". Da tutte le risposte si ottengono varie informazioni per avanzare nella vendita.

Entrambe le tipologie di domande sono utili in varie fasi, ma vanno scelte con attenzione per evitare confusione. Ad esempio, quella chiusa spesso si rivela inopportuna quando sarebbe preferibile usarne una aperta, come in fase di accoglienza nel negozio, fase di cui leggerai più avanti. "Posso esserle utile?" va sostituito con il più opportuno "Come posso esserle utile?" per non beccarsi un glaciale "No!" e per sapere il motivo che ha spinto il cliente a entrare in negozio.

Nella gestione delle obiezioni, per esempio, la capacità di porre ottime domande aperte fa la differenza per aumentare le performance di vendita.

In molti casi, inoltre, può essere utile usare la cosiddetta **tecnica del porcospino**, consigliata dal "dottore delle vendite" Tom Hopkins. Avvicinarsi al cliente per vendere ma senza esagerare, mantenendo le giuste distanze, con elegante equilibrio.

Consiste nel rispondere a una domanda del cliente con un'altra che garantisca il controllo della situazione e favorisca il passaggio alla fase successiva della sequenza di vendita.
Qualche esempio è utile.

Negozio di arredamento. Una coppia è interessata a un divano e chiede al venditore se sia disponibile anche in tessuto. Qual è la migliore risposta da dare? È necessaria una domanda: "Per lei è importante che ci sia in tessuto?". Pensa al grande valore della risposta che si ottiene. Magari la moglie risponde di sì e da quel momento si stabilisce una rotta decisa che condurrà la vendita in porto, con altre domande mirate.

Negozio di abbigliamento. "Scusi, gli abiti blu sono tutti in fresco lana?". Risposta: "Per lei è importante che siano in fresco lana?". In caso di sì del cliente, subito dopo fare altre domande sul modello, sull'occasione in cui intende utilizzarlo ecc., dando valore agli abiti stessi.
In tal modo si porta il cliente ad affermare in maniera netta quello che più desidera. È un punto fermo, un criterio di scelta evidenziato, su cui costruire la vendita. Può apparire bizzarro, a

un'analisi superficiale, ma è proprio il contrario. Utilissimo.

Attenzione. Può anche accadere che un cliente faccia una domanda proprio per sincerarsi che non sia prevista una circostanza che non gradisce. Nell'esempio di prima, sugli abiti in fresco lana, il cliente potrebbe aver chiesto se fossero tutti così proprio perché non gli piacciono e li cerca di un tessuto più pesante. Immagina la gaffe del venditore se rispondesse di sì e iniziasse a esaltare la qualità degli abiti in fresco lana.

Stessa cosa in un autosalone: "Quest'auto ha il cambio automatico?". Risposta: "Per lei è importante che ci sia?". E il cliente: "Assolutamente no, non lo sopporto, non riesco a guidare così".
Grazie a questa risposta ci si può orientare verso tutte le auto con il cambio manuale, evitando di deludere le sue aspettative. Ma soprattutto, ci si risparmia la brutta figura di rispondere con entusiasmo: "Sì certo, ha un cambio automatico di nuova generazione e bla, bla, bla".

In tal caso, nella testa del cliente, il venditore diventerebbe colui il quale propone ciò che lui non sopporta. Rapporto incrinato sul nascere. Non gli piace. Sì, sì, anche per queste cose che possono sembrare insignificanti.

Il dilettante perde la possibilità di andare oltre, senza indagare il perché di quella richiesta.

Altrettanto interessanti per un professionista sono, fra le domande *indagatorie*, quelle influenzate, che condizionano il cliente verso un certo tipo di risposta. Fra le più importanti, che ti consiglio di iniziare a memorizzare: "Che cosa le piace (apprezza, la colpisce) di più di...", "Che cosa le è piaciuto di più di ciò che ha visto nel reparto?".

Esse si basano su un presupposto: si dà per scontato che ci sia qualcosa che il cliente ha apprezzato. Il venditore ne orienta così l'attenzione verso qualcosa di positivo e lo allontana da possibili obiezioni. Sarà obbligato a concentrarsi su aspetti positivi per rispondere.

Altre domande indagatorie sono:
- "Cosa la porta a dire questo (a fare questa affermazione)?"
- "Cosa intende esattamente per..."

- "In che modo pensa di usare (fare, organizzare, disporre ecc.)?"

- "Che cosa è accaduto in passato per cui oggi fa quest'affermazione (crede che…)?"

- "In che senso…?"

- "Come è giunto a questa conclusione?"

- "Come pensa che dovrebbe essere il suo prodotto ideale?"

- "Perché mi ha fatto proprio questa richiesta?"

- "Quando parliamo di… qual è la cosa più importante per lei?"

- "In base a quali criteri sceglierà questo prodotto?"

- "Fra i criteri che mi ha evidenziato, qual è il più importante per lei?"

- "Perché è così importante?"

Così facendo, come verificherai più avanti nel manuale, l'addetto può ricevere informazioni utilissime per comprendere meglio esigenze, motivazioni, criteri di scelta e quant'altro è utile, nelle varie fasi della vendita, per agevolarne la conclusione. E in alcuni casi si aiuta il cliente anche a diventare più consapevole delle scelte da fare.

Un professionista studia le domande migliori da porre per agevolare le vendite. Non improvvisa. Definisce almeno le migliori dieci per ogni fase, le propone, analizza i risultati ed effettua le modifiche eventuali per renderle perfette e produttive. Fallo anche tu. A meno che le abbia già previste da tempo. Se così fosse, complimenti. Altrimenti, mettiti subito a studiare grazie alle indicazioni che trovi nel manuale.

L'ascolto attivo in negozio

Di seguito, ho previsto per te un utilissimo elenco degli aspetti principali che determinano l'ascolto attivo di un professionista delle vendite.

1. Entrare in sintonia con il cliente:
- sospendere le attività in corso e dedicarsi a lui, con il reale piacere di servirlo;
- stabilire subito un buon contatto visivo;
- assumere una posizione ben eretta;
- concentrarsi al massimo sul cliente, evitando qualsiasi distrazione;
- mostrare un vero interesse nei confronti dell'interlocutore e

di quello che dice, non condizionato solo ed esclusivamente dall'obiettivo della vendita;

• inviare cenni di interazione (Certo... Capisco... Davvero? Interessante... Giusto... Già...), non solo verbali ma anche gestuali, ad esempio annuendo;

• creare punti di contatto, cercare elementi in comune, far percepire che si comprende il cliente, si è simili in qualcosa, ci sono basi di complicità. "Anche a me piace molto questa cosa...", "Che bello il suo paese, ci vado spesso...", "Capisco perfettamente cosa significa... visto che anch'io...".

2.   Comprendere con attenzione il cliente e cogliere le sue parole chiave:

• di sicuro il cliente, come tutti, utilizza più spesso alcune parole mentre parla. Individuarle e ripeterle dipende dalla capacità di ascolto del venditore e crea un ponte, generando la percezione di essere simili. Circostanza, questa, che agevola la vendita. Ad esempio, se il cliente dice: "Per me è importante che la cucina sia molto funzionale", rispondere: "Funzionale? Giusto?";

• impegnarsi a cogliere la sostanza di ciò che dice;

- comprendere gli atteggiamenti, le emozioni e le sue ragioni;

- focalizzare l'attenzione sulle esigenze manifestate;

- contestualizzare le informazioni ricevute, in modo da aiutare il cliente a fare la migliore scelta per lui.

3. Eliminare i "filtri" e sospendere il giudizio sul cliente:

- mai ignorare il cliente. Non ascoltarlo significa comunicargli che non conta nulla, che non merita l'attenzione dell'addetto;

- mai lasciar parlare il cliente pensando solo a cosa dire appena avrà terminato;

- mai usare filtri come: "So già che cosa mi vuol dire...", "È inutile che continui..." ecc.;

- eliminare i pregiudizi di qualunque genere, da come è vestito il cliente al modo di esprimersi, fino al ceto sociale e alla sua provenienza geografica, sin dall'accoglienza nel negozio;

- evitare di fare valutazioni e formulare giudizi affrettati. Se il venditore giudica in anticipo, infatti, senza che il cliente finisca di spiegare ciò di cui ha bisogno, rischia di perdere dettagli importanti e di arrivare a conclusioni sbagliate;

• tenere a bada le proprie emozioni, quello che "ci si dice". In particolare, chiudere il dialogo interno è la cosa meno semplice. Il venditore tende sempre ad avere una voce interiore che gli suggerisce come comportarsi, come considerare il cliente che sta servendo. Fornisce pareri, giudizi e dibatte su tanti aspetti. Diavoletto e angioletto che litigano.

4. Non interrompere mai il cliente, non anticipare le sue risposte:

• dare sempre al cliente la possibilità di finire di parlare, di spiegare al meglio quello che sta dicendo, di fornire utili informazioni. Interromperlo equivale a spostare il faro sull'addetto, con effetti devastanti sull'esito della vendita. È un comportamento con il quale si sta comunicando al cliente: "Stai zitto tu perché non capisci nulla, non dici cose importanti; ascolta me, io sì che valgo e ci capisco. Impara!".

Il grande rischio è di perdere tanti input che, invece, avrebbero agevolato la comprensione di ciò che il cliente vuole davvero. È uno degli errori più comuni dei dilettanti, egocentrici, presuntuosi e supponenti;

- fare domande per capire meglio e attendere con pazienza le risposte, senza avventurarsi in pericolose letture del pensiero: "Secondo me a lei piace un abbigliamento meno convenzionale". A cui il cliente potrebbe rispondere: "Per nulla". Che figura!

5.   Parafrasare:

- ricostruire e ripetere in forma sintetica e precisa ciò che il cliente sta cercando di comunicare. "Mi dia conferma se ho capito bene. Lei ha detto che…, giusto?", oppure "Quindi se ho capito bene lei desidera che…";

- serve a capire se si è compreso ciò che è stato detto e, soprattutto, fa percepire al cliente attenzione e interesse nei suoi confronti.

6.   Riassumere:

- è molto utile nei casi più complessi, specie quando si tratta di vendite che richiedono parecchio tempo. Ad esempio: "Quindi siamo d'accordo sul fatto che… giusto?";

- è necessario nelle situazioni di vendita con più persone, ad esempio quando il cliente è in negozio con influenzatori.

7.   Rispecchiare:

•   consiste nel far percepire al cliente che si comprende il suo punto di vista e quello che prova, come indicato prima per creare sintonia: "Capisco che...", "Condivido che...", "Comprendo che...", "Sono d'accordo con lei che...", "È vero che..." ecc.;

•   incoraggia il cliente ad aprirsi, perché sente di avere di fronte una persona che lo comprende e approva.

8.   Riformulare:

•   aiuta a riproporre una comunicazione ad alto contenuto emotivo da parte del cliente, in forme più adeguate o gestibili (es. obiezione forte o rabbia per esperienze negative vissute e reclami). Ad esempio: "Mi dispiace molto per la situazione che si è verificata", "Comprendo che non sia stato così positivo per lei"; in questo modo si ammorbidisce ciò che il cliente può aver fatto notare con veemenza. Se dovesse dire che il prodotto ha un prezzo "assurdo", riformulare vuol dire chiedergli come mai ritiene che sia "superiore alle sue aspettative";

•   interrompe le spirali di attacco e difesa.

Bene, dopo aver analizzato tutti questi aspetti ti ricordo uno dei risultati più importanti che ottieni facendo domande: il cliente si sente al centro delle attenzioni, concetto che approfondiremo fra poco.

Intanto esercitati a fare domande. In famiglia, con gli amici, con i conoscenti. Guarda la tv e valuta le domande dei giornalisti. Visita decine di negozi e misura la capacità degli addetti. E se tu stesso sei un venditore, analizzati.
Prepara una lunghissima lista di domande utili da fare ai clienti. Ma non tutte insieme. Non è un interrogatorio.
Studia.

I punti chiave del 4° capitolo

• Sentire è solo l'atto del percepire le parole, mediato dall'udito, mentre ascoltare ha un significato più profondo, che investe tutta la persona. L'ascolto deve essere sempre attivo, empatico.

• I professionisti parlano poco, ascoltano molto e pongono abili domande per favorire il coinvolgimento. Infatti, chi domanda, comanda.

• Le domande chiuse sono quelle a cui il cliente può rispondere con un sì o un no, oppure con una scelta fra due opzioni. La scelta fra alternative ("Preferisce il maglione rosso o quello giallo?") è utilissima, specie per la conclusione della vendita. Impara a fare domande che prevedano, in ogni caso, una risposta positiva.

• Le domande aperte richiedono riflessione per fornire un feedback, che è libero. Possono iniziare con: chi, come, cosa, quando, quale, dove e perché. Nella gestione delle obiezioni, per esempio, la capacità di porre questo tipo di domande fa la differenza per aumentare le performance di vendita.

• Usa varie domande indagatorie perché è fondamentale per ricevere informazioni utili e comprendere meglio esigenze, motivazioni, criteri di scelta e tutto quanto possa essere utile per agevolare la conclusione della vendita.

• Per ascoltare il cliente in maniera attiva: entra in sintonia, comprendi con attenzione e cogli le sue parole chiave, elimina i filtri e sospendi il giudizio, non interromperlo mai, non anticipare le sue risposte, parafrasa, riassumi, rispecchia e riformula.

Capitolo 5:

Principi utili per vendere in negozio

Sappi che ci sono alcuni principi di cui devi essere assolutamente consapevole se vuoi diventare, davvero, un grande professionista delle vendite in negozio.

Approfondiamoli insieme.

Chissà quante volte sei entrato in ascensore. Devi andare al decimo piano. Sei solo e spingi il bottone 10. Tranquillo, pensi alle tue cose, metti le dita nel naso… no quello no, per favore.

Al terzo piano l'ascensore si ferma ed entra un'altra persona. "Buongiorno". Anche lei va al decimo piano.

Non sei più tranquillo come prima e la tua attenzione è rapita dalla targhetta metallica su cui c'è scritta la capienza. 320 kg per 4 persone. Mancano altri quattro piani. Leggi le avvertenze, guardi le scarpe e fai finta di utilizzare il cellulare. Ma cosa combini? Non c'è quasi mai linea in ascensore. Finalmente le porte si aprono ed esci con un moto di liberazione, bisbigliando un insignificante "'Giorno".

Cosa è successo? Perché ti sei comportato così?

Per istinto mi dirai che è dipeso dal fatto che non conoscessi l'altra persona o che lo spazio fosse troppo ristretto. In parte è vero, ma c'è dell'altro.

Ancora un esempio. Sei invitato a una cena aziendale. Come ti presenti? Così come hai dormito la notte precedente? Sicuramente no. Ma solo perché ci sono convenzioni sociali? Se fossi altrove invece che a quella cena, ti vestiresti nella stessa maniera? Comunicheresti così come fai con i tuoi parenti o amici d'infanzia? Anche in questo caso, no.

Durante una trattativa di vendita, in negozio, se sei un addetto ti impegni a persuadere il cliente e cambi ancora una volta il tuo modo di fare, per adeguarti a lui. Giusto?

E se fossi da solo a casa? Intanto credo che non parleresti, me lo auguro per te… Quando siamo soli ci comportiamo in modo diverso. Non dobbiamo dar conto ad alcuna persona.

Un'ultima cosa. Nel posto in cui stai leggendo il libro arrivo io e ti chiedo: "Che ora è?".

Tu rispondi, ad esempio: "Sono le 20.30". Se io non te lo avessi chiesto, dubito che avresti detto "Sono le 20.30". Sarebbe senza senso.

Cosa emerge da tutti questi esempi?

È sufficiente la presenza di un'altra persona per influenzare i nostri comportamenti. Tu condizioni gli altri e loro lo fanno con te. L'influenzamento è reciproco. Sempre.

L'influenzamento reciproco con il cliente

In negozio, il venditore e il cliente si condizionano reciprocamente. Fissalo in mente.

Potrebbe sembrarti scontato ma gli effetti di questo principio sulla vendita sono troppo importanti. È un pilastro che spesso non regge nei negozi e li fa crollare, con addetti che non si rendono assolutamente conto del modo in cui influenzano i clienti.

Approfondiamo. La clientela può essere condizionata in due modi. Quali sono secondo te?

Positivo e negativo. Risposta esatta.

Eh sì, sembra facile. A parole. Nei fatti, nella vendita, lo è meno. Come si fa a influenzare positivamente un cliente, allora?

Intanto con frasi e parole positive e non "killer". Come si può pensare di generare un effetto positivo su un cliente se si utilizzano parole negative, sbagliate, nemiche della vendita e dei professionisti? Quindi si deve ripulire la propria comunicazione dal linguaggio errato. Sembra poco? Proprio per questo, più avanti, ho dedicato un intero capitolo a tale capacità.

In più, è fondamentale avere una gestualità positiva, un'immagine personale positiva, un paraverbale adeguato e positivo, un atteggiamento positivo, comportamenti positivi, motivazione, preparazione tecnica completa sui prodotti in negozio e quelli venduti dai competitor, autorevolezza, credibilità, servizio eccellente ecc. Può bastare? Facile? Lo diventa se si segue seriamente un percorso di sviluppo professionale.

Il fatto interessante, e che rende molto complesso questo principio nell'applicazione, è che **le persone si influenzano ogni secondo**. Sì, hai compreso bene. Ogni secondo. In particolare, in negozio il venditore deve essere consapevole che il risultato dipende da come condiziona di continuo il cliente, a 360 gradi. Se non vende, invece, gli attribuisce la responsabilità dell'insuccesso commerciale, senza rendersi conto che è accaduto anche perché ha generato un effetto negativo su di lui.

Se l'addetto non riesce a gestire ogni attimo della situazione, il rischio di commettere errori è elevatissimo.

Sappi che quando servi il cliente, dall'accoglienza al saluto finale e fino all'eventuale post-acquisto, ogni secondo gli stai consegnando un bigliettino da visita, in base a parole, gesti ecc., sul quale c'è scritto: "Io sono così".

Pensa a quanto tempo dedichi al cliente: che si tratti di una semplice risposta a una domanda, di qualche minuto o molto di più, focalizzati su come lo influenzi ogni secondo di quel tempo. Quali sono le tue abitudini? Ad esempio, ti mangi le unghie? Non sorridi mai? Fai smorfie? Non guardi negli occhi? Sei ansioso? Usi troppi intercalari, come niente, praticamente, fondamentalmente, diciamo ecc.? Frasi killer? Ti infastidisci facilmente? Esprimi pareri negativi sui clienti appena usciti? Sei un pettegolo? Potrei andare avanti all'infinito.

Se lo fai di continuo nella tua vita privata, perché è un'abitudine, accadrà al 100% anche quando servi il cliente. E la tua credibilità sarà demolita, perché non ti renderai nemmeno conto degli effetti prodotti. Sei abituato. Sostituisci le tue abitudini negative con quelle positive!

Ricorda che il cliente acquista innanzi tutto il venditore. Poi il resto. Dipende dalla percezione che ha di lui. Comprendi bene che farsi percepire come un professionista eccellente dipende da tantissimi fattori, che stiamo analizzando. Si può dire che la vera comunicazione è nella percezione. Non come ti vedi tu ma come ti vedono i clienti, attraverso il loro mondo. Non il tuo. Il tuo mondo al cliente non interessa, il più delle volte.

Ciò fornisce l'assist per presentarti un altro pilastro di cui devi essere consapevole.

La mappa del cliente

Partiamo da una considerazione: noi siamo il risultato dei condizionamenti ricevuti dalla famiglia, dalla città in cui si vive, dalla scuola, dagli amici, dalle esperienze, dal lavoro ecc., che ci portano ad avere determinati atteggiamenti, comportamenti, valori, credenze, pregiudizi, abitudini e molto altro ancora. In poche parole, ogni persona ha una sua **mappa**. Unica, perché tutti gli esseri umani sono diversi. Anche l'addetto vendite e il cliente.

Ciò significa che la "persona" cliente crede, dal suo punto di vista, qualsiasi cosa faccia o dica, di essere nel giusto. Pensa in un certo modo e agisce di conseguenza perché è lo schema che la caratterizza.

Se un cliente è maleducato significa che convive con quell'abitudine e i relativi comportamenti. I suoi amici e parenti forse sono così, come il suo mondo. Per lui essere maleducato è normale. Nella sua vita sociale lo è. Non è in grado di decodificare il significato di educazione, perché non sa cosa sia. È un concetto che non esiste nella sua mappa.

Durante i corsi racconto spesso la storia di Gennaro O' Sporcaccione, per far comprendere meglio il tutto.

Gennaro dopo una giornata di lavoro in fabbrica, piena di frustrazioni, torna a casa. È sera. Suona a lungo il campanello. Ha fame. La moglie apre la porta ma lui non la degna né di un saluto né di alcun gesto carino. Gennaro chiede soltanto: "È pronto, si mangia?". Si fionda in cucina. La sua tuta è tutta sporca di grasso ma lui, incurante, si siede sulle sedie con i cuscini candidi che la moglie ha lavato con gran cura.

La coppa di spaghetti alla puttanesca è sulla tavola. Fumante. La tv accesa, con volume alto, impedisce di scambiare qualche parola. Dopo aver impugnato le posate, come se fossero pale, avvicina la testa al piatto e inizia a ingurgitare la pasta, succhiata con avidità. Un quadro disgustoso. Sembra un incrocio fra un toro e un cinghiale.

Ha sete e ordina alla moglie, povera vittima, di passargli il vino. Riempie il bicchiere fino all'orlo e beve tutto d'un fiato. L'inevitabile aria introdotta in corpo genera un fragoroso rutto, solo parzialmente coperto dall'audio del televisore. Le immagini che scorrono in tv risparmiano alla donna la visione di tale indegno spettacolo, che si sforza di ignorare per istinto di sopravvivenza.

La cena prosegue fra quanto di più rozzo si possa immaginare. Dopo aver finito, finalmente, Gennaro va in camera, lancia le puzzolenti scarpe in un angolo, toglie le calze degne dei peggiori formaggi avariati e si libera dalla tuta sporca, lasciata per terra. Cambia le mutande? Ma no. Le indossa da appena due settimane. È stanco e si mette a letto. Sogni d'oro.

Il giorno dopo decide di andare con la moglie in un negozio, per comprare un paio di pantaloni. Come si comporta il selvaggio? Si trasforma in un nobile inglese? Diventa garbato? Educato? Fine? Ha parole gentili per l'addetto alle vendite? No. È il Gennaro descritto prima, con l'aggravante di sentirsi forte del potere di spesa.

Perché si comporta così? Semplice, nella sua mappa è giusto. Dal suo punto di vista, l'incrocio fra il toro e il cinghiale crede che tutto ciò sia normale. Ha ragione, dalla sua prospettiva. Ed è proprio vero. Dal suo punto di vista ha ragione.

Il venditore però rabbrividisce quando lo incontra. E sbaglia. Non può pretendere che Gennaro diventi come lui. Deve essere l'addetto a sforzarsi di entrare nel mondo del selvaggio.
Chiediti: se fossi io così, come mi comporterei? Cosa vorrei

sentirmi dire? Come vorrei essere trattato?

Mentre nel privato ognuno è libero di comportarsi come meglio crede e di frequentare o meno certe persone, nei rapporti con la clientela la questione cambia. Imporsi o forzare la situazione, cambiare la "mappa" che un cliente si è costruito in tanti anni è troppo complicato perché accada. L'unico risultato che si ottiene è il contrasto, il conflitto, lo scontro, perché nessuno è disposto ad annullarsi per accettare il punto di vista altrui in pochi minuti di trattativa in un punto vendita.

Il compito di un addetto vendite non è cambiare il mondo, educare la gente, insegnare a dire buongiorno o buonasera in ingresso e in uscita o a parlare in italiano. Deve semplicemente **servire il cliente**. Punto. Queste considerazioni aprono a una grandissima verità del mondo delle vendite: dal suo punto di vista, per quanto assurdo o bizzarro, il cliente **ha sempre ragione**. Preferisci avere ragione o fare vendite?

Se una persona ha impiegato cinquant'anni, circa 26 milioni di minuti, per essere fatta in un certo modo, con determinati atteggiamenti e comportamenti, con radicate abitudini, come si può credere di trasformarla in appena cinque minuti di vendita? Impossibile! La si può influenzare positivamente, con molta pazienza, ma solo entrando nella sua mappa. E accettando che sia fatta così. Il suo denaro è uguale a quello di tutti gli altri clienti.

Farsi guidare dalla propria mappa, invece che cercare punti di contatto con quella del cliente, produce clamorosi insuccessi. Pensa a quando i venditori dicono: "Questa maglia è molto bella", "Questa lampada ha un design che mi piace molto", "Scelga il blu perché ha una bella tonalità", "Le consiglio il formato più grande così risparmia" ecc. Hanno ragionato solo con la loro testa, mentre il cliente forse pensava: "Orrenda la maglia", "Me ne frego che la lampada ti piaccia, a me no", "Odio il blu, a me piace il verde pisello", "Occupa troppo spazio, non è una questione di soldi".

Il danno è già fatto. Il venditore è percepito come una persona troppo diversa da sé, con gusti opposti, che fa valutazioni inappropriate.
Compreresti mai da chi non ti piace? Ti faresti mai consigliare da chi preferisce ciò che tu non apprezzi? No. Il percorso è contrario.

Entra nella mente del cliente e poi, magari, guidalo. Come? Con le domande, di cui ho già scritto prima.

Spesso l'addetto ha la presunzione che il cliente debba capirlo per forza. È il contrario. Si infastidisce se il cliente non riesce a comprendere la sua mappa.

Torniamo a Gennaro O' Sporcaccione. Immagina se il venditore gli dicesse di essere più educato, di avere rispetto per il lavoro altrui. Due termini, educazione e rispetto, che Gennaro non è in grado di decodificare, perché non appartengono al suo mondo. Non sa cosa significhino davvero. Nel suo pc quei file non ci sono.

Non ci si può aspettare che lui comprenda, perché non ha installato i programmi per aprire quei file. L'addetto deve sforzarsi di capire il mondo della maleducazione e dell'assenza di rispetto se vuole stabilire una relazione comunque positiva con Gennaro.

Dai, per fortuna i clienti come Gennaro ormai sono abbastanza rari. Magari bisogna imparare a gestire il momento in cui si ha di fronte un cliente che è maleducato (crede che sia giusto e normale esserlo), presuntuoso e "so tutto io" (sta manifestando il bisogno di sentirsi importante), diffidente (chissà quante fregature ha preso...), si è trovato male con una specifica azienda (da allora quella marca fa schifo...), fa il furbo (è una sua abitudine di vita) ecc. e, senza **mai** contrastare il suo punto di vista o modo di fare, utilizzare tutti gli accorgimenti comunicativi che possano portarlo ad accettare anche un'altra soluzione.

Ad esempio: "Comprendo perfettamente quello che dice, capisco e in effetti anch'io al suo posto direi la stessa cosa. È anche vero che.../Cosa ne pensa se.../È una buona idea quella di..., vero?/ Faccia così ora e verificherà lei stesso che...".

In poche parole, bisogna dar fondo a tutta la propria consapevolezza comunicativa per guidare il cliente nell'acquisto, ma con tantissimo tatto e attenzione, senza alcuno scontro frontale. Così le possibilità di chiudere la trattativa aumentano sensibilmente.

Il bisogno di importanza

Per comprendere i comportamenti dei clienti, specie i più difficili, è fondamentale quanto suggerito da Freud, secondo cui alla base di ogni azione umana ci sono due motivazioni:

1. l'impulso sessuale, il piacere;
2. il bisogno di importanza.

Per la prima motivazione, suggerisco di fare gli esercizi a casa perché se quel bisogno non si soddisfa si rischia di concentrare tutto sul secondo, esagerando oltre misura. Non è un caso che si nutrano seri dubbi sull'attività sessuale di una persona particolarmente acida o polemica…

Riconosco che l'argomento sia molto interessante e motivante ma abbiamo ben altro su cui concentrarci ora, vero?

Prestare attenzione al bisogno di importanza dei clienti fa la differenza fra un professionista e un commesso qualunque.

Ognuno di noi ha bisogno di riconoscimenti, di complimenti, di gratificazioni, di apprezzamenti, di essere ascoltato, di ricevere attenzioni. È umano.

Per questo parliamo agli altri delle nostre cose, della famiglia, dei figli, degli hobby, delle situazioni che ci accadono, delle vacanze, delle serate nei ristoranti, dell'auto nuova. Di tutto ciò che ci fornisce l'opportunità di affermare noi stessi e comunicare agli altri: "Io ci sono, io esisto. Dammi un feedback positivo".

Fin qui è tutto abbastanza normale e rappresenta la benzina, la motivazione che consente alla nostra persona di agire.

Ma c'è chi non si accontenta della sua fettina di importanza e se ne prende qualcuna di troppo. Spesso si esagera un po' con l'egocentrismo. Per altri la questione diventa molto seria, al punto da perderne il controllo.

Chi ha un vuoto notevole, una voragine in termini di importanza, non avendo ottenuto sufficienti riconoscimenti, apprezzamenti, complimenti e affetto nella vita, si illude di potersi prendere tutto ciò con la forza, con atteggiamenti e comportamenti utili ad attirare l'attenzione su di sé.

Tutto si annebbia, diventa cieco, fino a non rendersi assolutamente conto degli effetti che produce sugli altri, per quanto profonda è la voragine di importanza da colmare. Diventa l'esigenza primaria, la ragion d'essere. Fa l'arrogante, il presuntuoso, il pallone gonfiato, il pallonaio, il saccente, il polemico, l'altezzoso, il maleducato, il cafone, lo scortese, il super impegnato, il finto competente, il millantatore. Nei casi più disperati è un tentativo estremo di farsi notare a tutti i costi, per il forte disagio interno.

Un giorno, durante un corso, mi hanno raccontato una insolita situazione accaduta in un negozio. Il comportamento della protagonista della storia, un'odiosa signora, ha scatenato un lungo scambio di opinioni fra i partecipanti, tutti consulenti di vendita di un'azienda del settore retail.

Cagnolino al seguito, l'arrogante e altezzosa cliente, dopo aver notato che il piccolo aveva fatto pipì nei pressi della cassa, si rivolge a un'addetta e le dice: "Ehi tu, vieni a pulire qui, a terra".

Quella maleducata ci ha impiegato tanti anni per diventare così arrogante; con quel comportamento si è illusa di essere superiore, umiliando la ragazza con tale richiesta. In un minuto c'era possibilità di educarla e cancellare cinquant'anni di pessime abitudini?

Il caso è estremo, accade di rado per fortuna. Litigare? Davanti ad altri trenta clienti? La figuraccia l'ha fatta la cliente. Poveretta. Non ci arriva.

Come ci si sente, ad esempio, quando qualcuno dice: "Lei non sa chi sono io"? La tentazione di rispondere con una pernacchia è fortissima.

Cristoforo Colombo aveva il gran piacere di essere chiamato "Grande Ammiraglio dell'Oceano e Viceré delle Indie", titolo di cui fu insignito. George Washington "Sua Maestà il Presidente degli Stati Uniti". Persone più comuni pretendono che ci si rivolga loro in modo da far percepire una differenza sociale: "Dottore prego…", "Sono l'avvocato Tal dei Tali". Al punto da diventare ridicoli, senza rendersene conto.

Ma proprio per questo un professionista delle vendite sa come gestirli. Anzi, paradossalmente sono i clienti più facili. In definitiva, stanno manifestando chiaramente qual è la loro esigenza pressante: essere al centro dell'attenzione. **È la vendita più semplice.** Basta riconoscere quello che stanno chiedendo. Se li si ignora, è peggio. Esagerano. Diventa una questione personale. **Vendi importanza!**

Grida d'aiuto. Tendere la mano diventa necessario. Non ci si può sottrarre. "Pretendo 50 litri di importanza. Ho un gran vuoto, sono in riserva".

Il pieno di benzina è vitale. Gli addetti devono fungere da distributore, mantenendo allo stesso tempo autorevolezza e credibilità.

Se un cliente saccente sta esagerando perché si aspetta un riconoscimento, può essere utile dirgli: "Noto che lei è una persona molto competente. Mi fa piacere, così sarà più facile trovare insieme la migliore soluzione per lei". Con queste parole avrà ottenuto ciò che sta disperatamente richiedendo: importanza. E si acqueterà. In caso contrario diventa uno scontro su chi è più bravo: "Sono tanti anni che faccio questo lavoro e le dico che sta proprio sbagliando". Il riconoscimento spesso rende vivo chi altrimenti è morto dentro.

È una vendita: dai al cliente ciò che ti sta chiedendo a gran voce. Non si tratta di essere finti o falsi. Quella persona è avvolta dalla nebbia del bisogno estremo. È come una spugna asciutta che si immerge in un liquido, qualunque esso sia: si riempie immediatamente. Fai questa benedetta vendita. Cavolo!

Se non ci si rende conto di ciò, la sconfitta è sicura per il mancato acquisto.

Gli addetti fanno un grande salto di qualità quando riescono ad accettare questo concetto. Il loro compito non è giudicare i clienti ma **comprendere perché si comportano in un certo modo**, e servirli. Invece molti venditori non ci riescono e cedono alla tentazione di alimentare il proprio ego. Sono loro ad avere un grande bisogno di importanza da soddisfare. Ma esso va lasciato a casa, non si deve portare al lavoro. È pericoloso.

Attenzione. La questione si ribalta. Perché?

L'*io* dell'addetto non accetta di dover servire chi reputa inferiore o non apprezzabile. Ha piacere di dedicarsi a chi ritiene migliore, per poi poterlo raccontare a parenti, amici e conoscenti. "Oggi in negozio è venuta la dottoressa Rossi", "La moglie dell'imprenditore Bianchi è una mia cliente fedele", "Tra i miei clienti c'è il dottor Verdi". È un modo per elevarsi nella scala sociale, per sentirsi vicini a chi conta.

Quando si ha di fronte Gennaro O' Sporcaccione, invece, una vocina dice all'addetto: "Che brutta fine hai fatto, avere a che fare con questa gente, essere trattato male. Reagisci, fatti valere. Digliene quattro!". E perde di mano la situazione. Oltre al cliente. Ciò non significa che si possa consentire di tutto, compresi gli estremismi come offendere, dire parolacce, non pagare o rubare. Quelli sono casi limite.

I cardini della persuasione

Il moderno addetto influenza positivamente il cliente, entra in empatia, lo guida con autorevolezza per aiutarlo a prendere la migliore decisione per lui, assumendo in modo netto il ruolo di esperto a cui affidare la propria fiducia. Indispensabile risulta la capacità di **persuadere**, per la quale ho previsto un intero capitolo del manuale.

Essa si basa su tre cardini:

- *Ethos*, l'etica, la correttezza, la credibilità, l'autorevolezza;
- *Logos*, l'arte della parola, la capacità di spiegarsi, di farsi capire;
- *Pathos*, l'entusiasmo, la passione, il coinvolgimento, gli aspetti emotivi.

Ritieni che si possa fare a meno di uno fra i tre?

Si può mai comprare da chi non ispira fiducia? E da chi non si sa spiegare? E da una persona demotivata?

Vedi? Ogni cardine è necessario. Imprescindibile.

Non basta sapersi spiegare e mostrare grande entusiasmo. I faccendieri, i ciarlatani, gli improvvisatori, i furbetti, i paraculi, i truffaldini e i loro compari ottengono, prima o poi, un solo risultato: chiudere l'attività. La pessima reputazione è un marchio difficilissimo da cancellare.

Lavora ogni giorno sulla tua identità di professionista, di eccellenza. Fai tuo il corretto significato di comunicazione. Rafforza i pilastri. Mettili in pratica. Già da ora.

Siamo *nel mezzo del cammin di nostra vendita* in negozio. La retta via è segnata.

Seguila e applicati.

Non è per tutti. Per te, sì.

I punti chiave del 5° capitolo

- È sufficiente la presenza di un'altra persona per influenzare i nostri comportamenti. In negozio, tu e il cliente vi condizionate reciprocamente, in maniera positiva o negativa.

- Dall'accoglienza al saluto finale e fino all'eventuale post-acquisto, ogni secondo è come se tu consegnassi un bigliettino da visita, sul quale c'è scritto: "Io sono così". E il cliente acquista innanzi tutto il venditore, poi il resto. Dipende dalla percezione che ha di te.

- Noi siamo il risultato dei condizionamenti ricevuti dalla famiglia, dalla città in cui si vive, dalla scuola, dagli amici, dalle esperienze, dal lavoro ecc., che ci portano ad avere determinati atteggiamenti, comportamenti, valori, credenze, pregiudizi, abitudini e molto altro ancora. In poche parole, ogni persona ha una sua mappa. Unica, perché tutti gli esseri umani sono diversi. Anche tu e il cliente.

- Ciò significa che la "persona" cliente crede, dal suo punto di vista, di essere nel giusto. Pensa in un certo modo e agisce di conseguenza perché è lo schema che la caratterizza. Sei tu che devi adeguarti a quella mappa, non il contrario. La devi accettare per vendere.

- Il tuo compito in negozio non è cambiare il mondo, educare la gente, insegnare a dire buongiorno o buonasera in ingresso e in uscita o a parlare in italiano. Devi semplicemente servire il cliente.

- Queste considerazioni aprono a una grandissima verità del mondo delle vendite: dal suo punto di vista, per quanto assurdo o bizzarro, il cliente ha sempre ragione.

- Presta attenzione al bisogno di importanza dei clienti perché fa la differenza fra un professionista e un commesso qualunque. Ogni persona ha bisogno di riconoscimenti, di complimenti, di gratificazioni, di apprezzamenti, di essere ascoltata, di ricevere attenzioni. È umano.

- I clienti più difficili, quelli malati d'importanza, in realtà sono i più facili da gestire. Basta vendere importanza, è semplice. Vogliono solo essere al centro di tutto. Se li ignori, è peggio. Esagerano. Diventa una questione personale. È una vendita: dai al cliente ciò che ti sta chiedendo a gran voce.

- La capacità di persuasione è caratterizzata da tre cardini: Logos = arte della parola, pathos = entusiasmo e passione, ethos = etica.

Capitolo 6:
Come far leva sul modello d'acquisto

Qualche mese fa, nella pausa di un corso, il proprietario di un punto vendita del settore abbigliamento mi viene incontro e, con il sorriso sornione di chi crede di essere il depositario di tutto lo scibile umano, mi fissa e dice: "Dottor Tria, la gente non ha più soldi. Vuole gli sconti e spendere poco. Questa è la verità. Glielo dico io che sono nel commercio da oltre trent'anni". Amen.

Troppo poco il tempo a disposizione, in pausa, per smontare ogni singolo pezzo di una teoria così innovativa e vincente. Un'impresa disperata. Mi limito a fare una battuta: "Perfetto, le suggerisco di scontare tutto al 90% e avrà la fila fuori dal negozio… prima di chiudere".

Generalizzare è follia. Ogni cliente appartiene a target diversi in base alle esigenze che intende soddisfare. Non si può pretendere di avere il 100% del mercato. Credere che tutto ruoti intorno al prezzo è un alibi che denota i limiti strutturali di mediocri commercianti e dei loro simili commessi, che non avranno mai successo. È nella loro abitudine che c'è il terrore del prezzo e lo trasmettono subito ai clienti, che invece non fanno lunghe ricerche di mercato per individuare dove acquistare qualcosa alla cifra più bassa in assoluto. O, al massimo, lo fa solo qualcuno.

Molti credono di sapere già cosa ci sia nella testa di un cliente. Si tratta di un semplice e dannoso pregiudizio, di cui liberarsi. Non è importante quello che crede l'addetto. Non interessa. È assurdo che tanti venditori riescano a proporre, ad esempio, solo ciò che piace a loro, in cui credono davvero. O pensino di poter decidere ciò che il cliente debba comprare.

"Questo è un ottimo prodotto, lo uso anch'io e mi trovo bene", "Vede che bella questa maglia?".
Ma chi se ne frega. Ti ho chiesto qualcosa? Un parere? Se lo usi tu? Non mi piaci. Vuoi solo vendere. Bocciato.
Contano le emozioni, i bisogni, le motivazioni, le aspettative e i criteri di scelta del cliente. La sua mappa. Tanti addetti semplificano con una domanda banalissima e inutile: "Quali sono

le sue esigenze?". C'è molto di meglio, come leggerai.

Ormai i bisogni di base sono già soddisfatti quasi da tutti. I clienti hanno una grandissima possibilità di scelta, rispetto al passato, al punto che sono così bombardati da informazioni da andare in confusione, oltre a non riuscire facilmente a capire di chi fidarsi.

Il cliente si chiede:

- "Che cosa puoi fare, tu addetto, per me?"
- "Perché dovrei comprare da te?"
- "In che cosa tu sei meglio degli altri?"

Studia le risposte. Vere. I bluff sono un suicidio.

Comprendi bene che il modello adeguato di vendita si modifica in base ai diversi prodotti, alla tipologia di settori e ai negozi. Ovvio. In questo capitolo ci sono tantissime indicazioni, che ti invito a contestualizzare rispetto alle differenti attività del settore retail. Alcune domande e considerazioni, ad esempio, sono perfette in un ambito e non in altri. Prendi il meglio per te.

I bisogni

Se consideriamo quanto indicato dallo psicologo americano A.

Maslow nella notissima piramide dei bisogni umani, tra i principali c'è quello di **sicurezza**. Ogni cliente ha in sé la necessità, in primis come persona, di sentirsi sicuro rispetto al punto vendita, al venditore e ai prodotti, alla loro affidabilità, alla durata, alle prestazioni, al rispetto delle norme e della salute. L'offerta ampia, ad esempio, fornisce la sicurezza di trovare i prodotti.

L'addetto deve garantire credibilità e fiducia per gli stessi motivi, altrimenti il cliente riversa sul resto, in negativo, l'eventuale insicurezza generata dal venditore. Il negozio se ha un'ottima reputazione e notorietà è favorito, specie se si presenta anche con un'immagine che stimola in positivo tutti i sensi.

Quando sei in una città che non conosci e devi scegliere in quale bar entrare, cosa ti dà più sicurezza? Un locale datato, con infissi in anticorodal, oppure uno nuovo e luminoso, pieno di gente? Il secondo, vero? E perché? Semplice, ti dà più sicurezza.

Le neuroscienze insegnano che il cervello del cliente ama le certezze. Ciò deriva dal fatto che, nonostante l'evoluzione, inconsciamente l'insicurezza si assimila a quello che significava per i primitivi: una minaccia, un pericolo, che allora metteva a rischio la sopravvivenza. Per questo, **tendiamo ad allontanarci dal disagio dell'incertezza** e ad andare verso il benessere della sicurezza. Motivo, questo, che spinge a radicare le nostre abitudini.

La preferenza per i prodotti di marca è collegata, ad esempio, proprio alla certezza che essi forniscono di non deludere le nostre aspettative. È lo stesso motivo per cui l'addetto deve essere percepito come un professionista esperto, ben informato e competente. La proposizione di vendita deve contenere fattori di certezza e di credibilità, dimostrare che altri hanno già utilizzato con successo il prodotto, che è apprezzato. L'addetto deve garantire di essere a disposizione in caso di qualsiasi necessità. Le testimonianze positive di altri clienti diventano determinanti.

Sentirsi parte di un gruppo, vivere l'appartenenza, è un altro stimolo fortissimo a comprare: la socialità. **I clienti hanno il piacere di sentirsi accettati**, di avere riconoscimenti e di non essere esclusi da un gruppo. Tendono a comportarsi imitando ciò che fanno molte altre persone, ritenendo valido il loro modo simile di agire, per riprova sociale. È il principio alla base delle mode. Si comprano certi oggetti o prodotti perché li acquistano in tanti. In diversi casi si è motivati dallo status, per essere percepiti a un buon livello nella scala sociale e avere riconoscimenti, così come per il valore che ispira un brand. Si frequentano certi locali piuttosto che altri perché rappresentano un luogo esclusivo, c'è bella gente, ne parlano bene in giro, ci vanno tutte le persone più in vista della città.

Salendo nella piramide di Maslow, troviamo i **bisogni di stima e di rispetto** che caratterizzano ogni essere umano. Dal punto di vista del cliente, significa che tali esigenze sono soddisfatte solo quando si è serviti al meglio. In caso contrario, gli atteggiamenti e i comportamenti dilettantistici sono considerati come una vera e propria mancanza di rispetto, inaccettabile per chiunque.

Una persona apprezzata si sente anche stimata e ciò produce effetti molto positivi sulla relazione con l'addetto e, di conseguenza, sulle vendite. Essere un professionista è una dimostrazione di rispetto nei confronti dei clienti.

Quando ci si imbatte in un commesso mediocre, non si accetta l'idea di meritarsi quel servizio, e l'autostima reclama. Essere accolti in modo eccellente è una dimostrazione di stima e rispetto per chi ha scelto di entrare nel punto vendita. È proprio dura rinunciare a tali carezze. Coccole che producono benessere.

Per riassumere, possiamo definire tre aree in cui classificare **i bisogni** del cliente in negozio, in relazione alla loro natura: **materiali, immateriali ed esperienziali**. L'addetto vendite deve sempre sforzarsi di analizzarli con cura per creare, da subito, la giusta empatia.

Il *bisogno esperienziale* è legato all'esperienza di acquisto vera e propria, per la quale i clienti hanno aspettative differenti. C'è chi vuole sentirsi libero di visitare il negozio senza l'assistenza degli addetti e chi, invece, ama sentirsi ben accolto, coinvolto, al centro delle attenzioni, con un servizio personalizzato.

Altri desiderano gratificarsi con lo shopping, provare una sensazione di benessere, vivere la socialità del punto vendita, frequentare negozi importanti.

Il *bisogno materiale* si riferisce al prodotto in sé che il cliente decide di comprare. È palese e facile da individuare, visto che quasi sempre è lui stesso a chiederlo.

Il *bisogno immateriale* è latente e più difficile da identificare, per quanto importantissimo. È legato al possesso del prodotto e all'esperienza dell'utilizzo. Cosa significa per il cliente avere quel prodotto: sentirsi parte di un gruppo, dimostrare il proprio benessere, status, esclusività ecc.

Ricorda sempre, inoltre, la grande portata del bisogno di importanza, trattato precedentemente, che ha una grande incidenza sulla relazione di vendita.

Il discorso ora si fa più profondo. Si tratta di una parte molto utile per il lavoro in negozio, che ti consentirà di comprendere bene tutto ciò che ruota attorno ai comportamenti d'acquisto del cliente.

Le emozioni

Mettiamo un bel carico da novanta. Il cervello è come un iceberg. Hai presente, vero? Una piccola parte emerge dall'acqua, l'altra è in profondità. Su c'è la nostra parte conscia, giù quella inconscia, legata a mille fattori della nostra vita. Bene, i nostri comportamenti d'acquisto sono determinati dalla parte emozionale, inconscia.

Secondo la consolidata credenza che ha ispirato i venditori per una vita, ogni decisione d'acquisto segue la traiettoria "penso-sento-scelgo", in cui la parte razionale (penso) valuta prezzo, qualità, funzioni ecc., e si attiva prima di quella emozionale (sento); infine, orienta la scelta (scelgo). Oggi gli studi sulle neuroscienze dimostrano che il processo avviene esattamente al contrario. **Scelgo-sento-penso**.

I pensieri e le sensazioni che influenzano il comportamento delle persone e le loro decisioni si producono al di sotto della consapevolezza cosciente, nella mente inconscia. È lì che avviene la scelta, dove le emozioni (sento) hanno un'influenza significativa.

Solo alla fine tutto si manifesta alla parte razionale, che è chiamata a giustificare con motivazioni logiche una scelta già fatta altrove, a livello inconscio. Chissà quante volte è capitato anche a te di convincerti che stessi facendo un acquisto giusto, dandoti una sfilza di motivazioni che avevano solo la funzione di giustificare la scelta emozionale. Per le donne, una splendida borsa di marca, costosissima, diventa un acquisto "giusto da fare" perché si intona perfettamente con le scarpe e l'abito blu acquistati dieci giorni prima. La decisione è stata già presa in pochi secondi dalle emozioni, e difesa con la logica.

Pensa ai vantaggi che possono derivare trasformando queste informazioni in strategia, nei negozi. La maggior parte delle vendite dipende da come sono presentati i prodotti, dalla capacità di stimolare acquisti d'impulso e di far vivere esperienze molto piacevoli, con un servizio d'eccellenza offerto da esperti professionisti. Il loro compito è suscitare sensazioni positive nel cliente. Parola d'ordine: emozioni. Al contrario, si perde subito l'opportunità di vendere.

Ma quali sono le più comuni, efficaci e potenti emozioni positive che spingono a comprare?
Stile, orgoglio, possesso, vanità, riconoscimenti e apprezzamenti, sicurezza, prestigio, status, appartenenza, ambizione, emulazione,

novità, salute, miglioramento personale, amore per la famiglia e la sua evoluzione.

La capacità di suscitare queste emozioni nei clienti fa la differenza nelle vendite. Studia ciascuna di esse, prepara subito una lista di domande utili a generare queste sensazioni nei clienti e crea valide argomentazioni su ognuna. Ad esempio:

- "Quando gli amici la vedranno con il suo nuovo [prodotto] la ammireranno… apprezzeranno... riconosceranno… diranno ecc.".

- "Lei mi sembra una persona molto attenta ai dettagli, come tutte quelle che ci tengono a una soluzione di valore, giusto?".

- "La nuova collezione è stata molto apprezzata da tutti i nostri clienti che, in moltissimi casi, sono poi tornati anche con i loro amici, a cui ne hanno parlato benissimo".

- "Si tratta di prodotti esclusivi, non per tutti, che richiedono una certa sensibilità per valutarli appieno. E questo è il suo caso".

Tutti noi acquistiamo lo stile che ci viene suggerito dalla nostra autostima. Lo stile. Ciò è amplificato nel mondo della moda, dell'arredamento, di qualsiasi cosa richiami al buon gusto, all'estetica in genere.

Ogni cliente ha motivazioni diverse, molto personali. Riuscire a individuarle non è facile e richiede grande preparazione. Sono la chiave per le vendite.

Un'altra forte motivazione a comprare è quella dell'**emulazione,** sfaccettatura dei concetti precedenti. Essa dipende dal piacere di identificarsi con persone famose, o più semplicemente con amici e conoscenti dei quali si ha rispetto e ammirazione, o che si ritengono importanti nel proprio ambito sociale.

Poter dire "Sai che ho comprato lo stesso [prodotto] che utilizza [personaggio]?" o "Sai che frequento lo stesso locale in cui va [personaggio]?" ha un valore enorme per tantissimi clienti. È semplice agire su tale motivazione, stando ben attenti, però, a non scadere nel pettegolezzo.

- "Ha visto in tv la pubblicità di questi divani, con [personaggio]?".
- "Sa che questi prodotti sono utilizzati da tanti personaggi dello spettacolo perché…".

- "Questo è il completo che ha indossato [personaggio] durante…".

- "Da noi viene a comprare regolarmente [personaggio]".

- "Questo prodotto è stato scelto da [personaggio] per…".

- "Quando [personaggio] è nella nostra zona viene sempre da noi…".

- "Questo è il vino preferito da [personaggio]".

Resterà nella storia la pubblicità di tantissimi anni fa con il claim "Hai visto chi c'è sulla Y10?", in cui intervenivano diversi personaggi importanti. Acquistare quell'auto significava sentirsi un po' come una persona famosa.

La **novità** è un'altra argomentazione utilissima per vendere, perché stimola tutti coloro che sono motivati dal piacere di essere al passo con i tempi o, meglio, avanti. Pensa a quello che accade quando è immesso sul mercato un nuovo modello di iPhone. Una fila di molte ore pur di essere i primi ad averlo e a mostrarlo agli altri. Approfittane, quindi, per generare emozioni nei clienti.

Sappiamo tutti che anche il risparmio è una fortissima

motivazione d'acquisto, ma è così scontata che ha poco senso approfondirla.

È importante che si evidenzino i benefici, i vantaggi che il cliente ottiene con l'acquisto. I normali venditori descrivono ciò che il prodotto è, parlando soprattutto delle caratteristiche; i professionisti stimolano a immaginare quello che il prodotto fa, mettendo in primo piano l'utilità per chi compra.

Motivazioni d'acquisto

Le motivazioni più importanti in assoluto per ogni persona, e quindi per i clienti, sono due: allontanarsi dalla sofferenza, dai problemi, dal pericolo, dai rischi, da ciò che non piace ecc. (**via da…**) e andare **verso** la gratificazione, il piacere, le soluzioni ecc. Possiamo parlare di leva dolore-piacere. Con il soddisfacimento dei propri bisogni, i clienti vogliono evitare qualcosa di negativo, rischi e problemi (via da) od ottenere vantaggi, piacere, positività (verso).

Ogni bravo consulente di vendita deve saper riconoscere qual è la direzione in cui il cliente sta andando e che lo motiva, se *via da* o *verso* qualcosa, per aiutarlo a individuare i prodotti più utili per lui. Come ho più volte sottolineato, è necessario ascoltare in maniera empatica. In tal modo si possono cogliere i verbi e le parole con cui il cliente comunica se vuole andare "via da" o "verso".

Allontanarsi emerge da: evitare, togliere, timore, paura, eliminare, smettere, chiudere, finire, aiutare, basta, non voglio più..., sono stanco di... ecc.
Avvicinarsi è espresso con: migliorare, stare bene, ricevere, avere, ottenere, guadagnare, positivo, piacevole, soddisfazione, essere contento di..., avere voglia di..., avere piacere di... ecc.

Un cliente che vuole andar via da un problema di solito è molto più motivato ad acquistare. Le neuroscienze, infatti, dimostrano che la parte più primitiva del nostro cervello è attentissima alla sopravvivenza, evitando così le minacce e i pericoli. Per agevolare la vendita, bisogna **concentrarsi sul problema (presente) per poi andare verso la soluzione (futuro)**.

Parlare del problema sarà utile, sottolineando il cosiddetto "costo del no", cioè tutti gli aspetti negativi che deriverebbero dal mancato acquisto. Per aiutare il cliente a prendere la decisione giusta, cioè, bisogna fornire elementi in contrasto fra loro, parlare della sua situazione in quel momento e di come diventerà quando avrà scelto di acquistare il prodotto o la soluzione proposta. Sarà così il meccanismo di fuga dalla sofferenza a motivare l'acquisto, per poi godere del vantaggio (verso). In molti altri casi, invece, la motivazione è data solo dal piacere di gratificarsi, dal vantaggio, andandogli incontro.

Da un lato il desiderio di ottenere benefici, dall'altro la paura di non cogliere un'opportunità. I clienti sono più motivati ad acquistare se percepiscono che, in caso di rinuncia, perderebbero qualcosa. Molti addetti invece, cosa fanno? Comunicano quasi esclusivamente con la leva "verso il piacere", parlando solo dei punti di forza, dei vantaggi e dei benefici che il cliente potrebbe ottenere. Ti faccio qualche esempio.

Marito e moglie lavorano insieme e vanno in un'agenzia di viaggi per chiedere informazioni su una vacanza. Le motivazioni potrebbero essere di due tipi: essendo stanchi e stressati, vogliono staccare la spina e non pensare più a nulla per una settimana;

oppure, hanno il piacere di dedicarsi l'uno all'altra e godersi la vita su una spiaggia meravigliosa. Nel primo caso, il consulente di viaggi deve concentrarsi sul desiderio dei coniugi di allontanarsi da una situazione spiacevole (via da); nel secondo, su quello di vivere sensazioni ed emozioni positive (verso).

Un cliente che ha un cagnolino in casa vuole acquistare un divano ma ha timore che possa macchiarsi, graffiarsi o rovinarsi presto, così come accaduto con quello precedente. Cosa lo motiva? Evitare il problema che ha già vissuto.

L'addetto dovrà parlarne e concentrarsi su questo timore per stimolare il cliente all'acquisto, per poi andare verso la serenità di avere un divano la cui estetica è garantita grazie alla pelle speciale con cui è realizzato. Il prodotto è il mezzo che conduce dalla negativa condizione attuale a quella desiderata.

Un altro cliente richiede un abito da cerimonia. Farà da testimone a un matrimonio e ci tiene a fare bella figura. L'addetto dovrà andare verso la situazione positiva, concentrare l'attenzione sull'immagine impeccabile, di consenso, che riceverà dagli altri invitati.

Una signora deve scegliere il top per la sua nuova cucina. Ha paura che si rovini presto, che resti il segno delle pentole bollenti e assorba liquidi, macchiandosi. L'addetto dovrà parlare di questi timori e portarla via dai problemi, andando verso la funzionalità e la resistenza del top. Nel percorso, evidenziare quanto può "costare" l'eventuale rinuncia a una soluzione di valore aiuta a presentare bene l'offerta.

Un cliente in un negozio di calzature richiede un paio di scarpe sportive ma innanzi tutto comode, perché svolge un lavoro che lo porta a essere sempre in piedi e gli causa continui dolori. Questo significa che non vuole provare ancora fastidi e ha necessità di andare *via da* quella situazione.

Parlare di cosa comporta avere dolori ai piedi, sentirli gonfi, vivere il disagio, di continuo, ha la funzione di alimentare ulteriormente il piacere di andare verso la comodità. Renderlo consapevole che la scelta di un prodotto di qualità scadente amplificherebbe il suo problema. L'addetto deve fare in modo che le scarpe più adatte a quel cliente rappresentino il mezzo per condurlo in un percorso che va da una situazione negativa a una positiva.

Per concludere al meglio la vendita, quindi, bisogna coinvolgere il cliente su cosa perderà se non dovesse acquistare e quanto sarà meglio se decide di farlo, prestando cura alla forma e al modo in cui si parla, con le parole giuste. Il **costo del no** deve essere percepito come molto superiore al **costo del sì**: non fare la scelta di quel prodotto avrà effetti negativi, che superano il valore del prezzo da pagare. Ad esempio, chiedere:

- "Cosa significherebbe (comporterebbe) per lei...?".
- "Quali conseguenze (effetti) avrebbe per lei...?".
- "Quale impatto ha su di lei...?".
- "Consideriamo insieme i vantaggi (i benefici) che...".
- "Valutiamo insieme il risultato che...".
- "Pensi al momento in cui...".

Quando sale la qualità della consulenza, diminuisce l'importanza del prezzo. Purtroppo è vero anche il contrario. Appena tutto ciò diventerà un'abitudine positiva per te, i risultati di vendita miglioreranno di sicuro.

Come far emergere bisogni e motivazioni

Il cliente indica qual è il suo bisogno primario ma non sempre comunica le motivazioni per cui vuole comprare. Ad esempio, in un negozio può richiedere un tavolo estensibile ma non specificare che ogni domenica riunisce tutta la famiglia e che sono in sedici. Oppure che desidera un abito slim, senza aggiungere che è il premio che si vuol dare per aver perso dieci chili.

L'unico sistema per ricevere più indicazioni è fare le giuste domande, come specificato nel manuale. Nel primo caso: "C'è un motivo particolare per cui è importante questa caratteristica del tavolo?". Nel secondo va bene anche una domanda chiusa, nella quale si ripete la parola chiave usata dal cliente: "Per lei è importante che sia *slim*, giusto?". In modo da stimolare eventuali risposte utili.

Il segreto è, quindi, dopo aver identificato i bisogni del cliente, comprendere le sue **reali motivazioni d'acquisto**. Certo, se sono inconsce non ne è consapevole nemmeno lui, ma il professionista, preparato, sa dove andarle a pescare. Anche tu, grazie a questo manuale. Dovrai cogliere, per ogni cliente, dalle sue parole, dagli atteggiamenti, dai comportamenti, dalle sfumature, ascoltando anche con gli occhi, le informazioni necessarie per entrare nel suo mondo. Accettando serenamente che non sempre le persone dicono la verità. Spesso sono bugiarde. Anche tu lo sarai stato qualche volta da cliente, vero? L'importante, da addetto, è possedere gli strumenti per non cascarci.

Ampliamo ancora di più l'argomento che stiamo trattando.
Sei fra quelli che credono che un cliente compri il prodotto? Hai capito bene. Un prodotto come un abito, una borsa, le scarpe, un orologio, un'auto, un paio di occhiali da sole, uno smartphone, una poltrona, una bottiglia di vino, un tartufo bianco ecc. L'oggetto in sé e basta?
Sì? Errore madornale. È questo il punto.

Non si vendono prodotti, ma quello che l'immaginario specifico del cliente vede in ciò che desidera comprare.
Chiediti sempre: cosa sta associando al prodotto nella sua mente?
Cosa vuole ottenere? Quale beneficio?

Il cliente compra ciò che il prodotto rappresenta per lui, non quello che esso è. Non le caratteristiche, ma ciò che producono per lui. Ora arricchisci questo concetto con tutto quello che hai letto finora, soprattutto sulle motivazioni d'acquisto.

Un esercito di addetti alle vendite si affanna a parlare, con la propria mappa, del prodotto, delle caratteristiche specifiche e tecniche, dei benefici. Parla, parla e parla ancora. Senza ascoltare. Si comporta come un cacciatore che entra nel bosco e inizia a sparare pallini in una direzione, sperando che prima o poi passi qualche uccello in quella scia. Spara nel mucchio. Ciò che *cojo cojo...*

Come sempre, una serie di esempi facilita la comprensione.
Chi vende cosmetici o prodotti di bellezza, chi ha un salone da parrucchiere, dovrebbe sapere che, davvero, la cliente acquista la vanità, la speranza di essere apprezzata, desiderata, di piacere di più a sé e agli altri. Per una signora tagliare i capelli e cambiare colore vorrà dire stupire il marito e attirare le sue attenzioni. Inutile parlare dieci minuti dell'azienda che produce quella tinta innovativa e di come essa è prodotta.

Per un'altra cliente, comprare una crema per il viso significa innanzi tutto dimostrare a una sua amica, più giovane di cinque anni, che la sua pelle è più luminosa, tonica e levigata. Non ha senso fare una disquisizione tecnica sui principi attivi contenuti, fine a se stessa.

Una cliente che sta valutando un abito da sera per un evento mondano, ha in mente che desidera essere all'altezza della situazione. È quella sicurezza che vuole comprare, non altro. Ed è ciò che l'addetto dovrà vendere: l'idea di essere all'altezza della situazione.

Una coppia, in un negozio di arredamento, è attratta da una poltrona di design che rappresenta, per loro, il regalo che intendono farsi per aver appena estinto il mutuo decennale della casa. La chiave è il dono, non il prodotto. Per l'addetto, l'ideale è scoprire cosa rappresenta la poltrona per la coppia e cavalcare l'idea del regalo.

Chi compra un Rolex lo fa perché è l'orologio migliore per vedere l'ora? Gli altri hanno orari diversi? La funzione d'uso è soddisfatta da qualsiasi marca. L'associazione è con il prestigio? Con lo status? Non lo so, dipende da ciò a cui il cliente lo sta associando nella sua testa. "Cosa rappresenta per lei un Rolex?", "Che valore ha per lei un Rolex?", "Qual è la cosa che più apprezza di un Rolex?".

Quando un cliente deve acquistare un'auto, nella sua mente la associa a qualcosa. Chi al prestigio, con certi marchi, chi alla sicurezza, chi al risparmio di carburante, chi all'impatto estetico. Ma il venditore non può definire bella un'auto che il cliente, nella sua mente, sta associando all'idea di sicurezza. Non ci sono punti di incontro. Grave errore. Se iniziasse a porre le giuste domande, probabilmente, ci capirebbe qualcosa in più su ciò che passa per la testa del cliente: "Qual è la cosa più importante per lei nella scelta di un'auto?", "Quale guidava prima?", "Perché sta valutando di cambiarla?", e via di seguito.

Negozio di elettronica. Generalizzando un po', un ragazzo non acquista l'ultimo modello di smartphone ma l'ammirazione degli amici di classe, il consenso sociale, il riconoscimento dello status. Enoteca. C'è un cliente che vuole comprare un buon vino per cena. Non la bottiglia in sé o il vitigno, ma il desiderio di godere di un momento di piacere nel berlo. Per vendere il vino, l'addetto deve saper descrivere quel momento di piacere, oggetto dell'acquisto, e valorizzare la gratificazione personale.

Si acquista un paio di pantaloni da 500 euro per coprirsi, per proteggersi dal freddo o per altre motivazioni? Tutto sta nel liberarsi dal proprio parametro e sforzarsi di cogliere anche il minimo accenno del cliente. Magari c'è chi associa i pantaloni alla sfrenata voglia di far crepare d'invidia una persona che non sopporta. Ha comprato il momento in cui li mostrerà e leggerà il livore sul volto dell'altro.

Il concetto ora è assimilato, vero? Capisco che in negozio sia più semplice parlare di prodotto e caratteristiche, ma per fare il salto di qualità devi allenarti a vendere vanità, prestigio, appartenenza, piacere e tanti altri elementi che possono sembrare astratti ma hanno un peso determinante nella vendita. Metti insieme tutto ciò che stiamo analizzando e integralo con le altre motivazioni d'acquisto, di seguito.

Nella nostra società il possesso ha un grande valore. Per molti serve ad acquisire importanza, stima sociale, consenso, appartenenza o esclusività. Si registrano due tendenze:

- **possedere ciò che gli altri già hanno**, per non sentirsi inferiori;

- **possedere ciò che gli altri non hanno ancora**, per sentirsi superiori.

Si tratta di motivazioni fortissime che spingono i clienti ad avere determinati comportamenti d'acquisto. E il professionista delle vendite deve essere in grado di influenzarli, proprio prendendo spunto dalle due tendenze descritte. Intendiamoci. Di sicuro nessun cliente dice: "Buongiorno, voglio questo prodotto per non sentirmi inferiore agli altri", oppure "Il mio obiettivo è comprare un prodotto che mi faccia sentire superiore agli altri". Ma se si presta ascolto attento, molti indizi conducono a tali motivazioni.

A volte la richiesta è palese. Madre e figlio in negozio: "Voglio le scarpe Adidas perché le hanno tutti i miei amici". Non sta comprando le scarpe in sé, nemmeno il valore del brand, ma la possibilità di far parte del gruppo che le possiede. Se si chiamassero Peppino e fossero scomodissime, le vorrebbe lo stesso.

Giovanna va a casa della sua amica Luisa, che ha appena acquistato una cucina nuova. Da quel momento, il povero marito dovrà accettare che la loro non va più bene e quasi cade a pezzi, anche se a lui non sembra. È da cambiare. Giovanna, è la nuova cucina che comprerà? No. Il bisogno di non essere da meno rispetto a Luisa. Pensa ora a Giovanna che va nello stesso negozio scelto dalla sua amica. Divertente, vero?

Giuseppe racconta a Nicola, con grande entusiasmo, della meravigliosa cena in un fantastico ristorante in città. Dopo che la bava sarà ormai arrivata all'altezza del mento, cosa dirà Nicola? "Ci vado anche io sabato prossimo, allora." Solo perché è goloso? No. Vuole vivere anche lui quell'esperienza che ha così colpito Giuseppe.

Molti clienti, senza rendersene conto, si lasciano sfuggire di aver visto un certo prodotto acquistato da un amico o da un parente; altri indicano, appena entrati nel negozio, chi ha consigliato loro di andare lì. Cosa vorrà dire? Perché mai diventa così importante, da parte del cliente, fornire quell'informazione? In realtà sta cercando disperatamente di far intuire che non vuole essere da meno.

Il meccanismo è facile. Ok? Cosa dovrebbe dire un bravo addetto ai clienti protagonisti degli esempi precedenti?

- "Sa signora, le Adidas sono le scarpe che acquistano i ragazzi più fashion, che ci tengono alle tendenze della moda. E poi, siamo stati tutti ragazzi...".

Il venditore diventa un mito per il giovanotto e fornisce un input alla madre che, comunque, non accetterà mai che il figlio si senta inferiore agli altri. Sigh.

- "Per ogni donna la cucina è il suo regno in casa e quindi, in base a quello che mi ha detto, per lei è importante che sia gradevole. È il posto in cui ogni brava madre di famiglia prepara i pasti e si dedica ai suoi cari, pur rincorrendo sempre il tempo. Anche per la sua amica Luisa è lo stesso. Quindi, così come abbiamo previsto per lei...".

Incredibile, assurdo, superficiale ma verissimo. Dai, anche io e te, spesso, ci comportiamo così. In buona fede, senza pensarci nemmeno. Ma se ci guardiamo allo specchio, beh, è dura affermare il contrario.

E tutti i clienti che acquistano per sentirsi superiori agli altri?

Ancora più facile da capire. Un esempio su tutti: quelli che ricercano qualcosa di esclusivo, di diverso, di particolare, di innovativo, di unico. Lo stile, ricordi? Usano parole e verbi che richiamano a tale idea.

È quello che vogliono, non il prodotto in sé ma ciò che rappresenta per loro in termini di riconoscimento sociale. Ecco alcune frasi con cui gli addetti possono fare centro:

- "Ciò che sta valutando non è per tutti ma solo per le persone che, come lei, hanno la sensibilità per apprezzarne il valore superiore".

- "Si tratta di un pezzo unico che fa la differenza rispetto alla maggior parte dei [prodotti] disponibili oggi".

- "Con questi accessori si garantisce la possibilità di personalizzare il [prodotto], dando un tocco diverso rispetto ad altri...".

• "Il nuovo modello che le mostro è stato consegnato in questi giorni e lei può essere tra i primi in assoluto ad averlo".

• "Chi vuole il meglio, l'originale, e non si accontenta delle copie, come tanti, sceglie questo [prodotto]".

E via di seguito. Se rileggi gli esempi fatti per spiegare la tendenza ad acquistare per non sentirsi inferiori agli altri, ti verrà ora naturale stimolare la clientela ad avere addirittura qualcosa in più. Facile, se si studia molto.

Ti ricordo che si parla di **acquisti emozionali, non razionali**, e che il cliente va condotto proprio lì, nell'area dell'immaginazione, del piacere, del sogno, dell'irrazionalità. A meno che stia acquistando un pacco di chewing gum da un euro. Se si parla solo di prezzo ci si blinda in piena razionalità e l'acquisto si trasforma da emozione, gratificazione, piacere in una mera valutazione economica. Numerica. Con calcolatrice.

La visualizzazione

Ad arricchire l'identità di un professionista delle vendite in negozio c'è la capacità di descrivere, raccontare, far immaginare, cioè **far vivere in anteprima al cliente cosa accadrà** quando sarà in possesso del prodotto che sta valutando. Far visualizzare.

È stato dimostrato che, quando si ascolta qualcuno, nella nostra mente scorrono immagini, associate alle parole e al modo in cui si dicono. Ricordi quando da piccoli ci raccontavano le favole per addormentarci? Non so tu, ma io vedevo il film nella mia testolina. È il potere dello **storytelling**, di cui oggi tanto si parla nelle varie forme di comunicazione. Fai immaginare al cliente una scena in cui sta usando il prodotto, qualunque esso sia. Impara a fargli vedere, da subito, i vantaggi, i benefici di cui godrà dopo l'acquisto. **Raccontagli la storia che desidera vivere**. Sempre a lieto fine.

"Quando dormirà su questo materasso che, subito, si adeguerà al suo corpo, proverà, sin dalla prima notte, una sensazione di grande comodità e benessere. Al mattino si sveglierà ben riposato e in gran forma, fresco come una rosa, pronto ad affrontare con rinnovato entusiasmo la sua giornata di lavoro. Si dirà di aver fatto la scelta giusta perché lei per primo vedrà i benefici sulla sua salute, grazie al fatto che riposerà sempre in maniera appagante. E ne sarà entusiasta, al punto da consigliare alle persone a lei care di fare la sua stessa scelta. La ascolteranno e la ringrazieranno per il meraviglioso consiglio".

Quando descrivi la situazione che il cliente vivrà dopo l'acquisto, mentre utilizza il prodotto, devi sforzarti di stimolare tutti i sensi: fagli immaginare cosa vedrà, udirà, proverà, gusterà e i profumi che sentirà. Ad esempio:

- "Pensi al momento in cui...".
- "Immagini quando...".
- "Quando i suoi amici la incontreranno le diranno che...".
- "Pensi a quello che proverà appena...".

Negozio di articoli sportivi. Un cliente richiede un paio di scarpe da running. Ha spesso dolori alle gambe e ai tendini quando corre, con una fastidiosa sensazione di stanchezza. L'addetto vendita come può utilizzare la visualizzazione?

"Appena ha calzato le scarpe e ha fatto qualche passo, mi ha detto che le ha sentite leggere e ben ammortizzate. Pensi al momento in cui, con le sue nuove scarpe, potrà finalmente ridurre di molto i fastidi che oggi le impediscono di godere appieno dei benefici dell'attività fisica. Grazie al particolare cuscinetto interno, i tendini saranno ok e la corsa diventerà più fluida. Verificherà lei stesso i progressi, perché al termine la sensazione principale sarà di benessere, sentendo le sue gambe in armonia con il resto del corpo. Ogni volta sarà un piacere uscire per correre un po' e godere dell'attività fisica all'aria aperta. Proprio ciò che desidera ottenere, giusto?".

Questa è una traccia che va personalizzata, naturalmente.

Banco salumeria di un supermercato. Una cliente richiede del prosciutto crudo dolce. L'addetto, un professionista credibile, ne sta proponendo uno nuovo. Come presentarlo? "Signora, le do la possibilità di regalarsi, stasera, più che un prosciutto di Parma fantastico, un momento di grande piacere, di puro godimento. Già dalla prima fetta, verificherà lei stessa che ha un gusto nettamente superiore agli altri e suo marito le farà i complimenti per la scelta. La prossima volta che sarà qui lo chiederà ancora".

Negozio di abbigliamento. "C'è qualcosa in particolare che desidera valutare? Ha già visto qualcosa in giro, su una rivista, indossata da un amico o da un'amica? C'è qualche capo che da tempo ha attirato la sua attenzione?".

Hai ben compreso che acquisire il maggior numero possibile di informazioni, da quelle palesi alle altre da scovare nell'area delle emozioni, consente al professionista delle vendite in negozio di creare una relazione *ad hoc* con il cliente e arrivare con più facilità alla conclusione della vendita.

I criteri di scelta

L'approfondita analisi che ho svolto per te si completa con un'ultima parte fondamentale: l'indagine, non investigativa, sui **criteri di scelta che portano il cliente ad acquistare**, al di là dell'aspetto economico, in modo da evitare da subito quell'obiezione. In parole semplici, quali sono gli elementi prioritari in base ai quali deciderà di comprare. Per questo, ti propongo alcune domande, da personalizzare in base alla tipologia di negozio, di prodotti e di stile che preferisci. E, soprattutto, da imparare.

- "Signora Franca, le chiedo cosa fa la differenza, secondo lei, fra un sufficiente [prodotto] e un ottimo [prodotto]?".

- "Signora Franca, le chiedo cosa fa la differenza, secondo lei, al di là del prezzo, fra un sufficiente [prodotto] e un ottimo [prodotto]?".

- "Le chiedo, signora Franca, al di là del prezzo, cos'altro è importante per lei? Quali aspetti sono prioritari, per lei?".

- "Per valutare insieme cosa è meglio per lei, signora Franca, qual è la caratteristica (la cosa, l'aspetto ecc.) più importante che deve avere il [prodotto]?".

- "In base a quali criteri individua e sceglie il negozio da cui acquistare?".

- "Le chiedo, signora Franca, che cosa si aspetta, nello specifico, dal nostro negozio/prodotto/servizio?".

- "Nel caso in cui il [prodotto] fosse disponibile anche in un paio di altri negozi, al di là del prezzo, cos'altro farebbe la differenza per la sua scelta finale?".

- "A parte l'aspetto economico, in base a cosa fa le sue valutazioni su questo [prodotto], signora Franca?".

Come già anticipato, saper fare le giuste domande è la chiave del successo per le vendite in negozio. C'è una sequenza di **tre domande**, da personalizzare in base ai diversi settori, **che ogni**

professionista deve conoscere alla perfezione. Ripetile e termina solo quando si sono fissate nella tua memoria, in maniera indelebile.

Eccole:

- "Quando parliamo di [prodotto], signora Franca, qual è la cosa più importante per lei?".
- "Perché per lei è così importante?".
- "Per verificare se ho capito bene, le chiedo: cosa significherebbe davvero per lei avere un [prodotto] che ha questa [cosa/caratteristica più importante]…?".

Nel presentare la migliore soluzione, in base ai criteri espressi e ai vantaggi/benefici desiderati dal cliente, ripeti le stesse parole da lui utilizzate. Per entrare ancora di più nello specifico e comprendere meglio ciò che esprime il cliente, può risultare utilissimo chiedergli: "Cosa intende per…?", "Cosa significa per lei, nello specifico…?".

E poi prendi spunto da quella spiegazione, dagli ulteriori input ricevuti, per proseguire nella vendita.

Bene, gli spunti sono stati tantissimi in questo capitolo. Per questo, ti invito a fare alcuni esercizi. Indica quali sono le domande migliori da fare nelle seguenti situazioni.

Situazione 1

Una cliente deve acquistare una lavatrice. Non ha le idee ben chiare. L'unica informazione che fornisce spontaneamente è che quella precedente era rumorosa.

Situazione 2

Negozio di abbigliamento, libero servizio. Una signora sta osservando con grande interesse un abito da sera. L'addetto nota che la cliente tocca il tessuto e guarda il cartellino con il prezzo.

Situazione 3

Un uomo in gioielleria. Deve acquistare un regalo per il primo anniversario di matrimonio. Riferisce di essere indeciso, perché la moglie ha tantissimi gioielli.

Appena termini, invia tutto a:
www.addettovenditemigliore.it/bisognimotivazioni.

Analizzerò personalmente i tuoi esercizi e ti fornirò un parere su cosa hai già acquisito e quali margini di miglioramento ci sono. Sarà un piacere dedicarti qualche minuto di consulenza personalizzata, che potrà essere utile anche per gli altri lettori.

Una volta rilevate le informazioni utili su bisogni, motivazioni, aspettative, criteri di scelta, cosa ti resta da fare? Presenta la soluzione. E dopo chiedi un feedback, per avvicinarti alla conclusione della vendita.

I punti chiave del 6° capitolo

- Il cliente si chiede: "Che cosa puoi fare, tu addetto, per me?", "Perché dovrei comprare da te?", "In che cosa tu sei meglio degli altri?". Studia bene le risposte, senza bluffare! Sii etico.

- Il primo bisogno del cliente è sentirsi sicuro. Il suo cervello ama le certezze. Si sta affidando a te, dagli sicurezza sui prodotti e sui servizi. Ricorda che essere professionisti è una dimostrazione di rispetto nei suoi confronti (esigenza di sentirsi stimato).

- Fai sentire il cliente parte di un gruppo. Vivere l'appartenenza, infatti, è un altro stimolo fortissimo a comprare: la socialità. È il principio alla base delle mode.

- Le neuroscienze dimostrano che il processo d'acquisto avviene secondo: scelgo-sento-penso esattamente al contrario rispetto a ciò che si credeva nella "vecchia vendita".

- Le più efficaci e potenti emozioni positive che spingono a comprare sono: stile, orgoglio, possesso, vanità, riconoscimenti e apprezzamenti, sicurezza, prestigio, status, appartenenza, ambizione, emulazione, novità, salute, miglioramento personale, amore per la famiglia.

- Le motivazioni più importanti in assoluto per ogni persona sono due: allontanarsi dalla sofferenza, dai problemi, dal pericolo, dai rischi, da ciò che non piace, ecc. (*via da*) e andare *verso* la gratificazione, il piacere, le soluzioni ecc. Impara a riconoscere qual è la direzione in cui il cliente sta andando e che lo motiva a comprare.

- Fai percepire al cliente il "costo del no" come molto superiore al "costo del sì": evidenzia quali effetti negativi produce non fare la scelta di quel prodotto, che superano il valore del prezzo da pagare. Quando sale la qualità della consulenza, diminuisce l'importanza del prezzo.

- Non vendi prodotti e servizi, ma quello che l'immaginario specifico del cliente vede in ciò che desidera comprare. Il cliente vuole possedere ciò che hanno gli altri (per non sentirsi inferiore) oppure quello che ancora non hanno (per sentirsi superiore).

- Descrivi, racconta, fai immaginare, cioè fai vivere in anteprima al cliente cosa accadrà quando sarà in possesso del prodotto. Fai visualizzare. Raccontagli la storia che desidera vivere. Sempre a lieto fine.

- Fai le tre domande fondamentali per estrarre i criteri di

scelta del cliente: 1. "Quando parliamo di [prodotto], signora Franca, qual è la cosa più importante per lei?"; 2. "Perché per lei è così importante?"; 3. "Per verificare se ho capito bene, le chiedo: cosa significherebbe davvero per lei avere un [prodotto] che ha questa [cosa/caratteristica più importante]?".

Capitolo 7:

Come accogliere e gestire i clienti

Non vedevi l'ora di arrivare a questo punto del manuale, vero?

Lo so, è comprensibile. Entrare nel vivo di quello che accade in negozio, in maniera molta pratica, ed evitare gli errori che commette un commesso qualunque, suscita un grandissimo interesse. Anche nei corsi. Dall'accoglienza all'uscita del cliente.

Ma prima di continuare ti faccio una domanda.

Hai studiato tutto quello che hai letto finora? È diventato tuo patrimonio personale? Un insieme di abitudini positive? Stai applicando ogni cosa?

Si? Ottimo.

No? Rileggi tutto. Ci diamo appuntamento a questa pagina appena termini di studiare. Altrimenti non ha senso andare avanti.

La parola magica per l'accoglienza

Oggi il cliente può valutare fra migliaia di negozi. Fisici e online.

Ha scelto di entrare nel tuo store? Ringrazialo.

Ti sta facendo un favore. Chiunque lui sia. Ricordalo sempre. E soprattutto, come diceva Oscar Wilde: "Non c'è mai una seconda possibilità per dare una buona prima impressione". Essa influenza, da subito, l'intera esperienza d'acquisto. È da cogliere al volo.

Quando ospiti qualcuno a casa tua come ti comporti? Cosa dici? Sei gentile e disponibile? Ci tieni a fare una bella figura?

Racconto spesso la storia di Rosalia, palermitana, che ha una adorata zia a Pordenone. Non si incontrano da vent'anni. Solo tante telefonate, videochiamate, sms, Whatsapp, Facebook. Sempre la stessa richiesta: "Zia, quando scendi?". Tipica domanda di chi immagina il viaggio come una semplice discesa. Da Nord a Sud.

Quell'evento così atteso si realizza. Dopo tanti anni la zia *scende* a Palermo. Suona il campanello. L'emozione di Rosalia è alle stelle. Apre la porta e abbraccia la zia, esprimendo in una sola parola l'esplosivo mix di emozioni positive che sta vivendo: **benvenuta!**

È il saluto che dovrebbero ricevere i clienti in ogni negozio. Dimostra il **piacere di accogliere**, di ospitare, di servire, di assistere, di mettersi a disposizione, di fare una bella figura. Come quando ospiti qualcuno a casa tua. Che bello che tu sia qui.

Quanti addetti lo fanno? Pochissimi. Perché? Ricevo risposte disarmanti: "Mi vergogno", "È esagerato", "Non me la sento proprio" ecc. Attenzione. Chi non riesce a dare il benvenuto a un cliente dovrebbe farsi delle domande.

"Sono sicuro di amare il mio lavoro, il rapporto con la gente, di voler essere d'aiuto ad altri e svolgere davvero l'attività di addetto alle vendite?". Oppure l'unico obiettivo è avere lo stipendio a fine mese, non avendo trovato un altro lavoro se non quello? Al punto che, con il passare del tempo, servire gli altri è diventato un fastidioso obbligo lavorativo?

Certo, se una persona svolge un'attività che non ama, pensare che possa dire con piacere "benvenuto" a un cliente è utopia. Viene visto come l'avversario fastidioso, odioso, contro cui lottare e polemizzare, dall'altra parte della barricata. Ma una soluzione c'è. Nella massima onestà.

Cambiare mestiere.

Se la fiammella dell'entusiasmo si è spenta o non si è mai accesa bisogna essere onesti con se stessi e, se si è un collaboratore, avere rispetto per chi sta investendo il proprio denaro in un mercato spietato. C'è chi, pur di restare nella propria zona di comfort, non si mette in discussione ed evita di cercare il lavoro che più desidera svolgere. Che non è la vendita. E la sua vita scorre, fra rimpianti, rimorsi e frustrazioni.

Queste considerazioni sono fondamentali prima di descrivere l'accoglienza migliore.

Se in un negozio ci sono tre addetti, il primo dei quali sereno e sorridente, il secondo cupo e il terzo distratto, il cliente a chi si rivolge? Scontato. Il punto è che guarda sin dall'esterno, attraverso la vetrina, cosa accade nel punto vendita. Valuta l'atteggiamento degli addetti già quando è fuori e sceglie chi preferisce, a chi rivolgersi, se o quando entrerà, senza aver scambiato nemmeno una parola.

Ogni comportamento che il cliente vede e non apprezza, lo respinge.

Tre tipi di approccio

Si possono identificare, in generale, tre tipi di approccio in accoglienza, in base alle proprie caratteristiche di professionista e a ciò che manifesta chi entra in negozio.

Approccio merceologico

Si riferisce ai prodotti in negozio e alle informazioni che si forniscono a chi si sofferma a valutare qualcosa sin dai primi istanti dall'ingresso in negozio. "La maglia che sta guardando è arrivata ieri e la proponiamo in diverse varianti di colore", "Il modello di televisore che sta osservando è disponibile in varie dimensioni. Quale preferisce fra…?".

Si tratta di un approccio che favorisce la nascita della relazione con il cliente. Molto positivo è anche informare, da subito, sulle promozioni in corso e sui vantaggi che si ottengono sottoscrivendo la card del punto vendita. "La informo che solo per oggi, in caso di acquisti superiori a 100 euro, c'è uno sconto del 20%. Ottimo, vero?", "Benvenuti… avete già la nostra fidelity card? È sufficiente registrarsi per godere di tanti vantaggi, tra cui lo sconto del 15% sul primo acquisto. Conviene approfittarne, vero?". Inoltre, dare risposte qualificate sui prodotti fa percepire l'addetto come un esperto e, se fornisce valore, la fiducia si rafforza da subito.

Molto dipende dalla fase del processo d'acquisto in cui si trova il cliente. In ogni caso, è fondamentale registrare i suoi dati, abitudine positiva dei professionisti, ben consapevoli che si tratta di informazioni dal valore inestimabile per il successo del negozio. Il marketing è sempre più di relazione e le attività di CRM (*Customer Relationship Management*) sono basilari per mantenere nel tempo rapporti profittevoli con la clientela.

Approccio generico
Da "Come posso esserle utile?" in poi. Di seguito, puoi leggere una lunga serie di domande. Avrai solo l'imbarazzo della scelta per accogliere al meglio i clienti, evitando frasi atroci (su tutte, "Ha bisogno?").

Approccio relazionale
Punta a stabilire, da subito, il rapporto personale con il cliente. È preferito da chi si sente molto sicuro di sé e intende abbattere

presto il muro che si interpone verso chi non si conosce. La naturalezza e la sincerità devono trionfare, proprio perché accogliere il cliente è davvero un gran piacere, eliminando il paraculismo esasperato. "Buongiorno, come va?", "Buonasera signora, mi ha colpito il colore dei suoi capelli... è molto bello e luminoso", "Buongiorno, stavo notando la sua borsa. È molto carina. Complimenti", "Che bambino bellissimo. Come ti chiami?".

Quando la clientela entra in un negozio con vendita assistita è naturale che si aspetti un contatto da parte dell'addetto. È anche vero che l'abitudine a frequentare centri commerciali e attività con libero servizio ha portato tanti clienti all'aspettativa di muoversi senza l'assistenza di un addetto anche quando entrano in negozi che la prevedono.

Trovare un punto di equilibrio diventa, quindi, indispensabile e l'intervento del venditore deve risultare molto più discreto, per non opprimere i clienti. C'è chi, per sentirsi libero di non acquistare, preferisce non chiedere agli addetti e muoversi da solo in negozio.

A maggior ragione, mai sbarrare la strada al cliente che è appena entrato, per chiedergli che cosa si può fare per lui, o avvicinarsi prendendolo alle spalle, quasi furtivamente. Cucù…

La quasi totalità dei clienti, oggi, desidera **vivere esperienze d'acquisto coinvolgenti**. In pochi si accontentano di una mera compravendita, fredda, anonima, vuota.

Un acquisto è gratificazione. Il cliente si fa un regalo. Si premia. Vuole sentirsi protagonista nel punto vendita. Partecipare significa sentirsi parte di un gruppo. Importante, al centro delle attenzioni. Vivere emozioni genera valore, per cui è fondamentale influenzare tutti i sensi dell'ospite del negozio.

Sì, è proprio un ospite. Ma non nel senso di estraneo. È una persona che si deve sentire a casa. La sua casa.

I consigli che seguono, alcuni dei quali apparentemente scontati, valgono oro in accoglienza per poi agevolare le vendite. Se ti dovessi scrivere che tipo di interventi, diciamo formativi, ho dovuto addirittura compiere sugli addetti di molti negozi, in tutti questi anni, ti metteresti le mani nei capelli. Quasi da non credere.

Errori da evitare e indicazioni operative per l'accoglienza

Risale ad almeno trent'anni fa la pessima abitudine di stare sull'uscio del negozio in attesa, con le braccia incrociate, ancor peggio a leggere il giornale, a fumare o a parlare con amici o passanti, fidanzati vari, mariti e mogli. Il negozio non è il luogo di ritrovo di amici o parenti che passano per salutare il titolare e i collaboratori per quindici minuti, per scambiare due chiacchiere e, nel frattempo, assistere alla vendita ad alcuni clienti, senza alcuna sensibilità, discrezione o rispetto della privacy.

A volte mi è capitato di vedere entrare nei negozi persone con le buste della spesa per il titolare o il personale, dalla verdura alla frutta in bella mostra, per poi attraversare tutta l'esposizione, alla presenza dei clienti. Che spettacolo. Sprizza professionalità da tutti i pori. Da mercato rionale.

In altri casi, c'è chi resta al telefono del punto vendita incurante dell'ingresso del cliente e chi continua a svolgere altre attività, ignorandolo. Come già scritto nel manuale, l'uso del cellulare durante il lavoro è sconveniente. E se fosse proprio impossibile interrompere quello che si sta facendo, bisogna scusarsi con il cliente e dirgli di dare pure un'occhiata al negozio in attesa di raggiungerlo, entro pochi minuti. E poi? "Eccomi qui, il mio nome è Mariano. Grazie per avermi atteso".

Ci sono addetti che si predispongono già male appena si accorgono dell'arrivo di alcuni clienti poco graditi. Mai fare considerazioni su chi sta per entrare, riferendo al collega di non volerlo servire. "Guarda chi c'è... oddio... mi sta antipatico", "Parla tu con questo qui, perché non so che cosa dirgli..." ecc. Diventa una pessima abitudine collettiva che porta a giudicare i clienti, da irresponsabili, invece di dedicarsi a loro, con il cuore.

I dilettanti, mentre sono nell'area vendita, si riuniscono per chiacchierare, parlano a voce alta, sghignazzano, ridono fragorosamente, si appoggiano ai muri, agli scaffali e agli espositori, sbuffano, camminano stancamente, esprimono pareri su quanto accaduto con il cliente appena servito, alla presenza degli altri. I quali si chiedono: "Chissà che cosa diranno di me appena uscirò". Mediocrità allo stato puro.

È capitato a tutti di ascoltare, in negozio, le lamentele degli addetti sugli orari, sul lavoro, sulle regole aziendali, sulla stanchezza accumulata.

I più sfacciati, dopo aver guardato l'orologio, e aver condiviso l'orario con i colleghi, esprimono con una eloquente espressione del volto l'indolenza per il tempo che manca alla chiusura.

I furbetti, invece, si imboscano lontano dall'area vendite, se la svignano con qualche scusa o sistemano con grande caaaaalma la merce, posizionandosi strategicamente di spalle ai clienti, in modo da inibirli a chiedere il loro intervento.

In particolare, c'è una risposta che gli addetti apatici, svogliati, forniscono alle richieste specifiche: "Solo quello che vede esposto". Cioè, non mi rompere le scatole, non mi infastidire, non ho il piacere di mettermi a tua disposizione e di farmi in quattro per esserti davvero utile. Se ti serve qualcosa vedi tu stesso fra quello che abbiamo esposto, altrimenti puoi anche andare a…
Ehi tu. Stai pensando alla stessa parolaccia che viene in mente anche a me? Distruzione dell'affidabilità del punto vendita!

Magari è vero che la merce è tutta lì e in magazzino non c'è più nulla, ma lo si può comunicare in maniera diversa, con più entusiasmo. "Abbiamo esposto tutta la merce. Conti pure su di me per servirla".

Il cliente non vuole mai trovarsi nella condizione di chi, entrando in negozio, percepisce di essere considerato un elemento di disturbo. Desidera una piacevole accoglienza. Già da quegli istanti si costruiscono le basi per un sano rapporto di fiducia. Per il suo acquisto.

Fra le indicazioni operative, per fare un'ottima impressione da subito, al primo posto va messa **l'attenzione alla cura della propria persona** e del corpo. Avere una divisa aziendale è utile a creare un'identità più forte, rende riconoscibili gli addetti, ognuno dei quali con il suo nome in evidenza, ed evita che ci si possa presentare con un abbigliamento discutibile. Il primo testimonial di quanto si vende in negozio deve essere proprio il venditore, altrimenti la sua credibilità si annulla agli occhi del cliente.

Curare la pettinatura, le mani, per le donne il trucco e per gli uomini la barba, che non deve essere incolta perché denota trascuratezza. Ad esempio, chi opera nel mondo della moda, di tutto ciò che è legato all'estetica, al buon gusto, deve mostrare un'elevata sensibilità all'immagine. Vestirsi in maniera trasandata e poco attenta, in quei settori, è un autogol clamoroso.

Per non parlare dell'alito e degli odori emanati dal corpo. Si tratta di cultura dell'igiene personale, prioritaria visto che ci si relaziona ad altre persone, per tante ore. Non curare la pulizia dei denti può determinare la perdita di tantissime vendite; non c'è nulla di più terrificante che essere serviti da un addetto che ha un alito pestilenziale e i denti sporchi. Né può masticare il chewing gum, ruminando e producendo fastidiosissimi rumori, mentre serve il cliente. Inqualificabile. Semaforo verde per le mentine, piccolissime, nascoste in un angolo della bocca.

Chi suda copiosamente deve prevedere maglie di riserva, deodoranti, salviettine imbevute e fazzolettini, da portare sempre al lavoro. Il kit del professionista si completa con lo spazzolino da denti, con la scatola dei trucchi per le donne e quant'altro è necessario per essere adeguati a ogni situazione in negozio.

Comprendi bene che è determinante presentarsi in maniera coerente con l'attività che si svolge e con i valori aziendali. Se si lavora in un ristorante vegano, non è il caso di indossare una cinta o bracciali di pelle. Se si opera in un centro estetico, meglio non avere peli diffusi. L'addetto a un banco di salumi e formaggi deve avere le mani candide, con le unghie pulitissime. Il camice? Immacolato. Il venditore in un negozio di camicie? Non può presentarsi con un maglioncino sulla maglietta intima bianca. E l'addetto di un negozio di calzature può mai avere ai piedi scarpe consumate e sporche? L'interior designer di un negozio di arredamento, che ha il compito di rendere più bella la casa dei clienti, si può permettere di avere una scrivania disordinata e con oggetti di dubbio gusto?

In caso di errori grossolani, gravi, si forniscono insicurezza e incoerenza al cliente. L'acquisto sfuma.
Ci sono alcuni comportamenti "universali" da seguire per far sentire al sicuro, e non minacciato, il cliente che entra in negozio.

- Cercare il contatto visivo, guardandolo negli occhi per qualche secondo, con un viso positivo e rilassato, che lo faccia sentire una persona gradevole e apprezzata. Ciò comunica sicurezza e apertura nei suoi confronti. In psicologia si parla di riconoscimento positivo, che favorisce la creazione di un ottimo rapporto. Se si nota che il cliente non è pronto per l'approccio, come già scritto, rimandarlo a poco dopo.

• Sollevare per un istante le sopracciglia al primo contatto visivo con il cliente, in modo da fargli percepire di avere un atteggiamento positivo nei suoi confronti.

• Sorridere. Gli antichi saggi dicevano: "Chi sorridere non sa, aprir bottega non dovrà." Sul valore di un sorriso è già stato detto e scritto molto. Inutile aggiungere altro. In tanti lo sanno, ma non tutti lo fanno. Purtroppo. Così perdono l'opportunità di generare empatia immediata.

• Avere un linguaggio corporeo aperto e rilassato, con le mani lungo i fianchi e i piedi ben saldi per terra, senza alcun incrocio di gambe o braccia. Accertarsi che il busto sia rivolto verso il cliente. Di solito, ci si gira verso chi ci piace e quando si vede il busto di una persona la si percepisce come più onesta e aperta.

Come già anticipato nel capitolo sulla comunicazione, nella

fase di contatto non mettersi mai di fronte al cliente perché è la posizione tipica di chi sfida, di chi vuole bloccare l'altro. Posizionarsi di fianco, accanto, a 45° rispetto a lui. Non appoggiarsi ai muri, a un tavolino o essere su una gamba soltanto: si comunicherebbero stanchezza, fastidio, insofferenza, noia.

• Osservare, per capire i tempi del cliente. Non va assalito dal venditore appena varca la soglia del negozio. Questo è il tipico comportamento di chi è orientato alla vendita, perché fa sentire il cliente subito in gabbia. Osservare è fondamentale per comprenderne i tempi di ambientamento, di "decompressione". È un nuovo luogo a cui deve abituarsi, in cui sentirsi a proprio agio.

• Salutare (segue una lunghissima serie di frasi d'approccio). Dare sempre del lei a meno che sia il cliente a chiedere di dare del tu. Va soddisfatta la richiesta, evitando frasi atroci come: "Scusi ma per deformazione professionale non riesco proprio". Significherebbe creare un muro proprio con chi, invece, si è aperto. Se si tratta di giovanissimi, ovviamente, il tu va bene mentre il lei inibirebbe.

• Nel caso di alcune reazioni del cliente, come non guardare e non salutare, o rispondere in maniera sbrigativa, significa che non va subito approcciato. Dopo un po' di decompressione, è utile dirgli: "Buongiorno/Buonasera, dia pure un'occhiata nella massima libertà. Per qualsiasi domanda, sono qui a sua disposizione...". Anticipare quello che avrebbe sicuramente detto il cliente, cioè di voler prima guardarsi intorno, è un modo per farlo sentire compreso. Si creano così le condizioni per una buona relazione. Chi riceve comunque un *no*, in molti casi pensa di aver fatto il suo dovere, il compitino dell'accoglienza e, sbagliando, non segue più il cliente.

• Mantenere volume e tono della voce controllati e garbati, tipici di chi è in uno stato emotivo sereno.

• Rispettare lo spazio personale del cliente, evitando invasioni. Dopo una eventuale stretta di mano, da preferire solo in caso di conoscenza del cliente, arretrare leggermente spostandosi un po' di lato. Al riguardo, in dettaglio, la distanza intima si riserva all'interazione con le persone che si amano, affettivamente vicine, e varia da quella di contatto a circa 46 centimetri di distanza; quella personale, riferita al rapporto con buoni amici o parenti, va dai 47 ai 122 centimetri; la distanza sociale è compresa fra 1,3 e 1,4 metri da estranei o nuove conoscenze; nella distanza pubblica rientra tutto ciò che dista oltre 2,4 metri e si riserva a un pubblico di maggiori dimensioni.

- Sforzarsi di ricordare i nomi dei clienti abituali. Il nome identifica, per ognuno di noi è il suono più dolce, in qualsiasi lingua esso sia pronunciato. Dimostra grande attenzione e riconoscimento nei confronti del cliente; così lo si fa sentire importante, rispettando i titoli (dottore, avvocato, ingegnere, architetto ecc.). Se si creano le condizioni, chiedere il nome del cliente, in modo da personalizzare la comunicazione.

- Evitare assolutamente vezzeggiativi come dolcezza, amore, tesoro, capo, cara, campione, nonno, nonna. Anche se a qualcuno le confidenze possono piacere, la maggior parte delle persone non le sopporta.

- Quando il cliente è stato lasciato libero di dare un'occhiata e si ferma a osservare un prodotto in particolare, è importante avvicinarsi con calma, senza correre verso di lui, altrimenti si comunicherebbe l'impazienza di vendere; presentarsi e dargli informazioni su ciò che sta vedendo.

Presta attenzione a queste indicazioni e ricorda sempre che, come afferma Robert Cialdini nel suo libro *Influence*, "la gente preferisce dire di sì a individui che conosce e apprezza". Diversi studi dimostrano, infatti, che la nostra mente, al fine di risparmiare energia, usa pochi indizi, soprattutto visivi, per giudicare gli altri.

È l'**effetto *primacy***, e indica l'impressione che in pochi secondi, attimi, ci si fa di una persona, che poi resta impressa nella nostra memoria. Ecco perché l'accoglienza deve essere perfetta. Si tratta di quello che accade ai clienti al loro ingresso in negozio. Farsi apprezzare da subito, quindi, per ricevere molti più sì.

Mai dare l'impressione che ci siano **clienti di serie A e altri di serie B.** Alcuni addetti tendono a dedicare molto più tempo e attenzioni a persone che ben conoscono o che acquistano da tempo nel negozio e fanno attendere troppo gli altri, li snobbano, non dedicano loro le stesse attenzioni, fino a ignorarli visto che non sono frequentatori abituali del locale o entrano per la prima volta. Il differente trattamento è facile da verificare. Infastidisce. Nel primo caso sorrisi, gentilezze, disponibilità estrema; negli altri, approccio freddo e limitato al minimo indispensabile.

Reazione? **Il cliente che si sente meno importante si predispone negativamente** e si sente a disagio. Condizioni pessime per la vendita. Ricordi quanto è importante il bisogno di importanza per ognuno di noi, vero? E in poco tempo, specie nei centri più piccoli, si genera un passaparola negativo sul fatto che in quel negozio, se non conosci bene gli addetti o il responsabile, vieni trattato superficialmente.

Con i social network la situazione negativa si amplifica e in poco tempo diventa di dominio pubblico. Ci vuole davvero poco per essere identificati come un punto vendita inadeguato. Per il servizio scadente. Chi ha piacere di andare a comprare in un posto dove ci si sente a disagio, come un "pesce fuor d'acqua"?

Nessuno.

Degnare tutti, proprio tutti, di **un'ottima accoglienza è fondamentale**. Stai pensando che è scontato, vero?
Chissà se dirai che è ovvio dopo che ti avrò raccontato la storia di Pinuccio U' Scem (traduco, Giuseppe lo Scemo, soprannome con cui è conosciuto nella sua cittadina). Per tutti è un poverino, una persona ai margini, un invisibile della società. Non brilla per lo spessore culturale e svolge un lavoro umilissimo.

La vita non è stata clemente con lui. Mantenere la sua famiglia è un'impresa complicata, fra mille sacrifici per fornire la speranza di un futuro migliore ai suoi due figli. I ragazzi, per la gente crudele e insensibile della cittadina, sono marchiati: i figli di Pinuccio U' Scem. Non è ciò che aiuta a crescere con una grande autostima. Ma la dignità umana è un valore che va oltre qualsiasi cosa.

Nella maggior parte dei negozi, dei locali commerciali in genere, l'umile signore è trattato sempre come un invisibile. Se gli addetti non sono impegnati per nulla, con supponenza gli si avvicinano;

quando ci sono altri clienti, più "importanti", è ignorato da tutti. Ma un giorno a Pinuccio, per fortuna, accade un episodio che gli consente di provare il valore della dignità personale e lo fa sentire una persona apprezzata.

È con sua moglie e con i figli. Sono stati invitati a un matrimonio e devono acquistare abiti adeguati all'evento. Per due mesi hanno risparmiato quanto più possibile e ognuno, in famiglia, si è fatto in quattro per guadagnare la somma necessaria per fare un bel regalo alla coppia che si sposa.

Si recano in un negozio d'abbigliamento di media qualità e per la prima volta sono accolti senza il pregiudizio del ceto sociale. Con calore umano e pura gentilezza. Incondizionata. La famiglia di Pinuccio non è abituata a tali attenzioni. Il professionista che si dedica a loro chiede il nome a ognuno e, da quel momento, i figli hanno un padre che diventa, per magia, signor Pinuccio. Prima volta nella loro vita. Signor Pinuccio. Lui che da tutti è chiamato U' Scem.

L'orgoglio di quel padre, davanti ai figli e alla sua donna, non ha prezzo. Il cuore batte a mille. Che emozione. Quell'addetto alle vendite ha riconosciuto dignità, innanzi tutto. Rispetto. L'esperienza d'acquisto è indimenticabile. Sono stati trattati come hanno sempre sognato. Finalmente. Compreranno? Sì! Quel posto diventerà il loro rifugio ogni volta che sentiranno il bisogno di fare il pieno di importanza alla loro macchina personale.

Quanti si comportano così in negozio con clienti che sembrano fin troppo umili? Molti vigliacchi pensano di sfogare le loro frustrazioni proprio su chi è più debole. Pochi agiscono da grandi professionisti e li trattano senza pregiudizi.

Paradossalmente, chi è più umile e non è abituato a un servizio di valore lo apprezza molto di più rispetto a chi è abituato e lo riceve ogni giorno, in qualsiasi posto.

La gestione del cliente negli orari di chiusura

Uno dei nemici dichiarati di un addetto vendite è **l'orario d'ingresso serale dei clienti in negozio.**

La giornata è stata dura, impegnativa. Mancano dieci minuti all'ora x, il programma post lavoro è pianificato. L'addetto attende con ansia di uscire dal punto vendita. Palestra alle 21 e appuntamento al pub con gli amici alle 22.30.

Conta i secondi che lo separano dai piacevoli impegni presi e quando ormai è pronto a cambiarsi per uscire, come da fantozziana memoria, entra lui, incurante di tutto: il classico cliente last minute. Lo ammazzerebbe. E lui, in maniera disincantata, guarda il venditore e chiede: "State chiudendo? Qualche minuto per dare un'occhiata".

Non è vero, le lancette sembrano girare più velocemente ora e l'allenamento in palestra rischia di saltare. Anzi, salta di sicuro. La rabbia sale, monta, esce da tutti i pori, le mani si trattengono con fatica dal volersi posare sulle guance di quel cliente, ma l'addetto deve trattenersi e rispondere con garbo, in modo cortese.

Così gli hanno insegnato in tanti, anche il bravo formatore del corso sulle relazioni efficaci con la clientela, in negozio. "Vorrei vedere lui al mio posto…". Grrr. Sta scoppiando dentro. Si vede. L'addetto alle vendite è un libro aperto. Il suo corpo ha comunicato tutto quello che hai letto. Anche le parolacce che io non ho scritto. Di quelle, tante.

"Visiti pure liberamente il negozio, anche se siamo in chiusura facciamo volentieri un'eccezione per lei. Io sono a sua disposizione. Mi chiami pure appena c'è qualcosa che le piace/le interessa in particolare". Ormai è fatta. Resta l'appuntamento al pub, almeno quello.

L'alternativa? Mostrarsi risentiti e perdere per sempre quel cliente, oltre alla diffusione di un passaparola negativo per la pessima gestione. La rigidità è sempre un grande rischio. "Stiamo chiudendo, se si tratta di poco tempo…".
Risposta: "Fottiti, addio!". Magari, uscendo da quel negozio, ad appena cento metri ce n'è un altro che mette il tappeto rosso per terra e fa vivere allo stesso cliente un'esperienza d'acquisto indimenticabile, che varrà fedeltà e un viral marketing positivo. Si è perso un patrimonio.

Una bugia bianca, in rarissimi casi, può essere utile: "Buonasera, sì, siamo in chiusura. Per me è un piacere mettermi lo stesso a sua disposizione. C'è solo una cosa: il punto vendita è coperto da assicurazione appena per qualche altro minuto e si tratterebbe di rischiare. Non si sa mai di questi tempi, vero? Mi indica un altro giorno, in un orario di sua comodità, in cui possiamo dedicarci a lei con più tempo e maggiore serenità?". È solo un modo per uscirne con più eleganza. Il risultato non è garantito. Nessuno ha la bacchetta magica. Sempre meglio che proferire, con sguardo truce, un glaciale: "Stiamo chiudendo, faccia presto".

Accade spesso durante i corsi che i partecipanti, confrontandoci sul servizio e sull'accoglienza che si riserva in negozio a fine giornata lavorativa, confessino di essere spesso troppo stanchi per offrire un'eccellente performance. A livello umano è comprensibile e manifesto loro tutta la mia solidarietà. Poi racconto la storia della prima al Teatro alla Scala di Milano, che sgombra il campo da qualsiasi equivoco.

La compagnia di attori e musicisti, prima di andare in scena, è motivata, entusiasta. Ci tiene a fare bene di fronte agli spettatori che hanno riempito ogni posto del teatro. Ci sono tantissimi giornalisti, televisioni e autorità internazionali. La prima è sempre un grande evento. Successo strepitoso, quindici minuti di applausi.

Iniziano le repliche. Altri dieci giorni a Milano, poi sette a Torino, otto a Verona, sette a Parma, dieci a Bologna, sette a Firenze, quindici a Roma, dieci a Napoli, nove a Bari ecc. Ultima replica, la trecentododicesima, a Palermo. Che stanchezza. Un anno intero, uno spettacolo quasi ogni sera. Tutti gli artisti sono stremati.

Possono permettersi, a Palermo, visto che si tratta della trecentododicesima volta che salgono sul palco, di muoversi stancamente, recitare sbadigliando, cantare in maniera piatta e suonare gli strumenti musicali senza energia? Impossibile. Sono dei professionisti, è vero. Ma la cosa più importante è un'altra: per gli spettatori di Palermo lo spettacolo è la prima in teatro. Per loro. Per gli artisti tutto è stato ripetuto trecentododici volte. Al pubblico di Palermo non interessa; paga il biglietto così come chi ha assistito alla prima al Teatro alla Scala di Milano.

Lo stesso accade in negozio. L'addetto è stanco per le tante repliche, la cinquantesima vendita della giornata? Ma **il cliente che entra in negozio alle 20 pretende di essere trattato come se fosse il primo della giornata**, quando si è freschi e pimpanti. Anche lui paga e pretende il massimo. Non si accontenta, perché si tratta di un nuovo spettacolo e desidera vivere un'esperienza appagante. È la prima al Teatro alla Scala del negozio.

Cosa fare, allora, per rendere eccellente l'accoglienza del cliente in negozio? Innanzi tutto, imparare tantissime frasi fra cui scegliere la più idonea, in base alle varie situazioni, ai diversi clienti e ai loro bisogni materiali, immateriali ed esperienziali. Ti fornirò molte indicazioni operative a patto che non utilizzi più, se mai lo avessi fatto, frasi che già in accoglienza respingono il cliente. Niente più alibi, ora.

Le domande per un'accoglienza di valore
Sull'importanza del "Benvenuto" ho già scritto. Va benissimo associarlo a un caloroso "Buongiorno", "Buon pomeriggio" o "Buonasera", accompagnandolo con un sincero sorriso. Da cancellare, invece, il "Salve", saluto estremamente sbrigativo, superficiale e freddo: l'espressione di una fastidiosa pratica che si è obbligati a svolgere e di cui si farebbe volentieri a meno. Dello stesso tenore, gli inutili e abbreviati "'Giorno" e "'Sera", privati del valore dell'augurio. La parola "Ciao" va bene solo se chi entra in negozio è molto giovane, così come dare del tu. Non prendersi

mai, con gli altri, libertà non autorizzate.

Dopo il saluto ci vuole una valida frase d'impatto. Intanto è bene liberarsi da abitudini errate, alcune rozze, e fare un reset delle seguenti espressioni: "Ha bisogno?", "Posso aiutarla?", "Serve aiuto?", "Mi dica…", "Posso essere utile?". **In accoglienza non si fanno domande chiuse ma aperte**, per dare la possibilità al cliente di parlare e non limitarsi a rispondere sì o no. Purché la domanda aperta non sia rude e grossolana, come: "Cosa sta cercando?".

Ci vuole delicatezza, eleganza, sensibilità. E in tali domande, non le ritrovo. "Ha bisogno?" fa rabbrividire. Brrr. Il verbo "aiutare", per esempio, in accoglienza è esagerato, perché fa presupporre che il cliente viva un disagio ancor prima di parlare. Chi si aiuta infatti? Chi è in difficoltà. Può essere appropriato, invece, quando il cliente sta valutando il prodotto.

Da preferire:

- "Come posso esserle utile?".
- "Cosa posso fare per lei?".

- "In cosa posso esserle utile?".

- "Come posso servirla?".

- "Eccomi qui per servirla".

- "Cosa la porta qui da noi oggi?".

Va bene anche combinarle. È un approccio abbastanza classico e semplice.

Una delle principali risposte del cliente, temuta dagli addetti, è: **"Voglio dare un'occhiata..."**. La maggior parte di loro ci resta male, al punto da credere che la clientela abbia tempo da perdere e non sia assolutamente interessata a comprare. In realtà, è una risposta con cui il cliente si sta proteggendo dall'addetto, per tenerlo a distanza, o è la bugia che ha detto alla sua coscienza per entrare nel negozio, giurando a se stesso che non avrebbe comprato. Oppure è vero.

Tra i punti vendita in cui accade più spesso, quelli del settore moda. Di certo, se una coppia sta facendo una passeggiata in città e vede un negozio di attrezzature agricole, è raro che decida di entrare a dare un'occhiata. L'acquisto di una motozappa, di solito, non gratifica e non motiva a ricevere consenso sociale. Serve per lavorare. A meno di una specifica esigenza, quel punto vendita non è il luogo in cui si ha piacere di fare un giro. Invece ci si ferma a vedere la vetrina di un negozio di abbigliamento, di calzature, di arredamento, di prodotti tecnologici ecc. E si entra.

Il bisogno latente, ma non troppo, è in agguato. Appena si nota qualcosa che colpisce ci si convince che vale la pena acquistarla. Oppure ci si impegna a comprarla al più presto. È la stessa persona che voleva dare solo un'occhiata. Ottimi clienti, non scocciatori. Sta all'addetto ottenere il meglio. Facendo le giuste domande e rispondendo in maniera adeguata.

Sbizzarrisciti fra tutte le possibilità di risposta alla frase "Voglio dare un'occhiata" e integrale fra loro, in modo da cucirtele addosso nella maniera più adeguata al tuo stile.

- "Ottimo. In che area del negozio preferisce dare un'occhiata?".

- "Bene, si accomodi. A cosa è interessato in particolare?".

- "Ottimo/Perfetto/Capisco/Giusto… Visiti pure liberamente il punto vendita. Verificherà lei stesso che c'è un vastissimo assortimento, con tanti articoli (prodotti) per ogni esigenza, molto apprezzati dai nostri clienti. Io sono a sua completa disposizione. Buon proseguimento".

- "Perfetto. Si senta libero di valutare. Quando trova qualcosa che la colpisce, che le piace, mi chiami pure. Così le fornisco qualsiasi informazione. Buon proseguimento".

- "Benissimo. Consideri il negozio a sua disposizione. Appena c'è qualcosa che la colpisce, mi chiami pure, così mi dedico a lei, nella massima libertà da parte sua".

Inoltre, siccome l'addetto alle vendite già sa che il cliente può dire "Voglio dare un'occhiata", è possibile anticiparlo per avere un migliore impatto. Senza che lo dica o chieda lui, può essere accolto con una frase che lo "autorizzi" a visitare il negozio. Cioè, proprio quello che si vuole sentir dire. Aggiungere il proprio nome è utile a far percepire totale trasparenza e a personalizzare la comunicazione.

Ad esempio:

- "Benvenuto. Io sono Mario. Il negozio è a sua disposizione (Visiti pure liberamente il nostro negozio). Quando trova qualcosa che la colpisce, che le piace, mi chiami pure, così le fornisco qualsiasi informazione. A dopo".

• "Buongiorno/Buonasera. Per qualsiasi informazione (domanda) si rivolga pure a me. Nel frattempo, visiti nella massima serenità e libertà il nostro negozio".

• "Buongiorno/Buonasera, si senta libero di guardare in giro (di dare un'occhiata), io sono qui vicino".

• "Buongiorno/Buonasera, grazie per essere entrati nel nostro negozio...".

• "Buongiorno/Buonasera. Come va? Quando ha domande, io ci sono. Intanto dia pure un'occhiata".

• "Buongiorno/Buonasera. Quando ha domande chieda pure. Nel frattempo, si senta libero di dare un'occhiata (dia liberamente un'occhiata/dia un'occhiata nella massima libertà)".

• "Buongiorno/Buonasera, benvenuti. Fate pure come se foste a casa vostra. Appena avete delle domande, io sono qui/io sono a vostra disposizione".

• "Benvenuto, si accomodi. Consideri il negozio a sua disposizione. Per qualsiasi richiesta, mi chiami pure. Io sono qui".

• "Buongiorno/Buonasera, grazie per essere qui da noi.

Sentitevi liberi di visitare il negozio. Per qualsiasi informazione, rivolgetevi pure a me. È un piacere".

• "Buongiorno/Buonasera, signori. Benvenuti a… Date pure un'occhiata e poi fatemi sapere cosa vi piace di più. Sono a vostra disposizione, con piacere".

• "Buonasera e benvenuti. (con entusiasmo…) Cosa vi porta qui da noi?".

• "Buongiorno/Buonasera. Grazie per essere entrati. Il mio nome è Mariano. Contate pure sulla mia assistenza".

Subito dopo la frase di accoglienza, può essere molto utile informare il cliente delle promozioni in corso, dei nuovi arrivi, dei vantaggi che può ottenere sottoscrivendo la fidelity card e di qualsiasi altra cosa possa risultare interessante per lui.

Avrai notato che non è mai stato utilizzato, in queste domande, il "se": se ha domande, se trova, se vede, se la colpisce qualcosa, se le piace. Perché genera dubbi, insicurezza. È come se l'addetto dicesse che non è sicuro che il cliente possa trovare prodotti che piacciano; che non ci saranno domande e, quindi, interesse. Il messaggio che arriva è: siccome non c'è nulla che va bene qui, se proprio capita che trovi qualcosa dimmelo... Utilizzare, invece: "appena" e "quando". Così si trasferisce sicurezza e positività.

Mi viene da sorridere quando il cameriere, in alcuni ristoranti, nel prendere le ordinazioni, chiede se il cliente prende il secondo, invece di formulare la domanda che può far aumentare il fatturato del locale. Cioè: "Cosa preferisce di secondo, carne o pesce?". E poi, scendere in dettaglio. In tal modo si presenta la scelta fra due opzioni che presuppongono l'acquisto.

In un negozio di abbigliamento: "Quale maglia desidera abbinare ai pantaloni che ha scelto? Quella azzurra o quella blu?". Sarebbe orribile se dicesse: "Se le va, può abbinare una maglia ai pantaloni che ha comprato".

Un discorso a parte merita l'accoglienza in locali in cui c'è vendita al banco. Si tratta di panifici, salumerie, macellerie, paninoteche, gastronomie ecc. Spesso gli addetti si rivolgono ai clienti con espressioni assolutamente da rivedere, come: "Cosa vuole signora?", "Prego?", "Mi dica", "A chi tocca?". E durante il servizio: "Altro?", "Nient'altro?", "Serve altro?", "Basta così?",

"E poi?". Sono parole e frasi che si utilizzano per abitudine ma che vanno sostituite, ad esempio, con: "Cosa posso servirle, signora?", "Cosa posso fare per lei?", "Cosa preferisce, signora?", "Chi posso servire ora?", "Adesso è il turno di...?". E, continuando: "Cos'altro desidera?", "Cosa ne pensa di...?", "Completiamo con un po' di...?".

Ricordo che in un supermercato, di un Gruppo cliente della mia società Edison Consulting, al banco un salumiere riuscì a vendere una grandissima mortadella in poche ore proponendo ai clienti di "regalarsi momenti di puro godimento". Il potere delle parole e dell'entusiasmo.

Lo schema del cliente e dell'addetto vendite

Sei d'accordo con me che l'accoglienza è una fase molto delicata e, proprio per questo, il cliente va rassicurato immediatamente. All'ingresso la sua diffidenza è ai massimi livelli e il timore di poter subire la vendita crea una barriera. L'incontro fra cliente e addetto è determinato da ciò che è scritto in ognuna delle due mappe, dalle esperienze di vita e dagli influenzamenti ricevuti.

In quella del cliente: "Stai attento, difenditi, proteggiti, non ti fidare. Quel venditore è lì per vendere, è il suo lavoro. Farà di tutto per convincerti a comprare, esalterà i suoi prodotti e parlerà di continuo per sfinirti. Difenditi, proteggiti, stai attento. Non ti far fregare, pensa a quelle volte in cui poi ti sei pentito degli acquisti fatti. I venditori sono tutti uguali".

Nella testa del commesso mediocre, orientato solo alla vendita: "Devo vendere, vendere, vendere. Convincere. I clienti sono bugiardi, falsi e opportunisti. Più parlo io e meglio è. Serve fare fatturato. Devo vincere io, non lui".

Il primo obiettivo, quindi, è abbattere il muro di diffidenza del cliente, rassicurarlo, farlo sentire a proprio agio, sereno. Trasferirgli la tranquillità di poter fare le sue valutazioni senza pressioni e di avere a disposizione un consulente che lo assisterà con spirito di servizio.

Una frase passpartout, utile ad avvicinarsi alla mappa del cliente, e che bisogna impegnarsi a ripetere, è: "Abbia la serenità che il mio compito è solo di servirla/assisterla/rendermi utile per trovare/individuare con lei la migliore soluzione, ciò che più preferisce. Infatti, entrambi sappiamo che poi, alla fine, lei valuta/sceglie/è libero di scegliere cosa fare".

Un'altra: "Il primo obiettivo del nostro negozio è generare un passaparola positivo e, perché si verifichi, è fondamentale rendere i nostri clienti pienamente soddisfatti, in modo che abbiano il piacere di parlarne bene ad altri. Essere più che soddisfatto è anche il suo obiettivo, vero?".

Si tratta di **frasi che hanno la funzione di abbattere la barriera naturale** che, a volte, resiste per troppo tempo e impedisce la vendita. Inoltre, il contenuto è oggettivamente vero, condivisibile dal cliente che, così, percepirà di essere servito da chi dice cose vere. E di chi dice cose vere, ci si può fidare. È un truismo, dall'inglese *true*, cioè vero (lo approfondiamo nel capitolo sulla persuasione).

La gestione del cliente in negozio
Spesso alcuni clienti fanno domande scomode, sin dall'inizio, proprio per testare il livello di preparazione dell'addetto e valutare

se ci si può davvero affidare a lui. "Vorrei vedere gli ultimi mocassini Tod's con il bordino rosso laterale..." e l'addetto: "Rosso? Non ci sono proprio in collezione". Il cliente, infastidito: "Lei forse non lo sa, io sì, li ho visti su internet e sono quelli che preferisco". Addio.

Una volta accolta, la clientela non va inseguita per il negozio o scrutata in ogni spostamento, come una preda da catturare, saltandole addosso di nascosto. Parola d'ordine: discrezione. Se troppo sollecitata, e pressata, la gente tende a voler andare via. È sufficiente, invece, fare subito qualche passo indietro, con serenità e gentilezza, per comunicare il rispetto della privacy.

A quel punto, percependo che non ci sono invasioni "territoriali", il cliente è più facile che si senta a suo agio. E se si nota che sta valutando un prodotto in particolare, avvicinarsi e chiedere, ad esempio: "Sta pensando di indossare quell'abito per un'occasione speciale?", oppure: "Quel televisore dovrebbe sostituire uno più vecchio o sta valutando di prenderne uno aggiuntivo?", o ancora: "Ha già pensato dove tenere in casa la poltrona che sta guardando?". È un modo per creare un gancio.

Accade che mentre si sta servendo il cliente accolto con tanta cura, se ne avvicini un altro per chiedere assistenza. Rispondere in modo cortese è fondamentale: "Appena termino con il signore/la signora, mi dedico a lei". Oppure: "Verifico quale collega può dedicarsi subito a lei". E scusarsi per l'interruzione con la persona che si sta seguendo.

Se in un negozio di abbigliamento è necessario ottimizzare i tempi, perché ci sono tantissime persone da servire, invece di restare in attesa che il cliente esca dalle cabine prova è opportuno dirgli: "Le lascio questi capi in camerino. Li indossi con calma e appena è pronto mi chiami pure. Io sono qui". Nel frattempo, si può iniziare a servire un altro cliente.

Il professionista si vede proprio nelle situazioni complesse, quando si deve lanciare il cuore oltre l'ostacolo. Non in quelle semplici, solo *one to one*, alla portata di tutti. Sappiamo entrambi che è la condizione preferibile, ma nelle giornate in cui i negozi registrano un grande afflusso di clientela bisogna approfittarne, mantenendo, comunque, un adeguato livello di servizi. Grazie anche a quei giorni, senza lamentarsi, è possibile mantenere la forza lavoro al completo ed evitare tagli del personale.

Se ci si accorge che un cliente sta osservando alcuni prodotti, senza alcun collega vicino, e non si è sicuri che abbia ricevuto un'accoglienza, per qualsiasi motivo, è il caso di avvicinarsi con discrezione e chiedere: "Buongiorno/Buonasera, la stanno già servendo?". Se sì, rispondere: "Perfetto, è in ottime mani con Francesca, allora. Buona continuazione".

Se no, utilizzare una tra le frasi di accoglienza indicate prima, come ad esempio: "Il mio nome è Giuseppe. Per qualsiasi informazione chieda pure a me. È un piacere". Se il cliente risponde che preferisce prima dare un'occhiata da solo, rispondere: "Benissimo. La lascio guardare e valutare con calma. Torno da lei fra poco".

Sentirsi ben accolti, coccolati, apprezzati, durante la permanenza in negozio, dipende da tutti e non soltanto da chi sta servendo il singolo cliente. Per fare un esempio, condivido con te una buona abitudine degli ottimi hotel, che si può trasferire con successo nel settore retail. Uscendo dalla camera, si riceve il caloroso saluto della cameriera ai piani, poi appena scesi nella hall quello del personale della reception, del responsabile di sala e degli assistenti durante la colazione, dell'addetto ai bagagli, all'uscita. In breve, chiunque riserva attenzioni all'ospite che incontra.

Sarebbe bellissimo se accadesse anche nei negozi, vero? Invece, molti mediocri commessi passano davanti ai clienti e non li degnano né di uno sguardo, né di un saluto. Come se fossero dei fantasmi. Invisibili. Anzi, se stanno riassortendo gli scaffali o stanno svolgendo qualsiasi attività e i clienti, con la loro presenza, li intralciano, sbuffano e chiedono di spostarsi.

Il top, da questo punto di vista, è nei supermercati. Basterebbe, piuttosto, che ogni addetto, passando davanti a un cliente, anche se non lo sta servendo, lo salutasse con un sorriso. Facile. Non credo che qualcuno si lamenterebbe per un caloroso buongiorno. Emerge, da quanto stiamo analizzando, che il livello di concentrazione debba essere al massimo per offrire un servizio di alto valore al cliente, dato che ogni secondo si produce un effetto su di lui, che memorizza e misura di continuo la credibilità del venditore. Mentre quarant'anni fa, entrando in negozio, c'era la riprovevole abitudine dei proprietari e dei loro commessi di squadrare i clienti, guardandoli dal basso verso l'alto, oggi i ruoli si sono invertiti ed è il venditore a essere sottoposto ai raggi X.

A tal proposito, durante i corsi aziendali accade che qualche collaboratore mi racconti episodi di vita quotidiana in negozio. Fra i tanti, una circostanza dimostra che, a volte, gli addetti non colgano il vero e profondo significato dei messaggi che ricevono dai clienti.

Una ragazza, che lavora in un negozio di calzature da donna, per sottolineare l'ottimo rapporto con la clientela, si compiace del fatto che, se alcuni giorni ha un atteggiamento negativo, le persone le chiedono che cosa è successo, per quale motivo è giù di morale. Per lei significa che le vogliono bene e che ci tengono a lei.

Non lo metto in dubbio, comprendo la cosa a livello umano, ma siamo davvero sicuri che le clienti abbiano piacere di essere servite da lei quando non è in forma e sembra arrabbiata? Anche quelle signore hanno i loro problemi e non credo proprio che, nel momento dell'acquisto, della gratificazione, si accollino volentieri anche quelli della venditrice. Magari il vero significato del messaggio è che sono abituate a migliori standard di servizio e che non le entusiasma doversi accontentare. Non è la casa del Buon Gesù. È un luogo di lavoro.

Altro momento che merita cura, nella gestione del cliente in negozio, è quello in cui valuta i prodotti. In particolare, ce n'è uno che, per antonomasia, rappresenta il clou: l'uscita dal camerino, nel settore abbigliamento. Ci sono ancora addetti che investono il cliente con pareri, commenti, giudizi, espressioni di entusiasmo. Ci manca che facciano la ola. Ma il cliente è scemo? Ha l'anello al naso? No. Sa che l'addetto è interessato a vendere e non si fida.

Alzi la mano chi non si è mai sentito dire in un negozio di abbigliamento: "Questo abito le sta benissimo. Bellissimo. Sembra cucito addosso a lei". Sarà vero? Quando il cliente ha bisogno di un parere, lo chiede. Se non lo fa, significa che non attribuisce alcun valore a quello che l'addetto può dire. Perché, quindi, infastidirlo? "Bello eh?". Oppure, peggio: "Non mi piace come le sta", "Questa maglia la ingrossa" (tradotto, "Lei è un cesso...").

Mitica la risposta data da un'addetta a una cliente che stava calzando con difficoltà un paio di stivali: "Lei ha il polpaccio grosso…". Tutti esempi in cui il commesso qualunque punta a soddisfare il suo bisogno di importanza e si mette al centro dell'attenzione. Qualche minuto di celebrità e vendita in fumo. Si tratta di un approccio arcaico.

Cosa fare allora? Volto sereno e compiaciuto, gestualità rilassata e una sola domanda: "Cosa ne pensa, cosa apprezza/le piace di più?". E poi, religioso silenzio. In attesa della risposta, da ascoltare con attenzione. Evitando frasi che rappresentano solo rumori per le orecchie, come: "Non mi sembra convinto", "Cosa non la convince?", "C'è qualcosa che non la convince?". Ci manca l'evidenziatore giallo, per sottolineare che c'è qualcosa che non va bene.

E se quanto richiesto dal cliente non c'è in magazzino? Mai tornare a mani vuote. Presentare sempre un paio di soluzioni. Evitando di usare il termine "alternativa". Compreresti mai la seconda scelta, se chiedi la prima? Non credo. "Rispetto a ciò che mi ha chiesto, ci sono questi due [prodotti] che hanno caratteristiche simili e in più...". Completare la frase con un vantaggio, riferito al settore specifico, che possa aumentare le probabilità di interessare il cliente. Non è una bacchetta magica ma può aiutare.

E se il cliente chiede il parere dell'addetto?

La tentazione di rispondere subito è fortissima. Continuando con l'esempio del settore abbigliamento, è il caso di rompere lo schema del cliente, dicendogli ciò che non si aspetta.

"Sarà d'accordo con me che il parere più importante è il suo. È lei che deve indossare il capo, che deve sentirsi a suo agio. Proprio per questo, le chiedo: qual è la cosa che più le piace? Poi le dico anche la mia."

Ancora una volta sono presenti truismi, frasi oggettivamente vere: il parere più importante è il suo; è lei che deve indossare il capo, che deve sentirsi a suo agio. Giustissimo, l'addetto ha ragione. Avrebbe potuto dare subito il suo parere per persuadere il cliente, come tanti. Invece è focalizzato sul cliente, per fargli fare il miglior acquisto per lui. Merita fiducia.

Attenzione, però. Nel caso in cui il cliente fosse molto indeciso, c'è bisogno che qualcuno decida per lui. Prendendo comunque spunto da qualche aspetto positivo che ha evidenziato. Se uno specialista riceve un paziente, non chiede a lui quale terapia preferisca, ma la prescrive in base alla sua preparazione, alla tipologia di paziente, per migliorare lo stato di salute. Dipende dall'autorevolezza. Quindi ricorda sempre che tutto va contestualizzato e cambia da persona a persona. Ogni indicazione che ti fornisco va lavorata e adeguata a chi si sta servendo.

Dopo l'eventuale feedback del cliente, dire: "Condivido, riconosco che le sta molto bene…". Lui lo ha detto, il venditore si limita a confermare il parere dell'altra persona. Oppure, se non va bene: "Capisco, indossi anche gli altri capi in modo da verificare quello che le piace di più. Glieli prendo subito".

Un professionista, inoltre, propone sempre acquisti complementari. Fa cross selling, come leggerai nel capitolo sulla conclusione della vendita.

Il momento dei saluti finali

Se tutto è andato per il verso giusto e il cliente acquista, il momento dei saluti finali è importante quanto quello dell'accoglienza. Anzi, per il futuro e l'eventuale fidelizzazione, merita una sensibilità estrema. È come ciò che accade quando viaggiamo in aereo e ricordiamo innanzi tutto l'atterraggio.

Non sempre, però, gli addetti prestano la giusta attenzione a questa fase. Chi è orientato solo alla vendita, essendo riuscito nel suo unico intento, chiude la pratica e si limita a un breve saluto e basta. Ritiene concluso il proprio compitino e non fa nulla per stupire il cliente, in modo da stimolarlo a tornare ancora per rivivere quella piacevole esperienza.

Prima dei saluti, invece, il professionista, chi ama il proprio lavoro e la clientela, dice: "**È stato un piacere**, signor Giovanni", "È stato un piacere servirla, signora Antonella", "È stato un piacere dedicarmi a lei, signora Rosa".
Subito dopo, aggiunge una domanda che ha la funzione di lasciare il segno: "**Posso fare altro per lei?**".

In questa frase c'è tutto il valore del servizio, del piacere di mettersi totalmente a disposizione del cliente, di voler superare le sue aspettative. Ormai ha acquistato e ha anche ringraziato l'addetto. Chiedere se si può fare altro per lui è una delicatezza ancora molto rara. Ma è ciò che fa la differenza con un commesso qualunque, che si guarda bene dal porre tale domanda per non correre il rischio di ricevere una richiesta aggiuntiva. Fastidiosa, credendo di aver già terminato il compitino.

Alla risposta del cliente, terminare con l'invito a rivedersi: "Bene, torni a trovarci allora". Se il cliente ha acquistato un abito per un matrimonio, salutandolo, creare un "gancio" per rivederlo in negozio: "Ci tengo a sapere come va il matrimonio e cosa dicono del suo abito".
Se ha acquistato un televisore nuovo per vedere i mondiali di calcio: "Ci tengo a scambiare con lei due parole sulle partite…".
Se ha acquistato una cucina: "Ci tengo a sapere come si trova con la sua nuova cucina".

Idem, se ha acquistato una macchina nuova o usata, un computer, uno smartphone, gli infissi, o qualsiasi altro prodotto. È una ulteriore dimostrazione di attenzione. "Ci tengo a te" è un'espressione che si riserva alle persone che per noi sono importanti. E il cliente, datore di lavoro, lo è.

Alla fine, "Le auguro un'ottima giornata (un'ottima serata)". E soprattutto, sorridere.

Se ci sono le condizioni, è bene accompagnare il cliente in cassa. Ma evitando di utilizzare la parola "cassa", che richiama alla mente la fase del pagamento, del sacrificio da compiere, della razionalità. È sufficiente dire "L'accompagno" e dirigersi verso la postazione.

La conclusione dell'esperienza d'acquisto è così affidata a chi è in cassa. Il suo ruolo è fondamentale. Ha il compito di rassicurare il cliente. Fine del sogno, ora si paga. Affiorano i dubbi, i timori, i rimorsi. Dentro di sé si chiede: "Avrò fatto bene a prendere questa cosa?". Il livello di interesse nei suoi confronti deve restare ai massimi livelli. Leggere il nome del cliente sulla carta di credito è, ad esempio, un accorgimento per personalizzare la comunicazione.

Mentre si effettua l'operazione, con tempi adeguati e con garbo, è utile dare un rinforzo positivo sull'acquisto effettuato. "Bella questa maglia", "Sono molto eleganti queste scarpe", "Ottimo il computer che ha scelto", "C'era uno sconto molto conveniente su questo prodotto, ha fatto benissimo ad approfittarne. È tanto richiesto", "Il valore è di 300 euro e con lo sconto del 30% risparmia ben 90 euro. Quindi, il totale diventa 210 euro" ecc. In più, è l'occasione per stimolare l'acquisto d'impulso di qualche prodotto posizionato vicino alla cassa: "Con pochi euro è possibile scegliere fra i prodotti alla sua destra (davanti a lei, ecc.). Quale preferisce?". Alla fine, un sorriso, grazie e arrivederci.

E se un cliente si complimenta per la gentilezza degli addetti? Rispondere: "Grazie, riferirò ai nostri collaboratori. I suoi complimenti ci fanno molto piacere perché sono l'ulteriore conferma che chi frequenta il nostro negozio è in ottime mani/è servito da professionisti".

Di sicuro, va evitato ciò che, purtroppo, si vede in tante attività commerciali: cassieri al telefono, distratti, scocciati, intenti a parlare di argomenti non pertinenti con il collega, ignorando il cliente, in un momento così delicato.

Restiamo in negozio adesso. Studiamo il cliente.

Nel prossimo capitolo entriamo nella sua testa e facciamo un viaggio molto interessante per comprendere meglio i suoi comportamenti d'acquisto e come aiutarlo ad avere ciò che più desidera. Per orientarti, prendi la sua mappa e lascia a casa la tua.

I punti chiave del 7° capitolo

- Come diceva Oscar Wilde, "non c'è mai una seconda possibilità per dare una buona prima impressione".

- Dai sempre il benvenuto in negozio. Dimostra il piacere di accogliere, di ospitare, di servire.

- Scegli il tipo di approccio in accoglienza che più ti si addice. Merceologico (riferito ai prodotti in negozio, con relative informazioni su di essi), generico ("Come posso esserle utile?") o relazionale (stabilisci subito un rapporto personale con il cliente, ad esempio attraverso un complimento).

- Cura sempre il tuo aspetto e ricorda: "Non c'è mai una seconda possibilità per dare una buona prima impressione".

- Non commettere i tanti errori dei dilettanti e metti in pratica tutte le indicazioni operative che abbiamo analizzato per l'accoglienza. I clienti, infatti, in base all'effetto primacy, si fanno un'impressione in pochi secondi, attimi, dell'addetto vendite, e resta impressa nella memoria. Ecco perché l'accoglienza deve essere perfetta.

- Non esistono clienti di serie A e di serie B. Chi viene fatto sentire meno importante si predispone negativamente.

- Il cliente che entra in negozio in tarda serata o prima della chiusura, devi trattarlo come se fosse il primo della giornata. Anche lui paga e pretende il massimo.

• Per rendere eccellente l'accoglienza del cliente in negozio, impara le tantissime frasi indicate nel capitolo, fra cui scegliere le più idonee, in base alle varie situazioni. Su tutte, presta la massima cura a chi ti dice che vuole dare solo un'occhiata. Ricorda di fare sempre domande aperte, mai più errate. Non ci sono alibi, ora.

• Rompi lo schema del cliente o lui penserà che vuoi solo vendere. Fagli comprendere che sei lì per offrirgli consulenza, per trovare la migliore soluzione alle sue esigenze. All'ingresso la sua diffidenza è ai massimi livelli e il timore di poter subire la vendita crea una barriera. Per questo devi rimarcare che lui valuta, lui sceglie.

• Segui alla lettera tutti i consigli sulla gestione del cliente in negozio, dopo l'accoglienza, per fargli vivere un'esperienza superiore alle sue aspettative. Prima dei saluti ricorda sempre di dire: "È stato un piacere servirla (dedicarmi a lei). Posso fare altro per lei?".

Capitolo 8:
Come persuadere i clienti

Uno dei temi più affascinanti, quando si parla di vendite, è quello della **persuasione**. Sarebbe bellissimo se a ogni richiesta di acquisto i clienti rispondessero di sì. Un sogno. Eppure non accade sempre. Ai dilettanti, raramente.

Non si tratta di vendere il ghiaccio agli esquimesi, perché spesso significa concludere a tutti i costi, forzare il cliente, essere orientati alla vendita.

Chi ottiene grandi risultati commerciali, più o meno consapevolmente utilizza **determinati principi persuasivi, il cui impatto sui clienti è potentissimo.**

Vale sempre il fatto che tutto va contestualizzato e varia da settore a settore. È anche vero che ci sono alcuni accorgimenti sempre validi e che un addetto vendite in negozio deve conoscere, per essere ispirato a guidare il cliente fino all'acquisto. Di sicuro, non li può ignorare. Noterai che tantissimi consigli forniti nel manuale, guarda caso, provengono proprio da tali principi persuasivi.

In alcuni casi si tratta di concetti la cui applicazione o meno dipende dal potere decisionale dell'addetto alle vendite. Se per influenzare i clienti, ad esempio, è necessario limitare l'assortimento di alcuni prodotti per renderli più desiderabili, è ovvio che l'iniziativa può essere autorizzata solo dalla proprietà o, in base alle dimensioni aziendali, dalla direzione vendite, e il venditore non può farci nulla.

Per questo, ti presento i principali principi persuasivi, ricordando, comunque, che **ogni azione deve partire da una base etica**, legata alla validità effettiva dell'offerta. Non si vende fumo, in poche parole. L'arrosto ci deve essere. Sappiamo entrambi che è scontato ma ripeterlo fa solo bene. Sarai tu stesso, quindi, a valutare come utilizzare tali principi nella vendita in negozio, nel tuo ambito lavorativo. In più, potrai stimolare i proprietari del punto vendita a diventare più persuasivi con la clientela.

E se il boss sei proprio tu, caro lettore? Approfitta subito di quello che leggerai, per condizionare i clienti. Dai il buon esempio.

Una vera e propria istituzione in questo ambito è Robert Cialdini, psicologo americano i cui studi sulla persuasione hanno fornito autorevolissime indicazioni, fra le altre, sui comportamenti d'acquisto delle persone.

Oggi si parla addirittura di **pre-suasione.** Già lo stratega cinese Sun Tzu, nel suo celebre libro *L'arte della guerra*, evidenziava quanto fosse importante la preparazione: "Ogni battaglia è vinta prima di essere combattuta". La pre-suasione è un'evoluzione di questo pensiero e si basa sulla considerazione che quanto viene detto prima a una persona, condiziona la percezione di ciò che gli si presenta dopo.

Ad esempio, dopo aver riferito a un cliente che si apprezza molto il fatto che lui sembri una persona molto attenta alla sua immagine, e aver ricevuto la sua conferma, sarà più facile che decida di acquistare una crema antirughe, o una sciarpa fashion, per essere coerente con l'affermazione fatta prima.

Stesso processo quando si deve comunicare a un potenziale cliente il prezzo per un determinato servizio in negozio. Per avere maggiori possibilità di successo, senza sconti, è utile riferire una cifra eccessivamente alta, come se si stesse scherzando, e solo dopo rivelare quella vera: "Non posso mica chiederti 1.000 euro per questo servizio: ne basteranno solo 100". La somma iniziale, anche se irreale, fa sembrare molto ragionevole quella successiva.

I primi messaggi hanno condizionato la percezione del secondo e hanno rafforzato la possibilità di acquistare.

Le persone, come altri esseri viventi, si comportano in maniera **automatica** alla ricezione di determinati stimoli. Si parla di **"schemi fissi d'azione"**. In poche parole, il cervello di tutti noi è fatto nella stessa maniera e tanti comportamenti sono "automatici", simili, pur se ci si riferisce ad ambiti diversi. Reagiamo allo stesso modo a certi stimoli. Anche se siamo tutti unici. Per questo, l'espressione di tanti venditori, "il mio settore è differente", perde di valore e rappresenta solo un alibi.

C'è un modo, allora, grazie a questi schemi fissi d'azione, per ottenere vantaggi nella vendita? Sì, con gli opportuni adeguamenti al settore di riferimento. Verificherai tu stesso, leggendo il seguito, quanto sia vero e, soprattutto, utilissimo per te.

La parola "perché", ad esempio, ha un elevatissimo potere persuasivo, così come si evince da autorevoli studi compiuti. È sufficiente utilizzarla, insieme alla migliore spiegazione, per ottenere una risposta automatica di acquiescenza negli altri.

- "Valuti bene questa soluzione, signora Luisa, **perché** è la preferita dalle donne che hanno manifestato le sue stesse esigenze..."
- "Ne approfitti subito **perché** ci sono solo pochi pezzi a disposizione..."

Un altro meccanismo automatico è quello che porta le persone a impegnarsi a **completare** ciò che è stato già iniziato. Per questo, ogni volta che si prevede una raccolta punti, una carta fedeltà ecc. è sempre bene evitare di farle partire da zero ma dare un piccolo aiuto iniziale. I risultati saranno rilevanti, come evidenziato anche da studi scientifici.

Infine, quanti credono che qualcosa costi di più perché è di ottima qualità? La maggior parte delle persone. Per il solito automatismo.

La legge del contrasto

Tra i principi più forti in assoluto c'è quello del **contrasto**, la cui applicazione è pazzesca. Dalla vita di ogni giorno, fino alla vendita. In vari aspetti. In tutti questi anni di formazione ho verificato che i corsisti capaci di acquisirlo e applicarlo al 100% hanno ottenuto, da subito, risultati di vendita nettamente migliori. Fino a diventare, in diversi casi, straordinari.

Noi confrontiamo qualsiasi cosa e poi esprimiamo un parere. Vacanza bella o brutta? Servizio eccellente o scontato? Casa accogliente o meno? Pasta al ragù squisita o anonima? Acqua calda o tiepida? Alto o basso? Vicino o lontano? Semplice o difficile? Inizio o fine? Ogni secondo entra in gioco il confronto.

Se ti chiedessi come valuti il prezzo di 100 euro di una camicia, che cosa mi diresti? "Dipende...". In effetti noi valutiamo un prezzo sempre in relazione a un altro. Non in assoluto, ma in modo relativo. Rispetto a un'altra camicia da 200 euro è basso; a una da 50 euro, è alto. Agisce la legge del contrasto o del confronto.

I contesti e le modalità di applicazione sono molteplici. Si parla anche di **ripiegamento dopo il rifiuto**: ad una prima richiesta troppo difficile da realizzare, è bene farne seguire una alla portata, molto più facile, per ottenere un risultato positivo.

Ti va di leggere un libro sulle vendite, da ottomila pagine, in una settimana? Non ce la fai? Capisco. Allora immagino che uno da duecento pagine sia fattibile, vero? "Beh, sì".
Cosa ho appena utilizzato? La legge del contrasto. Per farti accettare una seconda possibilità, visto che la prima era esagerata.

Un esempio. Un cliente entra in un negozio di abbigliamento perché interessato a un paio di scarpe di lusso e a una cinta. L'addetto vendite cosa deve mostrare prima? Le scarpe, che hanno un prezzo più alto. E quali scarpe, nel modello che piace? Quelle che costano di più o di meno? In molti propongono prima le più "economiche", per poi salire. Si pensa che sia più facile partire dal basso. Errore. Tutto sembrerà più caro e allontanerà dall'acquisto.

Invece, **mostrare sempre il prodotto più costoso all'inizio e poi**

passare a quello intermedio; lo rende più conveniente, fino all'estrema appetibilità dell'altro, che sarà considerato vantaggiosissimo. Innanzi tutto rispetto al primo, la cui cifra resta impressa in mente. 500 euro è molto più di 200 euro che, d'incanto, diventa una cifra più conveniente. Solo allora ha senso mostrare la cinta, partendo da un valore inferiore a quello d'acquisto delle scarpe. E l'acquisto sarà possibile.

Stessa cosa per chi è interessato a un cappotto. Da un valore più alto, a scendere. Tutto sembrerà più conveniente. E un maglione da 150 euro cosa vuoi che sia, rispetto agli 800 dell'altro capo? Nella parte sulle obiezioni, in particolare sul prezzo, troverai un'applicazione della legge del contrasto utilissima per concludere più vendite.

Quante volte in un negozio, arrivati in cassa con diversi prodotti, aggiungerne un altro, d'impulso, ci appare poca cosa rispetto al conto che ci aspetta? Siano calze, guanti, un cappellino, un pacco di chewing gum o cioccolate, uno spray o qualsiasi altra cosa, hanno un valore molto più basso della spesa totale e, per contrasto, si acquistano.

In queste logiche rientrano gli **acquisti complementari** e le **proposte in cassa**, input importantissimi per chi è un addetto vendite.

Tra i trucchi dei mercanti di una volta, c'è **l'errore intenzionale**: alla richiesta del prezzo di un prodotto il venditore fa finta di sbagliare in eccesso, per poi correggersi riportando la cifra più bassa. 130 euro diventavano magicamente 110. Può andar bene una volta ma se lo ripeti dopo un mese allo stesso cliente è finita. Scopre l'inganno e la credibilità svanisce per sempre.

In più, se tale comportamento finisce per caratterizzare il negozio, è scontata la sua chiusura. Così come insistere per far comprare comunque qualcosa che costi molto meno, in caso di proposte principali non accettate dai clienti, è un comportamento invadente che non premia. Tutto va offerto nella massima naturalezza. **Il cliente non è più un pollo da spennare.**

Un metodo utilizzato da grandi venditori in negozio, per far acquistare garanzie aggiuntive o servizi extra sui prodotti, consiste nel presentare prima una proposta più costosa, per un numero di anni maggiore e, all'eventuale rifiuto del cliente, suggerire come ancor più conveniente quella a un anno. Il tasso di adesione è nettamente più alto rispetto alla richiesta fatta subito, in modo diretto, per un anno. Perché? Per la legge del contrasto.

In breve, per quanto sia dura ammetterlo, **le nostre scelte sono influenzate, inconsciamente, da fattori di cui spesso non abbiamo il controllo.** I principi che seguono, intrecciandosi e rinforzandosi tra loro, sbalordiscono per gli effetti persuasivi. Preferisci conoscerli e utilizzarli in maniera consapevole, per far aumentare le vendite, o ignorarli e continuare a ottenere i risultati che hai sempre ottenuto? Fra i due estremi, cosa scegli? Il primo, ciò che direbbero tutti. Il contrasto colpisce ancora…

Il principio di reciprocità

Ti sei mai chiesto perché, quando ricevi qualcosa, tendi a ricambiare al più presto?

Pensaci. Nel frattempo faccio una telefonata a un amico che devo invitare a cena. Sai, la settimana scorsa sono stato suo ospite in un ottimo ristorante… Caspita, ma anch'io mi comporto come te. E tutti gli altri? Sono proprio come me e te? Sì sì. A livello inconscio si crea in noi un automatismo e importanti studi antropologici dimostrano che questa cosa riguarda tutti gli esseri umani.

Ognuno tende a restituire ciò che un'altra persona gli ha offerto. **Il principio di reciprocità è ispirato dal bisogno inconscio che sentiamo di ricambiare ciò che abbiamo ricevuto**, anche se proviene da estranei. Si è grati a chi ci dona qualcosa, ci considera, ci fa un favore, è attento nei nostri confronti, ci apprezza e, in generale, fa qualsiasi cosa per noi. Non fa piacere sentirsi in debito e, così, ci si impegna a ristabilire l'equilibrio.

Ci sentiamo obbligati. Un regalo, un favore o un invito generano in noi la regola non scritta del **contraccambio**. Si tratta quasi di una convenzione che, se non viene rispettata, produce sanzioni sociali, con il rischio di essere etichettati come persone ingrate. Ancor peggio, un parassita o uno squallido opportunista, approfittatore.

La reciprocità, inoltre, è asimmetrica, visto che è possibile ottenere molto di più di quello che diamo.

Lo stratagemma usato dal ragazzo che, per strada, regala il braccialetto, per poi confidare nell'obbligo di ricompensa generato e ricevere qualche spicciolo, è scontato e ormai lo hanno capito tutti così bene da evitare la situazione. Ciò significa che le azioni con cui si vuole generare reciprocità meritano grandissima cura e studio.

Tra i metodi più conosciuti ci sono le degustazioni di prodotti, il regalo di campioni gratuiti, le offerte riservate ai clienti registrati o quelle esclusive alla clientela top, gli inviti alle sfilate e ai cocktail in negozio, il regalo alla padrona di casa per l'organizzazione di party di vendita diretta ecc.

In questi casi si tende a contraccambiare quanto si è ricevuto. Capita spesso di essere avvicinati in un supermercato, in una fiera, da una hostess che invita a degustare qualcosa per poi acquistare lo stesso prodotto. Tirarsi indietro, in quei casi, non è mai facile. Non si vuole passare per scrocconi.

Ancor più interessante ed evoluto è offrire servizi, workshop, intrattenimento nel punto vendita, informazione attraverso vari canali, incontri formativi sul prodotto ecc. Fare iniziative in co-marketing con altre aziende per aumentare i contatti con la clientela potenziale, a cui proporre qualcosa che sia percepito di valore e predisponga favorevolmente a comprare.

Ma come ho anticipato, sono scelte che dipendono dalla proprietà del negozio e non dall'addetto.

Visto che si tratta di un principio molto coinvolgente, un venditore deve chiedersi, in base al suo settore, come può sfruttare questa potente leva psicologica per vendere di più?

Va specificato che ricevere qualcosa non porta automaticamente il cliente a contraccambiare con l'acquisto. Sarebbe troppo facile. In particolare, la diffidenza è sempre in agguato e la crescente consapevolezza consente al cliente di comprendere che è un tentativo di carpire la sua benevolenza per predisporlo a comprare. È comunque un valido aiuto commerciale, a patto che non sia, ad esempio, un regalo banale e generico, o poco utile e non coerente con la tipologia di punto vendita.

Un'ottima scelta, invece, è **sorprendere per creare un effetto wow e condizionare con più facilità la clientela,** con qualcosa di interessante e specifico per ogni persona, da ricordare.

L'addetto che si fa in quattro per il cliente, dimostrandogli che la sua priorità è assisterlo per fare la scelta più opportuna, ha buone possibilità di generare in lui un obbligo di contraccambio. Così come fa il cameriere in un ristorante, per ricevere una mancia più alta.

Sul blocco degli appunti che stai utilizzando parallelamente al libro, per lo studio, scrivi almeno dieci cose che tu, direttamente, puoi fare per i clienti in modo da produrre in loro reciprocità. E, di conseguenza, vendite.

La riprova sociale

Molto semplicemente, il principio si basa sul concetto che le persone tendono a comportarsi così come vedono fare agli altri. Detto anche **consenso sociale**, dipende dal fatto che si giudica corretto compiere la stessa azione perché consente di commettere meno errori. È una scorciatoia che utilizza il nostro cervello, giustificata da un'innata pigrizia. Va considerato che la legge della dominanza sociale agisce spesso a livello inconscio. Infatti, quando si è incerti sul da farsi, di solito prima di agire si valuta cosa fanno gli altri.

Sei a una fiera e noti una gran folla vicino a una bancarella su cui sono esposti prodotti per affettare verdure, frutta ecc. Il venditore sta dimostrando il funzionamento dell'oggetto innovativo ma, appena finisce, tutti restano in attesa. Di cosa? Di chi rompa il ghiaccio e faccia il primo acquisto. Subito dopo, è un successo di vendite. È il motivo per cui i mercanti di una volta si avvalevano di compari, di complici, che richiedevano con entusiasmo i prodotti proposti per stimolare le altre persone a fare lo stesso.

Il principio di riprova sociale, come anticipato nel capitolo sulle motivazioni d'acquisto, è fra quelli da cui dipendono il fenomeno moda e tanti comportamenti del cliente. Sentirsi parte di un gruppo, vivere l'appartenenza, essere apprezzati ecc. spinge a fare determinati acquisti. Per quello che dirà la gente. Ci si comporta in un certo modo nella società per avere riconoscimenti. Fare buone azioni genera apprezzamenti in una comunità.

Si frequenta un bar perché c'è bella gente. Tra un pub e gli altri, a parità di condizioni, si sceglie quello più frequentato.

Siccome in tanti esprimono giudizi positivi su questo manuale, altre persone lo acquistano. Perché si fidano della scelta di chi lo ha letto e si comportano nella stessa maniera. Il numero elevato dà sicurezza.

Gli artisti di strada, attenti al principio di riprova sociale, nel cappello per le mance posizionano da subito delle banconote sulle monete, per stimolare chi gode del loro spettacolo a ricompensarli nello stesso modo in cui – credono – si sono comportate altre persone generose. È un modo persuasivo per incrementare gli incassi.

Le file fuori dai negozi sono un magnete potentissimo per tutti. Attirano subito l'attenzione e ci si ferma per capire meglio cosa stia succedendo. Se in tanti sono lì, in attesa, significa che ne vale la pena. E ci si accoda.

Cosa accade nel periodo dei saldi? Si è influenzati anche dal principio di scarsità, per il quale si teme di non trovare più l'offerta speciale e si entra in una vera e propria trance agonistica, di competizione per accaparrarsi l'abito scontato.

Un forte acceleratore di riprova sociale è che a compiere certe azioni siano persone simili a noi e che identifichiamo in base a vari elementi, dall'abbigliamento al linguaggio, fino alla provenienza geografica e al ruolo sociale.

In che modo questa legge persuasiva può aiutare nelle vendite in negozio? Facendo percepire che la scelta di acquisto è già stata fatta da tantissime altre persone simili. A meno che ci si trovi di fronte a un cliente che cerca solo prodotti esclusivi. Non tutti seguono la massa, e questo fatto diventa un grande vantaggio per chi può vendere unicità.

Piuttosto che essere generici e dire che "centinaia di persone hanno acquistato il nostro prodotto", funziona di più l'espressione: "836 persone hanno già acquistato questo nostro prodotto, lo scorso mese".
Ora che hai fatto tuo il concetto, è facile strutturare infinite frasi estremamente persuasive per i clienti, in modo da dare loro la serenità che stanno facendo la giusta scelta in negozio, come già accaduto per tanti altri.

Ecco diversi esempi, che puoi adeguare alla specificità del tuo negozio, con il vantaggio di proporre ciò che garantisce la massima marginalità e di aumentare il valore dello scontrino medio:

- Il menù (il panino) più scelto (apprezzato) dai nostri ospiti.

- L'outfit preferito da chi frequenta il nostro negozio.

- I clienti che acquistano questi abiti, aggiungono una bellissima camicia di Marca X e una cravatta di Marca Y.

- La cucina più scelta dai single (dalle giovani coppie).

- Il software più utilizzato per la gestione dei dati della clientela dei punti vendita.

- Il completo intimo più votato per la notte di Capodanno.

- Il vino più richiesto dai nostri clienti ecc.

Ancor meglio quando il dato è specifico, perché si percepisce come vero:

- Ben 163 persone hanno acquistato questo frigorifero nell'ultimo mese.

- Nell'ultimo anno abbiamo servito 2.540 appassionati di fotografia, che si sono affidati ai nostri professionisti.

- Il 98% dei nostri clienti è più che soddisfatto dei servizi offerti, in base all'ultima ricerca di customer satisfaction. Il restante 2% è solo soddisfatto.

Il principio di riprova sociale, inoltre, porta a fidarsi di quello che riferiscono altri clienti piuttosto che le aziende. Si spiega così lo sviluppo dei blog, dei forum, di portali web come TripAdvisor, dei commenti sui social network e compagnia bella.

Il monitoraggio, da parte degli addetti vendita, di ciò che viene scritto del proprio negozio e dei principali competitor deve essere costante, in modo da essere informati e da gestire al meglio qualsiasi evenienza. Così come è importante stimolare i clienti a lasciare recensioni positive, se pienamente soddisfatti dell'esperienza d'acquisto.

L'impegno e la coerenza
Una persona coerente è considerata onesta, sincera e affidabile. Si tratta di una dote molto apprezzata, perché nessuno si fida di chi non è coerente, cambia spesso idea e non sostiene le decisioni da prendere. Quando si prende un impegno ci si comporta in modo coerente rispetto a quanto definito.
I nostri comportamenti attuali, infatti, sono condizionati dalle scelte e dalle azioni precedenti. Tutte le volte che si decide

qualcosa, si è portati a difendere l'impegno preso per tutelare l'immagine di persona coerente.

Ti sarà sicuramente accaduto, qualche volta, di verificare che chi sta discutendo con qualcuno, anche se ha torto evidente, continua a mantenere per principio la sua posizione indifendibile. È solo fedele al principio di coerenza, che porta a restare in linea con le proprie argomentazioni, con le scelte effettuate nel passato, anche pochi minuti prima. In fondo, è anche uno dei motivi per cui non è facile far cambiare idea alle persone.

Secondo questo principio una persona si impegna a fare ciò che afferma, a maggior ragione se lo esprime davanti a più persone.
Per tanti motivi, quindi, il valore persuasivo della coerenza, nella vendita, è notevole. Applicato ai clienti in negozio, consente di ottenere risultati eccellenti.

Il principio è validissimo tutte le volte che, usando il **sistema dei truismi ripetuti**, si condiziona il cliente a dire di sì più volte, attraverso domande la cui risposta positiva è scontata, condivisibile. In passato si parlava di **"catena dei sì" o tecnica**

socratica. Aver fatto delle affermazioni nette lo porta a essere coerente verso le stesse, e ciò aumenta le probabilità che dica di sì anche alle domande successive, quelle importanti per l'acquisto.

Esempi. Pasticceria. Torta per un compleanno, per cinquanta persone.

"Da quello che mi ha detto ho capito che ci tiene a fare una bella figura con i suoi ospiti, vero?". Sì.

"Per questo è importante che la qualità sia di ottimo livello, come ben sa". Sì.

"La scelta delle materie prime fa la differenza per ottenere un risultato eccellente, condivide?". Sì.

"Proprio per questo le nostre torte prevedono qualche euro in più delle altre, in modo da garantire l'ottimo livello che lei desidera, per fare una bella figura con i suoi ospiti". Ora il sì è la conseguenza dell'impegno preso. Il cliente non può rimangiarsi quanto condiviso.

Lo stesso percorso può essere creato per qualsiasi fase della vendita in negozio, per ogni settore. Ci si deve abituare a fare le domande giuste, per ricevere risposte verso le quali il cliente deve poi dimostrare coerenza.

In un negozio d'abbigliamento: "Qual è la cosa più importante per lei, per preferire un giaccone ad altri?". Il cliente risponde: "Innanzi tutto deve essere caldo, perché parto per la settimana bianca fra pochi giorni".

"Quindi il fatto che sia caldo è una priorità." Sì.

Addetto: "Benissimo. Ci sono alcuni giacconi che hanno un sistema di traspirazione che consente di mantenere una temperatura costante, garantendo allo stesso tempo leggerezza e comodità nei movimenti, molti importanti quando si è in montagna. Interessante, vero?". Sì.

Dopo averlo indossato: "Questo giaccone è particolarmente apprezzato da altre persone che hanno manifestato la sua stessa esigenza". Per il cliente, non è semplice ora tirarsi indietro.

Stimolare le sue risposte, evidenziare affermazioni utili per la vendita, portarlo ad assumere una posizione netta agisce nella direzione del principio di coerenza. Come potrà, in seguito, cambiare versione? Come farà a ritrattare quanto affermato, mostrandosi totalmente incoerente?

È stato sufficiente imparare alcune semplici parole e i venditori di enciclopedie, negli anni Settanta, hanno ottenuto guadagni stratosferici. Come? Facendo leva proprio sul principio di coerenza e di riprova sociale.

Dopo aver portato "casualmente" il discorso sulla famiglia, sulla responsabilità genitoriale, sul futuro dei figli e sull'importanza dello studio e della cultura, per farsi spazio nella vita, ecco le parole magiche: **"Ogni buon padre acquista un'enciclopedia per i suoi figli!"**.

Come fai a non acquistarla? Se non lo fai, non sei un buon padre. Un colpo nello stomaco, fino a farti mancare il respiro. I sensi di colpa che lievitano come un panettone in forno. Impossibile tirarsi indietro. Tutti, o quasi, desiderano essere coerenti con l'immagine di bravi genitori e, soprattutto, vogliono essere percepiti così. In più, in quella frase si specifica che ogni buon padre compra l'enciclopedia. Quindi, nel dubbio si tende a comportarsi come la massa delle persone: *ogni buon padre*. Si tratta di alcune fra le parole più potenti che siano mai state studiate per vendere.

È incredibile come il campo di applicazione di questa frase sia vasto. Basta modificare solo il protagonista e il prodotto di cui si parla.

Facciamo qualche esempio. Ti invito ad arricchire le frasi seguenti con i migliori dettagli di comunicazione che abbiamo approfondito finora.

- "Ogni buon marito ci tiene a fare bei regali alla moglie, per dimostrarle tutto il suo amore". Se non lo fai, sei un pessimo marito. Gli altri sono bravi, tu no.

- "Ogni buon genitore ci tiene alla salute degli occhi di suo figlio e sceglie gli occhiali migliori, per evitare il rischio che la situazione peggiori nel tempo". Se non lo fai, vuol dire che di tuo figlio non te ne frega nulla.

- "Chi ci tiene davvero alla sua immagine e non vuole rovinarla, sceglie le creme migliori, naturali, per la pelle". Se tu non lo fai, non puoi entrare nel club di chi si prende cura di sé.

- "La scelta di scarpe ginniche adeguate è fondamentale per salvaguardare la propria postura e non comprometterla, altrimenti non ha senso fare attività fisica. Chi fa sport e ci tiene al suo benessere, sceglie scarpe di qualità". Te la senti ora di non acquistare il meglio?

- "Chi è invitato a un evento ci tiene a non fare brutte figure. Per questo, sceglie abiti esclusivi, di valore". Se scegli un capo scadente, rideranno di te.

- "Ogni professionista di valore si regala un'auto di prestigio". Se tu non lo fai, vuol dire che non vali niente.

- "Ogni donna, ogni regina della casa, ci tiene a scegliere una cucina di valore, mai scadente". Altrimenti la corona non la ricevi.

Hai infinite possibilità. L'importante è evitare l'improvvisazione. **Ogni eccellente addetto alle vendite si prepara, studia.** Se non lo fai anche tu... cosa vuol dire? Il concetto è chiaro.

Un suggerimento è molto utile per chi lavora nei negozi in cui è prevista, al momento di concludere la vendita, la compilazione di documenti. È stato verificato che far scrivere al cliente un ordine fa calare di molto il numero di annullamenti. È coinvolgente e, di fronte a un impegno scritto, il principio di coerenza agisce in maniera profonda.

Un altro campo di applicazione della legge di impegno e coerenza è quello del lavoro in team. C'è un modo per rendere la squadra di vendita più unita, responsabile e collaborativa in negozio. E per offrire standard di servizio ancor più elevati.

Vuoi sapere qual è?

Far prendere a tutti un impegno scritto. Si tratta di un'attività molto interessante e vincolante che svolgo per tante aziende del settore retail, con ottimi risultati.

Dopo aver incontrato individualmente ogni addetto vendite, analizzando tutti gli aspetti che caratterizzano il lavoro in negozio, dal livello di motivazione alle aspettative, dai rapporti con il responsabile e con la proprietà fino a quello con i colleghi, chiedo loro di riunirsi e definire quali impegni sentono di condividere per lavorare meglio insieme.

Al termine, faccio realizzare una pergamena su cui sono riportate le "promesse" del team, in modo da caratterizzarlo con una precisa identità. E, tocco finale, ogni addetto appone la sua firma. Il tutto, incorniciato ed esposto nella zona riservata al personale. Anche se l'iniziativa non ha un potere taumaturgico, di sicuro coinvolge, vincola e stimola a rispettare gli impegni presi, per essere coerenti.

Stessa logica e identico metodo di lavoro per la condivisione dell'impegno nei confronti della clientela. Esporre la pergamena in negozio da un lato genera apprezzamento nei clienti, comunicando affidabilità e credibilità; dall'altro può rivelarsi un boomerang, in caso di incoerenza. Quindi è consigliabile solo se il livello di maturità psicologica e lavorativa dei collaboratori è altissimo. Altrimenti, meglio optare per il retro del locale, nell'area dedicata al personale.

Gli effetti sul clima interno e sulle performance, in generale, sono positivi. In base alle dimensioni delle aziende, quando il numero è elevato si lavora per reparti, a vari livelli di mansioni e professionalità, e poi si passa al risultato generale. Sempre in modo coerente con i valori e la filosofia aziendale. E insieme con l'ufficio risorse umane.

Fatti promotore di questa iniziativa nel tuo negozio e ti stupirai dei miglioramenti.

La simpatia

Non si tratta della simpatia in sé, come, ad esempio, far ridere o saper raccontare le barzellette. Ci si riferisce a ciò che genera reazioni di simpatia, nel senso di essere percepiti in maniera positiva, sintonica, empatica. Dei contenuti di questo principio ho scritto abbondantemente nel manuale, per cui aggiungo solo qualche concetto in più.

Tutto ruota attorno al fatto che si è più propensi a dire di sì a chi ci piace, alle persone che ci sembrano simili, in cui ci si riconosce e che si apprezzano per qualcosa. Più in profondità, il principio si basa su tre aspetti a cui ogni addetto professionista presta attenzione:

Bellezza

Anche se "l'abito non fa il monaco", **siamo tutti molto influenzati dall'aspetto esteriore.** Si preferisce ciò che è bello, sia riguardo alle persone sia per qualsiasi altra cosa. È stato studiato che il nostro cervello impiega solo tre decimi di secondo per generare una percezione di bello o di brutto. E tanti esperimenti compiuti, purtroppo, confermano tutti i vantaggi che derivano dalla bellezza. Ecco perché è così importante presentarsi al meglio, con divisa in ordine e immagine personale da professionisti, qualunque sia l'ambito di riferimento.

Tutti dal chirurgo estetico, allora? Compreso l'autore? No, non è questo il punto. Solo che prestare la massima attenzione all'immagine, nella vendita, è la base di partenza. Va considerato che per bellezza, in senso lato, si può intendere anche bontà, gentilezza, disponibilità, intelligenza.

Familiarità

Siamo più influenzati dalle persone che ci somigliano, da diversi punti di vista, perché ci sembrano più **"familiari"**. Ci piace chi ha i nostri stessi gusti, le stesse passioni, gli stessi hobby, chi si veste come noi, chi parla come noi, chi viene dalla nostra stessa città, chi frequenta i nostri stessi locali, chi è fedele a certi valori, chi ci fa i complimenti ecc. Di certo, ci è più simpatico di chi è diverso da noi. Ci fidiamo di chi ci somiglia e questo fatto ci rende più inclini ad accettarne le richieste.

Le nostre decisioni, quindi, risultano fortemente condizionate. Il principio offre grandissime opportunità all'addetto vendite che punta a una crescita commerciale. Ecco perché devi studiare i sistemi migliori per entrare subito in sintonia con i clienti. Il fatto di essere percepito come familiare genera sicurezza in loro. Un venditore professionista sa che il suo obiettivo non può essere quello di sforzarsi di cambiare il punto di vista del cliente, formatosi in una vita, ma rispettarlo e gestirlo in modo empatico.

C'è una bella frase che può essere utilizzata tutte le volte che, con il cuore in mano, in situazioni estreme, si deve influenzare un cliente: **"Se lei fosse mio fratello le direi quello che sto pensando ora..."**. L'effetto curiosità è assicurato e il cliente chiede di cosa si tratta. Allora, si può riferire un messaggio carico di pathos, guardandolo negli occhi: "Se perde questa opportunità, ora, se ne pentirà di sicuro. Faccia la scelta migliore. Ne approfitti subito".

È facile verificare che anche un prodotto, quando è molto visibile, diventa familiare. Proprio per questo, diverse aziende prevedono la scritta "Visto in TV", per attivarne il ricordo o sviluppare il consenso, a garanzia della qualità. Fare informazione su ciò che si propone alla clientela è fondamentale proprio per questo motivo, per creare cultura rispetto al settore di riferimento e rendere noti i brand.

Associazione

Quante volte hai sentito dire: "Chi va con lo zoppo impara a zoppicare"? Oppure "Gallina vecchia fa buon brodo"? Sei tifoso? Si dice: "Abbiamo vinto oggi", ma se una partita va male, "La Juve ha perso". Mi fermo qui.

Da sempre ognuno di noi fa associazioni e ne è influenzato, sulla base di quello che ha sentito dire soprattutto da figure d'autorità. I genitori spingono i figli a frequentare buone amicizie e a stare lontano dai ragazzacci. Per essere associati ai buoni e non ai cattivi. È un altro automatismo che ci condiziona.

Mi ha molto colpito la lettura di un'assurda pratica nell'antica Persia. I messi, se portavano la notizia di una vittoria, venivano acclamati come eroi; ma se annunciavano una sconfitta, venivano decapitati. Per loro, il principio di associazione poteva risultare drammatico.

Per gli addetti alle vendite, invece, si tratta di un'ulteriore possibilità per persuadere. Motivo per cui **è importante creare associazioni positive, di serietà, affidabilità, credibilità o esclusività, con il negozio e con gli addetti**. Le iniziative di beneficenza, ad esempio, consentono di migliorare l'immagine percepita e di predisporre positivamente la clientela rispetto all'attività commerciale, associata a una buona azione.

Quando una squadra di calcio vince un campionato o una competizione europea, c'è chi fa a gara pur di apparire accanto ai calciatori eroi. Perché? Per essere associati ai vincenti, in un momento positivo e di grande orgoglio d'appartenenza.

Collegare le celebrità ai prodotti, che ne diventano testimonial, è un altro modo di utilizzare il principio. Un potenziale cliente che ha un amico, fedele a un negozio, sarà portato a fidarsi di lui e acquisterà per associazione.

Come sempre l'empatia gioca un ruolo fondamentale.

Cosa fare, allora, per persuadere i clienti? Dire loro di aver vissuto un'esperienza simile, ad esempio, li rende più propensi a seguire i suggerimenti dell'addetto, perché si riconoscono in lui e lo associano a una persona credibile. "È accaduto anche a me (a mia zia). Con alcune scarpe avevo sempre dolore ai piedi ma da quando ho queste la situazione è migliorata di molto, perché sono comode come se fossero delle pantofole. Fa bene a prenderle".

Come diceva Dale Carnegie: "Vi è un solo modo per indurre qualcuno a fare qualcosa: dimostrategli che quel che gli chiedete è esattamente ciò che egli desidera fare".

Congratularsi sempre con il cliente dopo l'acquisto ha anche la funzione di rinforzare il rapporto con l'addetto. In caso di acquisto perfetto, per associazione, l'addetto è ok ai suoi occhi.

L'autorità

In ventitré anni di carriera ne ho viste e sentite davvero tante. Al punto da rinunciare anche a seguire aziende che non fossero in linea, almeno, con i requisiti di base per lavorare seriamente sul loro sviluppo commerciale.

Ricordo ancora la pessima abitudine di alcuni addetti, in un negozio di ottica, che mi spinse a lasciarli perdere. Si dice che "a lavare la testa al ciuccio, si perdono acqua e sapone". Vuoi sapere cosa successe?

Ti faccio una domanda, prima di descriverti il comportamento di alcuni geni delle vendite di quel negozio. Cosa rappresenta per te un camice bianco e a cosa lo associ?

Di sicuro, a primo impatto, penserai che lo indossa chi ricopre un ruolo importante, di valore. È la "divisa" di un medico, di uno specialista, di una figura di spessore. Nel nostro immaginario genera affidabilità, sicurezza, credibilità. Autorevolezza.

Quindi, portarlo significa creare quell'associazione, in automatico. Nel negozio di ottica in questione, invece, c'era un addetto vendite che lo indossava molto raramente perché preferiva vestire in jeans e maglioncini, spesso di dubbio gusto, a volte in tuta. Una sua collega, per non essere da meno, passando tutto il tempo in piedi, pensava bene di alleviare i dolori con delle comodissime pantofole. Gli altri seguivano tale andazzo.

E il proprietario? Bravo professionalmente, ma hai presente le persone senza carattere, per non essere volgari? Subiva tutto, nonostante fosse sempre impeccabile con il suo camice bianco. Il livello di servizi offerto? Coerente con le pantofole della venditrice local e con la tuta dell'eminenza grigia al banco. Attese lunghissime per i clienti, sfiniti dalla totale disorganizzazione. In assenza del titolare, caos e anarchia.

Credi che si tratti di un negozio di un paesino sperduto tra le montagne? Purtroppo no. Si trova in una città di oltre 50mila abitanti ed è ancora aperto solo per un motivo: gli altri sono peggiori. Quanto durerà? Dipende da chi deciderà di entrare in quel mercato, e quando, con un livello di servizi eccellenti e una preparazione superiore, con consulenti di gran valore. Con il camice bianco. Allora, non ci sarà più storia.

Insistere, invece, per far indossare la divisa del professionista non aveva successo. Alcuni addetti ne rifiutavano l'importanza, si presentavano come dei dilettanti allo sbaraglio e ogni sforzo dei miei collaboratori si rivelava vano. Adios.
Studi specifici dimostrano che è sufficiente indossare un camice bianco, senza alcun nome, né stemma, né indicazioni particolari, per ottenere ascolto e obbedienza da parte degli altri. Non a caso, avrai notato che nelle pubblicità dei dentifrici c'è quasi sempre una persona che porta un camice bianco.

Ma questo è solo un aspetto. Sai bene che non basta per essere considerati persone credibili. Altrimenti andrebbero tutti in giro con un camice. In ogni caso, l'abbigliamento riveste una grande importanza perché emerge che "è difficile resistere a richieste effettuate da persone abbigliate come figure di autorità".

Il principio che stiamo analizzando, infatti, prevede che **le persone tendono ad assecondare le richieste di chi percepiscono come un riferimento credibile.**

Lo si impara sin da piccoli con l'obbedienza, al punto che si radica in noi. Basti pensare ai genitori, alle forze dell'ordine, ai professori (vabbè, oggi è cambiato qualcosa, purtroppo…). Siamo stati influenzati anche dalla religione, secondo la quale Adamo ed Eva hanno perso il Paradiso non avendo obbedito all'autorità suprema. Se nel principio del consenso sociale basarsi sulle scelte compiute dalla massa è considerata una buona cosa, seguire le indicazioni delle *autorità* si rivela, di solito, la scelta più saggia.

Questa legge si riscontra molto spesso quando andiamo dal medico per una visita, quando lo chef ci consiglia un piatto particolare, quando la parrucchiera ci indica il prodotto giusto per i capelli, quando il personal trainer propone di svolgere un certo tipo di attività fisica, quando lo shop assistant individua il miglior outfit, quando si partecipa al corso di un ottimo formatore ecc.

Per il mestiere di addetto vendite è giusto parlare di autorevolezza, qualità riconosciuta a chi riesce a coinvolgere gli altri e a influenzarne i comportamenti.

È fondamentale che il cliente lo percepisca come **un esperto nel suo settore, un consulente a cui affidarsi** per ottenere la migliore soluzione. È la base per la creazione della fiducia, elemento base della vendita. Così, per riuscire a comunicare autorevolezza al cliente, è necessario essere informati e aggiornati, in modo che lui possa essere aperto e ricettivo a consigli e suggerimenti. L'addetto professionista comunica sicurezza; un commesso qualunque genera dubbi e allontana dalla vendita. Tutto il manuale va in questa direzione, la costruzione dell'autorevolezza. E ogni capitolo è un pezzo del puzzle.

Internet ha cambiato il mondo. I social network di più. Pensa al ruolo degli *influencer*, autorità e celebrità sul web, percepiti come persone che danno sicurezza e, per questo, seguiti con grandissimo interesse.

Autorevole è, ad esempio, la fashion blogger che suggerisce quali vestiti indossare e che tipo di accessori acquistare. Non si tratta più di fenomeni ma di vere e proprie realtà che, in ogni settore, gli addetti vendita devono conoscere per non correre il rischio di saperne meno dei clienti.

Certo, l'ideale sarebbe che ogni venditore curasse la sua immagine da professionista, prestando la massima attenzione ai propri profili social, ai contenuti e a tutto ciò che può conferirgli credibilità. La coerenza con i valori del punto vendita è determinante, ma non sempre scontata. Purtroppo. Foto, video, messaggi devono rappresentare una persona di cui ci si può fidare.

Un blog, una rubrica, qualsiasi idea possa offrire valore ai clienti del negozio posiziona l'addetto a un livello superiore alla media. È un diffusore d'immagine aziendale e deve vivere la responsabilità di tale ruolo. Chi ottiene dei riconoscimenti, risultati particolari o è apprezzato per una caratteristica specifica, distintiva, deve farlo sapere. A iniziare dalle "piazze virtuali". Chi non comunica, non esiste. E non serve a nulla saper fare qualcosa se non si è in grado di comunicarlo al meglio.

"Postare" una foto o un video in cui si è completamente ubriachi, ad esempio, in cui si sta facendo qualcosa di estremamente stupido, oppure scrivere in maniera polemica, offensiva o discriminatoria, non credo che possa entusiasmare un cliente e contribuire a fare carriera. Così come la reputazione che ci si crea nel proprio territorio di riferimento ha un rilievo strategico.

Passare con disinvoltura da un'attività a un'altra, senza alcuna specializzazione, specie nei piccoli centri in cui ci si conosce un po' tutti, dubito che renda credibili in negozio.

C'è chi osserva che la vita privata non ha nulla a che vedere con quella lavorativa e che si può fare ciò che si vuole, al di fuori del punto vendita. In parte è vero, ma sono le tipiche obiezioni di commessi qualunque. I professionisti, invece, condividono. Tu che stai leggendo il manuale hai deciso di essere migliore e vuoi evitare di commettere errori. Quindi, procediamo.

La scarsità

Il principio di scarsità, ben utilizzato da sapienti addetti vendite, può condizionare i comportamenti d'acquisto dei clienti in maniera decisiva. Per ottenere migliori risultati commerciali, però, bisogna conoscere in dettaglio le modalità di pensiero da cui hanno origine determinate azioni da parte della clientela.

Alla fine dei conti, pur se ognuno di noi crede di essere totalmente padrone delle sue scelte quando fa acquisti, in realtà non è così perché esistono tanti fattori che le condizionano e a cui non è facile resistere.

Le opportunità diventano più desiderabili quando sono in numero limitato. Più una cosa è ridotta, più la si desidera. Quando è disponibile in grandi quantità, interessa molto meno, perché si può avere quando si vuole. Se un ristorante è sempre pieno e non c'è mai posto, pur di andarci prenoti un mese prima. Perché? Il timore di essere "rimbalzato" ancora ti spinge ad agire subito e a telefonare, con larghissimo anticipo.

Per farsi realizzare un abito sartoriale, su misura, da un sarto esclusivo, bisogna fare una lunga trafila? Diventa un chiodo fisso, per il quale non c'è prezzo.

In ogni punto vendita si possono ideare prodotti o servizi speciali, riservati a pochi. Limitarne il numero è importante. Da un parrucchiere, ad esempio, solo dieci appuntamenti a settimana per fare un trattamento particolarissimo, da comunicare in maniera perfetta.

In un caseificio che produce mozzarelle di bufala fantastiche e tante altre specialità, in un paese della Campania, c'è una domanda che supera abbondantemente l'offerta. Se si va nel punto vendita oltre le 13, si rischia di non trovare più nulla. Sai che io ho dovuto chiedere il favore ad alcune persone della zona, durante le giornate di formazione, per comprare quei prodotti "limitati"? Andavano al negozio la mattina all'apertura, prima di frequentare il corso. Altrimenti nulla. Il rischio di non poter gustare quelle specialità mi ha spinto ad agire in qualche modo, sul tempo.

Quante volte leggi, in tanti negozi e soprattutto nei supermercati, che "l'offerta è valida dal... al...", oppure "è consentito l'acquisto di solo 5 confezioni", oppure "riservato ai possessori di fidelity card", oppure "scade il..."? Appena ci sembra che la possibilità di scelta sia limitata o minacciata, il bisogno di libertà ci porta a desiderare qualsiasi cosa molto più di prima.

Non soltanto **vogliamo di più un prodotto o altro quando scarseggiano**, ma li desideriamo maggiormente **se dobbiamo competere con qualcuno** per averli. Cosa accade spesso durante i saldi? L'idea che altri clienti possano accaparrarsi il prodotto scontato del 50%, ormai in numero ridottissimo, spinge ad anticiparli. Si crea una sorta di competizione.

Il valore persuasivo delle seguenti affermazioni è fortissimo: "Questo è l'ultimo [prodotto] e ho già notato l'interesse delle persone che vede lì...", "Questo abito lo ha indossato qualche minuto fa un'altra persona che, immagino, stia valutando di acquistarlo. Quindi le suggerisco di anticiparla, dato che le piace molto".

Durante le aste, il principio di scarsità domina il comportamento delle persone che cercano il pezzo unico, esclusivo, da esibire. La desiderabilità arriva alle stelle. Il vero obiettivo è il possesso dell'oggetto raro, non il suo godimento. La possibilità di esibirlo, di avere ciò che gli altri non hanno. Alla gente piace primeggiare, sentirsi privilegiata. Trarne spunto per la vendita è fondamentale. Informare prima degli altri i clienti top, per consentire loro di scegliere in anticipo il meglio delle nuove collezioni fa molto piacere e fidelizza. Stesso discorso per i saldi.

In un negozio tutto ci appare più desiderabile quando sta per finire. Per questo, sugli scaffali di un supermercato, si è più attratti dai prodotti in via di esaurimento perché si ritiene che li abbiano comprati in tanti, ritenendoli ottimi. Riempire lo scaffale e lasciarlo completo fa percepire abbondanza, tuttavia si pensa anche che nessuno abbia preferito scegliere quei prodotti.

Suggerimento? Mettere sempre qualche articolo in meno, quando si riassortisce, per far percepire che dalla prima fila di prodotti qualcuno abbia già acquistato. Se l'assortimento completo comunica sicurezza, la scarsità attrae e spinge ad avere ciò che si potrebbe perdere.
Trovare il giusto equilibrio, in negozio, è fondamentale.

L'addetto alle vendite, quando serve un cliente, proprio per queste considerazioni, deve sempre ricordare che fare troppe proposte insieme, eccessive, genera soltanto confusione. Ed essa produce esitazione e incertezza. Serve, quindi, l'equilibrio del professionista che sa bene di dover limitare sempre le scelte a **tre opzioni** al massimo.

Così, dopo aver mostrato tre prodotti, togliere di mezzo quello che piace di meno e inserirne un altro e via di seguito fino a identificare, fra i tre, quello che il cliente preferisce. Eliminando dal campo visivo gli altri. Ripeto, tre è il numero massimo, non è la regola.

Questo modo di procedere è a misura di cervello, perché garantisce al cliente una sensazione di autonomia e di controllo, rendendo la decisione di acquisto più semplice. Infatti, i neuroscienziati indicano che c'è un limite al numero di informazioni che ogni cliente, nella mente, può mantenere ed elaborare nello stesso momento. Altrimenti, sopraffatto dalle tante scelte possibili, potrebbe optare per l'opzione "non decidere".

Avrai notato di sicuro, finora, che un elemento determinante, per far vivere alla clientela il principio di scarsità, è il **poco tempo a disposizione**. Esso aumenta la propensione all'acquisto. È ciò che scandisce la nostra vita ed è estremamente prezioso. Nessuno vuole perderlo, perché altrimenti rinuncia a una porzione della sua esistenza. Il tempo è così volatile che pensiamo sia meglio avere subito ciò che desideriamo, prima di non riuscirci più.

Per questo, l'addetto deve allenarsi a utilizzare espressioni come: "Non perda l'occasione di...", "Mancano solo due giorni alla scadenza della promozione...", "Abbiamo grande affluenza in questi giorni e il [prodotto] sicuramente terminerà nelle prossime due ore al massimo...", "Il suo abito è molto probabile che sia scelto da un'altra signora oggi e lei poi non lo trova più. A quel punto lo rimpiangerà. Visto che le piace tanto, le posso dare la possibilità di... per evitare che..., entro il...", "Sono rimasti soltanto due pezzi (articoli, capi ecc.)".

Ti faccio un esempio un po' spinto di vendita basata sul principio di scarsità. Il fine è etico, ed è ciò che conta.
Marito e moglie, in un mobilificio, osservano con grande interesse un divano. L'addetto vendite si avvicina e dice: "Buongiorno, vedo che siete interessati a questo divano. Comprendo bene il motivo. È un ottimo modello e ha un prezzo estremamente

vantaggioso. Purtroppo però, questo era l'ultimo disponibile in negozio ed è stato acquistato da un'altra coppia un'ora fa circa". I due restano alquanto delusi (anche per la comunicazione volutamente negativa del venditore...) temendo di aver perso il divano che tanto li aveva colpiti. Ciò che non è accessibile, diventa ancor più desiderabile.

L'addetto, allora, continua: "Quello che posso fare, se mi date conferma che davvero siete sicuri che questo modello vada bene per voi, è verificare se in magazzino, per caso, ne è rimasto uno non registrato sui computer. È raro, ma a volte può accadere. Procedo?". Con tale domanda la coppia è stata vincolata, con l'aiutino fornito anche dal principio di coerenza.

A questo punto, se già si sapeva che c'è un altro divano, si comunica la bellissima notizia. In caso contrario, l'addetto può dire: "Ho una buona notizia per voi. Ho verificato che domani mattina alle 9 sarà inviato un ordine urgente proprio all'azienda che produce quel divano, con consegna in appena due settimane. Di solito ci vuole almeno un mese. In pochi giorni, invece, è già a casa vostra". Non resta che accomodarsi per dare l'ok all'accordo.

Qualche volta una piccola forzatura, per aiutare a fare la scelta giusta, ci può stare. Ma non sempre. No.

L'altro elemento che rende irresistibile il principio di scarsità, è quello della libertà. Quando le opportunità si restringono, puoi verificare che noi perdiamo un certo margine di libertà d'azione, e **una libertà negata è qualcosa che non accettiamo.** Così, accade che le persone facciano esattamente l'opposto! Si ha un effetto di scarsità al contrario! Tu mi togli una libertà? Io me la prendo tutta. La storia di Giulietta e Romeo insegna! Il desiderio all'ennesima potenza durante il periodo del proibizionismo, anche.

Scoprirai, nella parte sulle obiezioni, quanto sia persuasivo dire al cliente che chiede sconti che, a quel punto, si dovrà togliere qualcosa all'offerta a lui riservata. Principio della scarsità.

Per vendere, a volte, devi sottrarre. Tranne il servizio d'eccellenza.

Il potere dei truismi

Ogni eccellente addetto vendite utilizza truismi. È una parola che deriva dall'inglese *true*, vero, e *truth*, cioè verità. **Consiste nel**

dire al cliente qualcosa di oggettivamente vero, che lui condivide, su cui è d'accordo, che non può non accettare. Fino anche a un'ovvietà, scontata.

Questo manuale è ricco di truismi, in ogni fase della vendita in cui indico gli esempi su come comunicare con i clienti. "Entrambi sappiamo che alla fine lei valuta, lei sceglie…", "Lei sa bene che il giudizio più importante è il suo", "È importante fare la scelta migliore per lei…". In tutti questi casi il cliente è d'accordo, risponde di sì. Si genera uno stato mentale positivo, un dialogo interno di condivisione.

Pensa a quando il cliente solleva l'obiezione prezzo: "Il prezzo è una variabile importante e lei fa bene a considerarla. Condivide, inoltre, che quando si fa una scelta si valutano anche altre variabili, oltre al prezzo. Ogni nostro acquisto, infatti, dipende dal fatto che sono varie le cose che ci piacciono. Nel suo caso, cos'altro è importante?". Tutto vero, giusto.

Nel settore abbigliamento, con una cliente che veste alla moda: "Lei sa bene che chi segue le tendenze dell'abbigliamento è considerata una persona fashion…". Eh già. "Quando si partecipa a un evento si viene osservati e a tutti fa piacere essere adeguati alla situazione, vero?". Certo, sì.

Per dare valore al servizio in un negozio di arredamento, evitando di confrontare solo prodotti e prezzi: "Il montaggio di un mobile è la fase più delicata. Se è fatto a regola d'arte valorizza la casa, altrimenti ne compromette l'estetica. E immagino che lei ci tenga che tutto sia perfetto. Ecco perché i nostri montatori…". Chi vorrà mai una libreria montata male, storta, in casa? E una cucina difettosa? Una cameretta con letti a castello che rischiano di crollare?

I migliori addetti vendita, prima di fare delle affermazioni o proporre l'acquisto, **abituano gradualmente i clienti a essere d'accordo con quello che dicono**, guidandoli verso un **clima di consenso.** Con frasi che è facile condividere.

Facciamo un esempio. Una cliente entra in un negozio di abbigliamento, lamentandosi per il freddo. "Buongiorno signora, fa molto freddo oggi, vero?"; "Per fortuna qui da noi si sta caldi"; "Quando si è all'esterno in giornate fredde come queste, c'è proprio bisogno di essere ben coperti, come lei". Dopo i primi sì, a ogni frase, si può proseguire con le migliori domande già studiate nel manuale. Utilizzando truismi. Come: "Quando fa freddo è proprio piacevole indossare un giaccone così caldo".

Quando parli con qualcuno che dice cose vere, condivisibili, cosa pensi? Che è una persona onesta, seria. Di cui ti puoi fidare. **Ecco il pilastro della vendita: la fiducia.** Ne parlo in ogni corso e sono in tanti a chiedermi: "Ma come si fa a stabilire un rapporto di fiducia con i clienti?".

Tra le varie componenti, una fondamentale è la qualità delle parole. Se parli utilizzando parole negative, sbagliate, killer, che non generano fiducia, come può accadere che il cliente si affidi a te? Per questo, per creare *trust*, fiducia, ti devi allenare a utilizzare truismi. Creare forme di consenso, di continuo, è necessario. Struttura frasi su cui i clienti possano essere d'accordo con te. Entrambi sappiamo che in questo modo si possono ottenere risultati migliori, vero? Bene, questo è un truismo.

Un altro, notissimo, è: "Una dimostrazione pratica vale più di mille parole". Ricordo ancora, dieci anni fa circa, una situazione di vendita in cui l'addetto tirò fuori dal cilindro un colpo da campione. Stavo analizzando, a distanza, in un importante negozio di cucine, lo stile di vendita dei collaboratori a cui avrei poi fatto formazione.

Una signora, con il marito, osservava con grande interesse una cucina molto bella, ma temeva che non fosse funzionale così come lei desiderava. Allora Enrico, il talento, tirò fuori dalla tasca le chiavi di casa e le strisciò lungo tutto il top, con forza. Nemmeno un graffio. La signora a bocca aperta, senza parole. L'addetto si limitò a dire la frase "magica" e a invitarli ad accomodarsi alla scrivania. In 45 minuti la vendita era conclusa. Persuasione pura. Chapeau.

Ricorda sempre che la prima cosa che il cliente acquista è l'addetto vendite.

Storie di vendita: il cliente "Millepiedi"
Le persone adorano comprare e non che si venda loro qualcosa. Proprio per questo, quando l'addetto fa percepire

esattamente che il protagonista è il cliente, il cui ruolo è attivo, significa che è un campione.

È sempre bello conoscere le storie delle grandi vendite in negozio, vero? Ispirano, stimolano l'emulazione. Bene, immagino che ti farà piacere se ti racconto la storia di una vendita fantastica, di un grande persuasore. Stai leggendo il manuale per questo, per conoscere come si può migliorare. Merita una standing ovation ciò che riuscì a fare, tanti anni fa, il mio amico e cliente Antonio Preite, proprietario dei negozi Evolution, nella splendida Polignano a Mare, città di Domenico Modugno.

Un cliente entra nella boutique di calzature e chiede di visionare alcune scarpe che lo hanno colpito in vetrina. Ne acquista due paia e riferisce all'addetto alla cassa che, purtroppo, non ha trovato altro nel suo numero, cioè il 44.

Antonio, per caso in negozio, nota la scena e si avvicina al cliente. Gli chiede cosa cercasse in particolare e se può essergli utile, mettendosi a sua completa disposizione. Il cliente risponde che avrebbe voluto comprare altri modelli abbastanza eleganti ma chi lo ha servito, peraltro molto bravo, gli ha detto che, proprio di quel tipo, non c'è molta scelta di 44.

A volte accade che aver fatto due vendite renda già soddisfatti, senza sforzarsi di andare oltre. Il proprietario, sapendo bene – come ognuno dei suoi collaboratori – che il magazzino era traboccante di tantissime tipologie di scarpe, anche nel numero 44, chiede al cliente di seguirlo di nuovo in negozio per calzare altro e verificare nella massima libertà diversi tipi di modelli, alcuni dei quali lontani dalla sua richiesta iniziale.

In meno di un'ora di assistenza da grandissimo professionista, Antonio ottiene un risultato clamoroso: il cliente compra ben altre 16 paia di scarpe, del valore superiore a 4.000€.

Qualche considerazione è d'obbligo. Il negozio è lo stesso, l'assortimento identico, così come ogni altra condizione: perché il primo addetto si accontenta e lascia andar via un cliente con quel potenziale di spesa mentre il proprietario riesce a realizzare tale performance, di cui il cliente è peraltro felicissimo?

Perché Antonio, con cuore, autorevolezza, servizio d'eccellenza, e mille altri dettagli positivi legati alla capacità di persuasione, crea esigenze, prende il cliente per mano e lo guida in un'esperienza d'acquisto unica, in cui ogni nuova scarpa proposta diventa un'emozione, un'opportunità da cogliere al volo. E il cliente si sente al centro dell'universo, coinvolto, deliziato. Così, compra, addirittura con gratitudine. Oggi quell'imprenditore, con la sua azienda, è una case history di successo. Non per caso. Per merito!

I punti chiave dell'8° capitolo

• Le nostre scelte sono influenzate, inconsciamente, da fattori di cui spesso non abbiamo il controllo. Ma ricorda che ogni azione che compie l'addetto deve sempre partire da una base etica.

• Le persone si comportano in maniera automatica alla ricezione di determinati stimoli. Si parla di "schemi fissi d'azione". Reagiamo tutti allo stesso modo a certi stimoli.

• La legge del contrasto determina ogni nostro comportamento, visto che siamo abituati a raffrontare tutto. Utilizzala soprattutto per presentare il prezzo, partendo sempre da quello più alto; così una proposta più bassa, per confronto, è percepita come ancor più conveniente. Si parla anche di "ripiegamento dopo il rifiuto": dopo una prima richiesta troppo difficile da realizzare, è bene passare a una alla portata, molto più facile, per ottenere un risultato positivo.

• Il principio di reciprocità è ispirato dal bisogno inconscio che sentiamo di ricambiare ciò che abbiamo ricevuto. Produci un effetto wow sul cliente e contraccambierà con l'acquisto.

• Il principio di riprova sociale si basa sul concetto che le persone tendono a comportarsi così come vedono fare agli altri, soprattutto quando sono incerte. Utilizzalo per dare sicurezza ai clienti, dimostrando che in tanti hanno scelto la soluzione che proponi.

• Il principio di coerenza si basa sul fatto che, quando una persona prende un impegno, si comporta in modo coerente rispetto a quanto definito, per essere considerata onesta, sincera e affidabile. Nella vendita fai prendere impegni ai tuoi clienti, perché così si sentiranno vincolati a mantenerli. Ad esempio: "Ogni buon padre acquista un'enciclopedia per i suoi figli!".

• Il principio di simpatia ruota attorno al fatto che si è più propensi a dire di sì a chi ci piace, alle persone che ci sembrano simili. Tre aspetti sono determinanti: bellezza, familiarità e associazione. Crea sempre un rapporto speciale con i clienti.

• Il principio di autorità prevede che le persone tendono ad assecondare le richieste di chi percepiscono come un riferimento credibile. Ecco perché devi essere un esperto, un professionista autorevole.

• Il principio di scarsità afferma che più la disponibilità di una cosa è ridotta, più la si desidera. Idem per la limitazione di una libertà. Crea servizi esclusivi, per pochi, in modo che competano per utilizzarli. Non presentare, ad esempio, mai più di tre proposte per volta quando vendi.

• Allenati a utilizzare truismi. È una parola che deriva da "truth", cioè verità. Consiste nel dire al cliente qualcosa di oggettivamente vero, che lui condivide, su cui è d'accordo, che non può non accettare. Così rafforzi la fiducia, fondamento della vendita.

Capitolo 9:

Come evitare le frasi killer

La maggior parte della gente parla per abitudine, a casa, in famiglia, con gli amici, in palestra, al bar e nelle diverse occasioni di relazione. Così le parole, i modi di dire, il gergo, la cadenza e tanto altro, ripetuti di continuo, diventano automatismi. Si utilizzano quasi sempre gli stessi termini e non ci si sforza di arricchire il proprio lessico.

Accade, quindi, che gli addetti alle vendite tendano a riprodurre in negozio le loro abitudini comunicative di tutti i giorni. Parlano nello stesso modo in cui sono abituati con il fidanzato, il marito, la fidanzata, la moglie, gli amici ecc. È naturale. Ma lavoro e vita privata sono mondi nettamente distinti. Il linguaggio di vendita è una cosa seria.

Un calciatore che non si allena in settimana può mai scendere in campo la domenica e fare il fenomeno? Se si chiama Maradona sì. Ma ne è nato solo uno come lui nella storia. Non fa testo.

Un addetto che non si allena nel privato, non studia, può mai scendere in campo, in negozio, e diventare un fenomeno delle vendite? No! Si relaziona ai clienti con uno schema abituale che ormai si è impadronito della sua comunicazione.
Una storia dà il senso profondo di questo concetto.

Giuseppe vuol fare una bellissima sorpresa alla sua fidanzata, Maria. Un regalo che la ragazza ha sempre desiderato ricevere: un anello con diamanti. Per questo, animato da buone intenzioni, il giovane si reca dal suo gioielliere di fiducia. Dopo aver visto tanti anelli, molto costosi, ne sceglie uno. Il proprietario del negozio propone di creare una bella confezione ma il ruspante Giuseppe risponde che non serve. Ciò che conta è la tempesta di diamanti intorno al dito, secondo lui.

Paga, tanto, e mette l'anello in tasca. Esce dal negozio, entra in auto e si dirige a casa della sua amata. Strappa un foglio di giornale, lo accartoccia, mette dentro il prezioso e suona il campanello. Maria apre la porta e Giuseppe, dopo un rapido saluto, le consegna la palla di carta con un romanticissimo: "Tiè!". La ragazza, stranita dalla situazione, pensando a uno

scherzo stupido, apre il foglio di giornale accartocciato e intravede l'anello. Ma, per come è presentato, buttato lì, crede sia un tarocco, una sòla, fondi di bottiglia su un anellino delle uova di Pasqua. Butta tutto per le scale e sbatte la porta in faccia a Giuseppe che si becca un eloquente: "Cretino!".
Perché Maria ha reagito così?

Pensa se la storia fosse stata diversa. Giuseppe chiede al gioielliere di preparare una confezione meravigliosa, in pelle color grigio perla, molto fine, con l'incisione di un "Ti amo". All'interno, una nuvola bianca di raso in cui incastonare l'anello. Uscito dal negozio, il giovane chiama la sua amata, le dà appuntamento alle ore 20.30 e le chiede di indossare il suo abito più bello, perché ha una sorpresa per lei.

Prenota un tavolo per due in un bellissimo ristorante sul mare, passa dal fioraio e si reca al locale un'ora prima per accordarsi con i camerieri per la consegna di un mazzo di rose e del prezioso regalo a Maria. Va a cambiarsi, indossa l'abito che la fidanzata più apprezza e passa a prenderla a casa. Entrata in macchina, le chiede di chiudere gli occhi e di non dire nulla. Dopo venti minuti arrivano al ristorante.

Si accomodano al tavolo e arriva subito il cameriere che, ben istruito, dice: "Buonasera signori, questi fiori sono per una donna speciale, da parte di un uomo che la ama alla follia e che ha il piacere di donarle, con tutto il suo cuore, un simbolo del nobile sentimento dell'amore che li lega". Maria ha gli occhi già lucidi e con le mani tremanti prende la bellissima scatolina. Legge il *ti amo* e scende la prima lacrima. Apre. La visione dell'anello con diamanti, sulla nuvola bianca di raso, la manda in estasi. "Giuseppe, sei l'uomo della mia vita. Grazie."

È passata da "Cretino!" a "Uomo della mia vita". Cosa ha fatto la differenza?

La confezione. Tutto ciò che è stato messo intorno all'anello. Il valore.

Le parole sono la confezione, in una vendita. Se il prodotto è valido ma lo si presenta nel modo peggiore, con le parole sbagliate, negative, killer, si svilisce. È anche vero che una confezione senza contenuto è un bluff. La sostanza è importante ma non basta più. Va arricchita dagli esperti.

Un addetto che non si rende conto della qualità delle parole che utilizza, ritenendole giuste per il solo fatto che siano in italiano, ottiene risultati mediocri. Chi, invece, sa positivizzare la comunicazione, selezionando i termini più appropriati con precisione, realizza fantastiche confezioni, che esaltano il prodotto all'interno. In modo coerente con tutte le altre variabili della comunicazione, di cui ho già scritto.

Una parola può essere corretta in italiano – e già è un successo – ma pessima nella vendita. Da qualche parte **un modo migliore di parlare per vendere esiste, ma bisogna conoscerlo**. Altrimenti si crede, con le migliori intenzioni, di fare già bene. Perché si parla in italiano.

È chiaro che gli addetti utilizzano in buona fede un certo linguaggio e se pronunciano frasi killer non lo fanno di proposito. Durante i corsi di vendita mi spiegano che se usano alcune frasi è perché desiderano davvero far percepire al cliente che ci tengono a lui, a servirlo. "Per questo ho chiesto se ha bisogno…" o "Se una persona sta sbagliando, cerco di metterla in guardia" sono alcuni esempi delle giustificazioni che ricevo. In buona fede. Ma si dice che "le vie per l'inferno sono lastricate di buoni propositi". Non conta ciò che dici ma come lo dici e il modo in cui viene percepito.

Davanti a te hai una sacca. Contiene tutte le parole che conosci e che utilizzi. Quante sono? Trentamila? Bene. Mille? Ahi. Se sono poche, quando parli al cliente dovrai accontentarti di scegliere fra mille termini. Ma quanti di questi vanno proprio bene nella vendita? Il rischio è che, in caso di selezione così ridotta, sia inevitabile utilizzare ciò che è sbagliato. La conoscenza è limitata. Se non la si amplia con le parole adeguate, si continuerà a influenzare il cliente in maniera negativa.

C'è anche chi, fra gli addetti, parla ben tre lingue: il dialetto, l'italiano e la traduzione dal dialetto in italiano. Ma l'unica valida è la comunicazione efficace di vendita. I vantaggi in termini di autorevolezza e credibilità sono subito tangibili e producono un valore di gran lunga superiore rispetto a chi si relaziona ai clienti in modo "normale", piatto, sufficiente.
Studiare e poi studiare. E applicare. Ecco il segreto.
Inoltre, è fondamentale prestare attenzione alla meta-

comunicazione (in greco, *meta* vuol dire "che va oltre"). Ad esempio, il cliente entra in negozio e rivolgendosi all'addetto: "Posso chiedere a lei?". Il venditore risponde con il viso scocciato, una gestualità con cui lascia intendere che la cosa non lo entusiasma e aggiunge: "Sì". Ha meta-comunicato: "Che scocciatura, proprio a me dovevi chiedere informazioni?".

Il caso appena evidenziato fa comprendere quanto è importante che i tre livelli siano coerenti, come evidenziato nel capitolo dedicato, per non generare una comunicazione inefficace. In particolare, si pensi al valore di ogni singola parola che pronuncia l'addetto alle vendite che, se inadeguata alla circostanza, al cliente, o semplicemente inopportuna, come quelle di seguito, ne comprometterà l'autorevolezza. E, di conseguenza, lo renderà poco credibile agli occhi del cliente che, così, preferirà non comprare da lui.

Il professionista delle vendite, in breve, è chi sa fare selezione delle parole, le utilizza con precisione e positivizza il linguaggio, per influenzare in modo corretto il cliente. È indubbio che usare le parole più giuste agevoli la vendita.

Mantieni un sano equilibrio con il cliente che servi, senza estremismi o pericolose sperimentazioni comunicative "alla moda". Ci manca che qualcuno, con gran disinvoltura, faccia credere che con alcune tecniche di comunicazione si possa fare di tutto, dalla pasta al giardinaggio, fino alla vendita.

Ti ricordo, ancora una volta, che in questo mestiere è fondamentale possedere anche conoscenze di marketing, in aggiunta alle altre mille, fra cui quelle tecnologiche, social e digitali rivestono un'importanza monumentale per il futuro. Già iniziato da tempo. Scimmiottando il cliente, con due parole giuste e null'altro, non si va da nessuna parte.
Bene, l'ho detto. Ahhhh.

Seguono ora molti esempi, da studiare, sulle tipiche frasi killer e sulle relative migliori soluzioni. Cancella gli errori che riconosci di commettere e sostituisci le abitudini comunicative sbagliate con quelle corrette.
Dopo questa parte del manuale, migliorerai sia come addetto alle vendite sia come cliente. Sarà più facile valutare il livello di professionalità di chi ti serve, anche in base a come si esprime. E

tu verificherai di essere più preparato. Il che ti darà maggiore sicurezza nel tuo lavoro.

La lista è lunga. Iniziamo.

Problema

È una delle parole più utilizzate in assoluto. Anche per vere e proprie fesserie. Problema è un termine grave, che crea nella mente immagini negative, di disagio, difficoltà estreme, preoccupazioni, incertezze, disastri ecc.

Si è in ritardo? Problema. Manca un prodotto? Problema. Il fornitore non ha spedito la merce? Problema. La consegna richiede più tempo? Problema. Non ci si è organizzati al meglio in negozio? Problema. Il pc in cassa si è bloccato? Problema. Ci si macchia la divisa? Problema. Il cliente vuole sostituire un prodotto? Problema.

Qualsiasi cosa la si etichetta come un problema. Non è possibile. A chi fa piacere sentirsi dire da qualcuno che c'è un problema? Lo associ a qualcosa di brutto, vero? E allora? Perché si utilizza così tanto questa parola? Semplice. Ci si è abituati, inconsapevolmente. Peggio ancora quando, in caso di reclamo di un cliente, si risponde: "Mi dispiace per il problema". Si sta sottolineando che quanto accaduto è proprio grave, invece di alleggerire la percezione negativa.

Il termine problema può essere sostituito con cosa, fatto, episodio, circostanza, situazione da risolvere. Quest'ultima espressione consente di dare l'idea del dinamismo, dell'impegno a trovare una soluzione.

Intendiamoci. Ci sono situazioni, come leggi nel manuale, in cui invece va proprio amplificata l'idea del problema, ma solo quando si vuol far vivere al cliente il rischio che corre se non fa la migliore scelta per lui.
Se è motivato dalla voglia di andare via da un disagio, per vendere bisogna sottolineare il cosiddetto costo del no, cioè quanto gli costerebbe non risolvere la cosa, per fargli accettare più facilmente il costo del sì, dell'acquisto.
In breve, la parola problema va utilizzata consapevolmente e non "ad cacchium", dal latino maccheronico.

Non

Il nostro cervello registra tutto e non considera le negazioni, spesso all'inizio delle frasi. Esse hanno l'effetto di spingere il cliente proprio a pensare ciò che l'addetto vendite non vuole lui pensi. Vuoi verificarlo tu direttamente? E allora segui le mie indicazioni.

Non voglio che pensi ai moscerini schifosi che d'estate, quando si boccheggia per il caldo, entrano in bocca e si schiacciano tra la lingua e il palato. Per la pressione viene fuori un liquido amaro, disgustoso…

Meno male che non ci hai pensato per nulla. Perché non è una bella visione.

Ah no, ci hai pensato? Nella tua mente hai visualizzato i moscerini schifosi? Scusa, non volevo. Se rileggi la frase, ho scritto: "Non voglio che pensi…". Tu invece lo hai fatto.

Tutti gli esseri umani si comportano come te. Anche i clienti. Quindi, presta attenzione a come strutturi le frasi. Meglio dire in positivo qualsiasi cosa, invece di specificare ciò che non si vuole.

A volte, comunque, ci può essere un uso intenzionale del *non*, proprio per portare il cliente a pensare quello che vuole l'addetto. "Non voglio dire che siamo il miglior negozio del settore; è anche vero che i clienti ci apprezzano così tanto da considerarci tra i migliori del territorio". "Non posso essere io a dire che con questo prodotto risolverà per sempre il problema che ha evidenziato; sarà lei stesso a verificarlo…". Attenzione però. Senza esagerare.

Non ci sono problemi

Hai appena letto come mai ogni volta che utilizziamo il *non* in una frase, portiamo l'interlocutore a pensare proprio quello che noi non vogliamo lui pensi.

Nonostante ciò, "non ci sono problemi" è tra le frasi mediocri più usate in assoluto. Gli addetti vendita, durante i corsi, giurano e spergiurano di essere in buona fede quando rispondono così alle richieste dei clienti.

"Può andare a prendere l'altro modello del prodotto?". Non ci sono problemi.

"Può verificare dal fornitore se quel prodotto è disponibile anche in rosso?". Non ci sono problemi.

"Le spiace se prende dal manichino la maglia rossa, nella mia taglia?". Non ci sono problemi.

"Posso passare domani a ritirare ciò che ho fatto mettere da parte?". Non ci sono problemi.

"Possiamo spostare l'appuntamento in negozio dalle 17 alle 19?". Non ci sono problemi.

Ma il cliente non ha mica chiesto se ci sono problemi! Allora, perché affermare che non ce ne sono? E anche se il cliente lo chiedesse, meglio evitare di inserire quella parola nella risposta. È interessante analizzare ciò che accade nella testa dell'addetto quando riceve una richiesta da parte del cliente e che lo porta, senza rendersene conto, a rimarcare il problema. Mi impegno al massimo per spiegarlo nel modo più semplice possibile.

Quando il cliente chiede qualcosa è inevitabile che porti il venditore a compiere un'azione che, altrimenti, se non ci fossero state domande, lui non avrebbe compiuto. La richiesta, quindi, produce la modifica di qualcosa, di un programma, di un'abitudine, della posizione fisica in negozio.

Obbliga a doversi spostare, a prelevare o cambiare prodotti, ad assumersi qualche responsabilità, a contattare chi può autorizzare o meno certe scelte. Costringe a uscire da un'area di comfort in cui si sta tranquilli e da cui l'intervento del cliente allontana per impegnarsi nei suoi confronti.

In breve, tutto questo si configura come un fastidio o un disagio, una rottura di scatole, una scocciatura, un intoppo per l'addetto. In poche parole, è un problema. Ma al cliente lui non può dire che la sua richiesta abbia prodotto tutto ciò, che è un problema. Non si fa.

Così, è assodato che la domanda del cliente ha generato un problema nella testa dell'addetto. Ma siccome non è giusto riferirlo, il problema che ora è in testa per colpa del cliente, a lui non si deve evidenziare. "Il problema che qui (in testa) c'è, con te non c'è, tranquillo. Il problema che in me ora c'è, con te non c'è". Ed ecco che viene fuori la frase "Non c'è problema". Che vive, invece, l'addetto vendite. E ora anche il cliente.

Infatti lui ascolta e vede il problema, che l'addetto ha mascherato con il *non*. Avesse riflettuto su tale percorso non lo avrebbe detto. Ora lo sai anche tu. Basta con questa risposta dilettantistica. C'è di meglio. Molto ma molto di meglio.

Anche se la frase è stata detta in buona fede, proprio perché "no problem", ti garantisco che non è necessaria perché ci sono possibilità nettamente superiori. Alziamo l'asticella.

Mi chiedono: è corretto dire "certamente", "va bene", "ok"? Di sicuro è preferibile al "non ci sono problemi". Ma possiamo fare di più.

Ti propongo un feedback 5 stelle lusso.

Quando un cliente ti fa una richiesta, rispondi: **"Volentieri"**. Si sente di rado in giro, non fa parte delle abitudini degli addetti alle vendite. Ma in questa parola c'è la volontà, il piacere di essere utili, la passione, l'orientamento alla persona cliente. C'è valore.

Non si preoccupi

Si tratta del cugino di primo grado di "Non ci sono problemi". È un invito alla superficialità, al menefreghismo, al dilettantismo, all'approssimazione. A lasciar correre le cose, a non prendersene cura. *Hakuna Matata.*

Questa pessima frase è utilizzata in risposta alla richiesta specifica di un cliente che richiama l'attenzione dell'addetto e ci tiene, in particolare, a essere rassicurato.

Ad esempio: "Mi raccomando, indichi sull'ordine che i piedini del divano devono essere in acciaio". Non si preoccupi.

"Ricordi al sarto che quando accorcia i pantaloni deve fare la piega all'inglese da 3 cm". Non si preoccupi.

"La consegna del televisore a casa va fatta di sabato pomeriggio, per favore". Non si preoccupi.

"Nel cesto regalo ci tengo che siano inserite tante cioccolate sfuse per riempire tutti gli spazi". Non si preoccupi.

"Per cortesia, dica allo chef di non aggiungere formaggio alla mia porzione di risotto". Non si preoccupi.

Pensa se il cliente, irritato, dicesse: "Ehi tu, ma sei tonto? Capisci la mia lingua? Per me è importantissimo quello che ti sto chiedendo. È una mia esigenza. Ci tengo. Perché mi rispondi l'esatto contrario di quello che ti sto dicendo?!?".

Il cliente riferisce che una condizione per lui è prioritaria e l'addetto risponde che non lo è. Dai, lascia stare, non è importante. Non ti preoccupare. Pensa alla salute. Pensa a campa'.

Il cliente ha un'esigenza e il venditore non la soddisfa.

Dal fruttivendolo: "Buongiorno, mi dà due chili di mele?". Risposta: "Li vuole due chili di pere?". Nooo! Stesso significato di quando si risponde di non preoccuparsi. Esigenza negata.

Sono i danni prodotti dall'inconsapevolezza comunicativa. Si usano alcune parole per abitudine, senza rendersi conto degli effetti che producono. Anche nel caso che stiamo analizzando, all'inizio della frase c'è il *non* che fa visualizzare la preoccupazione all'interlocutore.

Mai togliere valore alla richiesta del cliente che, invece, va rassicurato perché ci tiene.

Quindi è bene rispondere: "Perfetto", "Ottimo", "Va benissimo", "Volentieri". Ancor meglio, "**Me ne occupo io personalmente**", "È mia cura seguire la cosa", "Verifico io personalmente che sia fatto quello che mi ha chiesto", "Me ne occupo io personalmente e le do conferma appena la cosa è fatta". È stato dato al cliente ciò che desidera, cioè sicurezza.

Mi faccio carico

In breve, si comunica al cliente che quanto sta richiedendo è un peso, un carico, qualcosa di pesante e ingombrante. Un fastidio. Una rottura di scatole. È come dire: "Mi carico la tua croce sulle spalle...". Convieni con me che non si tratta di una visione gradevole?

Non voglio prenderla in giro. Non creda che voglia prenderla in giro. Non lo dico per vendere eh...
Certo che di brutte frasi, che iniziano con una negazione, ce ne sono proprio tante. Queste sono solo alcune. Sarà facile ora, per te, individuare tutte le altre simili.

Vanno cancellate, intanto, le espressioni con cui si fa percepire al cliente che lo si sta prendendo in giro e che l'obiettivo è vendere. In quei casi, piuttosto, bisogna trasferire sicurezza e affidabilità.
È utile usare frasi come: "Può verificare lei stesso che...", "Chi meglio di lei può verificare che...", "Sarà lei stesso a rendersi conto che...".

Ricorda che il cliente si fida di quello che dice lui e di ciò che può confermare personalmente.

Non mi sembra convinto. Ha dei dubbi? Mi sembra che abbia dei dubbi

In tal modo è come se si prendesse un evidenziatore e si sottolineasse al cliente che lui ha dei dubbi, che non è sicuro. Conseguenza? Si convincerà che è meglio non acquistare. Chi è indeciso non compra. E l'addetto ci ha messo tanto di suo. Complimenti.

Non dire "Se ha dei dubbi" ma sostituire con: richieste, domande, informazioni.

Ho richiamato la tua attenzione rispetto a questi errori comuni nella parte su accoglienza e gestione della clientela in negozio.

Non è male

Questa frase è proprio assurda. Chi la utilizza commette un errore dilettantistico e diventa anche difficile commentarla. Cosa vuoi che ti dica? L'addetto sta riferendo al cliente che il prodotto non fa tanto schifo. In parte sì, però. Dai, concedimelo. Per rispetto dei professionisti, andiamo oltre. Non è compito del venditore esprimere pareri, spesso non richiesti. Chiedere, invece: "Che cosa le piace di più di…?".

No. Non posso. Non riesco. Non c'è

Si tratta delle risposte che infastidiscono di più i clienti. A nessuno piace ricevere un no. È freddo. Senza alcun interesse. Della serie, ora puoi anche andar via. Genera distonia, il contrario della sintonia. Alle persone, invece, piace chi fa di tutto per trovare una soluzione, chi si adopera come se la richiesta fosse stata fatta da una persona cara, a cui si tiene tanto. Come se fosse lo stesso addetto vendite ad averne bisogno.

Quando ti serve qualcosa a tutti i costi, ti fai in quattro per trovarla? Smuovi il mondo? Bene. È quello che devi fare per il tuo cliente. Ti chiede qualcosa che non hai in negozio? La richiesta è troppo specifica, al punto che anche qualcosa di simile non va bene? Fatti in otto per lui, aiutalo a trovare il locale in cui può esserci ciò che cerca.

Chi fa del bene, riceve del bene. Dal mondo. Libera energia positiva. Il cliente lo ricorderà per sempre e la prossima volta tornerà da te, per riconoscenza e perché avrà apprezzato la tua grande professionalità. Qualità rara.

E anche se non dovessi rivederlo più, parlerà benissimo del

negozio in cui hanno fatto di tutto per essergli utile, con una disponibilità fuori dal comune.

Ti starai chiedendo: se non va bene il no, dobbiamo rispondere di sì a ogni volontà del cliente? Dipende, non proprio un sì secco. Prendi una monetina, voglio farti notare una cosa. Ci sono due facce, giusto? Lanciala in aria e tienila sul palmo della mano. Testa o croce? Il sì e il no sono la stessa cosa: due facce, due risposte possibili da fornire al cliente, cioè la stessa moneta.

Se c'è testa significa che esiste anche croce; se c'è no, vuol dire che c'è anche sì. Molti venditori lo dimenticano e si concentrano sul no, senza pensare che cambiando prospettiva si può parlare del sì. Ed è ciò che al cliente piace. Cosa rappresenta il sì? La faccia positiva della stessa moneta.

Mai dire al cliente ciò che non si può fare per lui, ma sottolineare sempre quello che si può fare. Usare: "Ciò che posso fare per lei è...", "Mi sono confrontato con il responsabile e mi ha confermato che le possiamo offrire di...". Ad esempio, alla richiesta di uno sconto del 20%, se ci sono margini per farlo, rispondere: "Quello che possiamo fare per lei, con piacere, è uno sconto del 10%". Quando ci sono richieste esagerate, di vario genere, è bene dire: "Questo è il massimo che posso fare, volentieri, per lei".

Inoltre, chi afferma subito che non può, oltre a manifestare disinteresse con fare sbrigativo, comunica che non ha potere alcuno. Quindi non ha valore, non conta, non è credibile agli occhi del cliente. L'autorevolezza si annulla.

Per molti addetti il *no* è anche un intercalare fastidiosissimo, usato a sproposito. Come tutti gli intercalari. "No, volevo dire che…", "No, prima ho detto che…", No, no, lei ha ragione…", "No, io credo che…" ecc. Con cosa sostituirlo? L'altra faccia. Il sì.

Peccato, purtroppo, mi dispiace, impossibile, pazienza
È un vagone di negatività, che predispone al peggio il cliente. Ci si è arresi. Se a una richiesta la risposta inizia con quelle parole, il cliente ha già capito tutto. Non se ne fa nulla. A nessuno fa piacere sapere che non c'è una soluzione.

Un esempio su tutti. "Purtroppo sono andato in magazzino e non sono riuscito a trovare ciò che mi ha chiesto. È terminato" è da sostituire con: "Sono andato in magazzino e ho trovato questo prodotto/questa soluzione che è simile a ciò che mi ha richiesto e in più ha… che le offre il vantaggio di…". Infatti, tra le regole della vendita in negozio, mai tornare a mani vuote ma proporre al cliente sempre qualcosa di simile.

Però, ma, invece

Congiunzioni avversative che annullano quanto appena detto. Allontanano invece di avvicinare. "Lei ha ragione, però…", "Ho capito, ma…", "Secondo lei va bene, invece…", "Però lei prima mi ha detto che…". In questo modo, il venditore fa un'affermazione in contrasto con quanto riferito dal cliente. Solo essere percepito in modo simile, sulla stessa lunghezza d'onda, agevola le vendite.

Ecco una delicatezza comunicativa, patrimonio dei professionisti, che genera effetti positivi: "**È anche vero che…**". Si sta dicendo che, pur da prospettive diverse, entrambi hanno ragione. È vero quello che dice il cliente; lo stesso per l'addetto. Sarà più facile, così, trovare un punto d'incontro. Per avere relazioni efficaci, infatti, bisogna partire sempre da ciò che unisce e mai da quello che divide.

Sostituire con: "Sì, lei ha ragione ed è anche vero che...", "Ho capito, aggiungo che è vero che...", "Secondo lei va bene, così come va anche bene che...", "Lei prima ha detto che... mi conferma che ho compreso bene?", "Capisco il suo punto di vista e consideriamo anche che...".

Non le prometto niente

La deresponsabilizzazione per eccellenza. Il messaggio che arriva al cliente? A me non me ne frega nulla al punto che non voglio fastidi di alcun genere. Te lo dico subito così poi non ti lamenti e non mi rompi le scatole. Valgono le considerazioni fatte per le frasi precedenti.

Non vuole altro?, Serve altro?, Solo questo?, Nient'altro?, Basta così?, Non vuole acquistarlo?

Sono tutte domande con le quali l'addetto dice al cliente: "Pezzente, morto di fame, solo questo compri? Nient'altro?

Spendi un po' di soldi. Dovresti vergognarti".

Ricordo che da piccolino, in una merceria della mia città, al momento del pagamento la proprietaria mi diceva: "Se non vuoi altro, il conto è di…". Ti faceva sentire a disagio anche se compravi mezzo negozio. Assurdo.

Molto più elegante è: "Desidera altro?".

Quando il cliente ha terminato gli acquisti e ringrazia l'addetto per la sua gentilezza, è bene rispondere: "È stato un piacere". E subito dopo: "Posso fare altro per lei?". Bastano poche parole, adeguate e positive, per passare dalla mediocrità all'eccellenza.

In alternativa

Parola terribile, che indica la seconda scelta, visto che la prima non è disponibile oppure va oltre le possibilità del cliente. Il venditore che propone *alternative* lavora… per la concorrenza. Stimola la clientela a rivolgersi altrove, dove non deve accontentarsi di qualche ripiego. Invece è il caso di dire: "Può valutare anche questo prodotto che è molto apprezzato perché si caratterizza per… e offre il vantaggio di…". Più che un'alternativa, un prodotto è "altrettanto valido".

Le piace?

Mai fare domande chiuse e così dirette. Rischiano di attirare molti no. Come già evidenziato nel manuale, le domande più utili, invece, sono quelle aperte. In particolare, in questo caso, un addetto alle vendite deve educarsi a chiedere: "Cosa le piace di più di…?".

Bisogna

È un obbligo mal digerito. Si utilizza quando non si fa volentieri qualcosa: una procedura rigida che non piace. Ad esempio, "Bisogna telefonare al fornitore e chiedere" va sostituito con "Contatto volentieri il fornitore in modo da darle una risposta tempestiva".

Niente

È fra gli intercalari più fastidiosi perché il suo significato è, appunto, niente. Zero. Nulla. Il vuoto.

Un cliente chiede: "Ma sono ancora alla moda i pantaloni a zampa?". Risposta: "Niente, la moda cambia di continuo…".

"Con quale legno è fatto questo mobile?". Risposta: "Niente, è in acero…".

"Il servizio completo da quanti bicchieri è composto?". Risposta: "Niente, dipende dalle diverse marche".

In alcuni colloqui di selezione, alla domanda di presentarsi in due minuti, fa rabbrividire ascoltare alcuni candidati addetti alle vendite: "Niente, sono Pinco Pallino e, niente, vengo da...". Quanto comunica di valere? Semplice. Niente!

I nostri prodotti/servizi sono i migliori. Il prodotto è ottimo

Il cliente fa qualche domanda sciocca: "È sicuro che...?", "Posso essere certo che il prodotto è buono?", "Questa maglia resta intatta dopo il lavaggio o tende a infeltrirsi?", "Lei dice che con questo prodotto concentrato si risparmia davvero un 30% l'anno?". Ma già dopo un decimo di secondo il cliente si pente perché sa che l'addetto non potrà mai denigrare il prodotto che vende, né dire che fa schifo. Deve vendere. Così, il muro della diffidenza si fortifica.

Al venditore non sembra vero di poter tessere le lodi di quanto propone, per convincere il cliente. Tutto inutile, le persone non sono più sprovvedute come decenni fa. È bene dire: "Chi meglio di lei potrà valutare la bontà di questo prodotto quando lo utilizzerà…", "Sarà lei stesso a verificare che la maglia resterà bella e sempre nuova anche dopo diversi lavaggi", "Si renderà conto lei per primo che con questo prodotto concentrato otterrà il grande vantaggio di un risparmio del 30% circa rispetto a prima".

Si tratta di frasi oggettivamente vere. Truismi (sono spiegati in dettaglio nel manuale). Il cliente può verificare dopo l'acquisto. Sarebbe un grande rischio bluffare. Il giudizio finale è lasciato a lui, che potrà confermare o meno il valore del prodotto. È un'affermazione onesta, se parte da una base di etica e correttezza. Genera credibilità. Altrimenti, addio cliente.

È regalato. È economico. Costa di meno. Vuole spendere di meno?

Mai svilire il valore di un prodotto. A nessuno piace acquistare prodotti definiti "regalati", perché a basso costo. È umiliante. Così come presentare altre soluzioni definendole economiche. Quelle per i morti di fame, i pezzenti. Per chi non si può permettere prodotti di valore. Sono tutte espressioni con le quali si fa sentire il cliente in una condizione di inferiorità. Di chi non può permettersi certi acquisti.

È importante dare comunque valore a ciò che si propone, per cui dire: "Si tratta di un'offerta vantaggiosa che unisce alla buona qualità, sempre importante, un prezzo molto interessante. Tra l'altro, è un prodotto molto apprezzato dalla nostra clientela che, quando ritorna in negozio, ci fornisce feedback ottimi…". Per dare ulteriore sicurezza: "Pensi che negli ultimi trenta giorni ne sono stati acquistati più di 150".
Utilizzare: "Valutiamo altro allora, ci sono tanti prodotti in linea con quanto mi ha chiesto".

Prezzo, costo
Sono due termini abbastanza pesanti, che si associano a immagini negative. Il prezzo da pagare. Il costo di uno sforzo, di un sacrificio. Quello a cui si deve rinunciare per ottenere certi risultati.

Quando è possibile, **si può sostituire la parola "prezzo" con "valore"**. L'abito non ha un prezzo di 800 euro, ma un valore di 800 euro. Il televisore non costa 1.500 euro ma ha un valore di

1.500 euro. Il menù non costa 80 euro a persona ma ha un valore di 80 euro a persona. Un termine che cambia completamente la prospettiva, da negativa a positiva.

Si può parlare anche di investimento totale, di cifra totale, di quota. Certo, molto dipende dalle politiche dei prezzi, fissi o scontati, del negozio. Se fissi, "Questo prodotto, da noi, viene 180 euro", "Questo prodotto è disponibile a 180 euro", "Questo prodotto è offerto a 180 euro".

È sbagliato parlare di prezzo di listino perché, nell'immaginario del cliente, stimola la richiesta di uno sconto. Infatti, generalmente, si crede che esso sia il prezzo pieno su cui è naturale intervenire con una limatura.

È costoso

Il prezzo spesso è causa di ansia su come presentarlo. Molti addetti lo temono e lo pronunciano rapidamente, quasi per non farlo sentire bene. Altri hanno un attimo di esitazione o precedono il cliente, dicendo che il prodotto è costoso. Hanno paura del prezzo e la trasferiscono al cliente. Se è costoso per l'addetto vendite, lo diventa per la clientela. Invece, si tratta solo di un prodotto di valore. Ed è giusto che richieda qualche euro in più.

Acconto

Chiedere o non chiedere il famigerato acconto al cliente per bloccare un acquisto? Certo, dipende dai settori. Ma la parola intimorisce. Meglio dire investimento iniziale, cifra iniziale, quota iniziale.

Pagamento mensile

O mio Dio. Un altro pagamento. Si paga sempre nella vita, e che cavolo! Si sommerà a tutti gli altri, non piace questa prospettiva. Meglio investimento mensile, cifra mensile, quota mensile. Nel primo caso, l'acquisto richiama alla mente qualcosa di produttivo e non il semplice esborso di denaro; nel secondo, il termine cifra è molto più morbido.

Contratto

Vuoi correre il rischio di far schizzare via dal negozio il cliente, come se fosse il campione del mondo dei 100 metri? Usa la parola contratto. È tra le più temute e negative. Fa paura. Vengono in mente l'avvocato, i tribunali, le clausole, i consigli del nonno di non firmare mai senza leggere prima tutto attentamente, le fregature, l'ansia ecc. Non si sa mai cosa può accadere.

Decisamente più soft e facili da accettare sono i termini: accordo, documento e modulo.

Firmare

Può accadere, nella vendita di determinati prodotti, o in caso di finanziamenti per l'acquisto, o per qualsiasi altro motivo, di dover chiedere a un cliente di apporre alcune firme. Allora si irrigidisce, perché gli vengono in mente mille episodi, raccomandazioni, timori e paure rispetto a cosa significhi firmare qualcosa.

È il caso del contratto, nell'esempio precedente. Il verbo firmare fa pensare a un impegno serio, per il quale ci si sta compromettendo. Il cliente inizia ad avere, anche qui, le visioni dell'avvocato che gli toglie la penna dalle mani e lo invita a leggere con estrema attenzione ogni parola, specie le clausole, per non ricevere fregature.

Intanto è fondamentale mettere le crocette accanto alla riga su cui far firmare perché il cliente si concentra su quella x e, quasi per magia, non pensa ad altro. Poi, sostituire la parola killer con:

"Bene, ora può dare l'ok al documento", "Resta solo da approvare il modulo, accanto alle croci che ho apposto", "Abbiamo terminato, resta solo da autorizzare l'accordo", "Sigliamo le copie e abbiamo terminato".

Acquistare

È vero che il cliente adora acquistare e non che gli si venda qualcosa. Allo stesso tempo, è preferibile evitare di chiedergli di comprare e usare tale verbo. È molto vincolante e può spaventare. Meglio possedere, avere, prendere. "Avere il suo nuovo prodotto le consentirà di…", "Prendere uno dei prodotti che offriamo, per lei significa anche avere una parte della nostra azienda, perché ci teniamo molto a garantire un'assistenza eccellente alle persone che si rivolgono a noi". Impegnati a elaborare una serie di frasi, in base ai diversi settori, da cui emerga l'idea del possesso.

Ecco altri esempi: "Possedere un prodotto come questo, significa…", "Questa caratteristica dei nostri prodotti…è esclusiva e presente in tutti i modelli offerti. Quando avrà scelto (individuato) il suo, saprà di portare a casa una vera novità".

Appuntamento

È una parola che mette sulla difensiva, indica formalità e fa sentire le persone vincolate. Da preferire incontro. "Fissiamo un incontro in negozio per giovedì alle 18,30." Oppure semplicemente: "Ci vediamo in negozio giovedì alle 18,30".

Clienti

È una generalizzazione. Tende a uniformare. È bene evitare di usare un termine che richiama alla mente macchine da soldi, bancomat. In realtà, sono persone che frequentano il negozio. Persone che si servono, a cui ci si dedica. Famiglie che si assistono, che si affiancano nella scelta della migliore soluzione possibile. Il negozio è apprezzato da tante persone, invece che da tanti clienti.

Ho venduto al cliente

È la tipica espressione del venditore arrogante e presuntuoso, che si sente onnipotente. Non credo che un cliente sia felice di andare da un suo amico e dire con entusiasmo: "Oggi l'addetto di un negozio mi ha venduto questo prodotto". Il cliente ha comprato e dal punto di vista emotivo ciò si traduce nel possesso, che ha la funzione di accrescere il proprio prestigio.

Quindi l'addetto vendite è meglio che dica: "Oggi una persona ha acquistato tramite me...", "Ho consigliato e fornito consulenza su...", "Ho assistito molte persone per eliminare... e aiutarle a ottenere...", "Ho fornito utili informazioni a molte famiglie e le ho assistite nell'acquisto di...", "Ho avuto il piacere di affiancare tante persone che frequentano il nostro negozio nella scelta di...". Come sempre, tutto va contestualizzato.

Se lei vuole... Come vuole lei. Come preferisce
Se te l'ho chiesto vuol dire che lo voglio. Ma sei fuori?!? Che senso ha ribadirlo?
"Per favore, invece delle scarpe nere prendo quelle blu." Come vuole lei...
"Pensavo che è meglio il televisore da 55 pollici." Come preferisce...
"Posso avere il rivestimento in tessuto invece che in pelle?" Se lei vuole...

In breve, l'addetto vendite è come se stesse dicendo che a lui non gliene può fregare di meno e si limita a dare al cliente ciò che gli sta chiedendo.

Attacca il ciuccio dove vuole il padrone! A me venditore, di te, non interessa nulla. Fai ciò che vuoi, tanto non mi riguarda. Apatia e menefreghismo totali.

Nessun trasporto o rinforzo positivo per la scelta. Anzi, che palle. Meno male che si è deciso.

Il professionista, invece, supporta la richiesta o la scelta con un opportuno: "Ottimo", "Perfetto", "Va benissimo", "Facciamo così allora", "Ottima scelta", "Volentieri", "Me ne occupo io personalmente".

Cercherò di risolvere (tentare, provare, sforzarsi, sperare)
Questi verbi, anche se sono usati in buona fede, sono negativi. Generano tutti forti dubbi sulla possibilità di riuscire a ottenere qualcosa. Chi cerca a volte trova e a volte no. Tentar non nuoce, ma senza impegno. Si prova ma non è detto che vada bene. Ci si sforza ma può essere inutile. Si spera nella buona sorte.

"Ci provo eh...", "Mi sforzo di trovare...", "Cercheremo di

venirle incontro...", "Spero di farcela...".

In caso di reclami o richieste i clienti non vogliono tentativi ma impegno, soluzioni. Piace sapere che c'è chi si impegnerà per individuare la migliore soluzione.

Quindi: "Mi impegno a...", "È mia cura...", "Ho piacere di occuparmi io personalmente di...", "Seguo volentieri io questa cosa...". In poche parole, dare sicurezze e non incertezze.

Nella parte del manuale in cui tratto la gestione del reclamo, l'utilizzo di tali espressioni risulta fondamentale.

Provare

È stato appena scritto. Mah... ci provo. Non impegna più di tanto. Ora il verbo è analizzato da un'altra angolazione.

Nei negozi l'addetto vendite chiede al cliente di provare un abito, una fetta di salame, un'auto, alcuni servizi aggiuntivi, un prodotto di bellezza ecc. Molto meglio far indossare un abito, degustare una fetta di salame, guidare un'auto, utilizzare i servizi aggiuntivi, usare un prodotto di bellezza. "Utilizzi subito questi nuovi servizi in modo da verificare come la aiuteranno a...", "Guidi l'auto per apprezzare come è stabile su strada" ecc.

L'uso del condizionale

Dire "farei" significa che ci sono barriere fra noi stessi e le azioni. "Vorrei" fa percepire che un po' si vuole e un po' no, c'è qualcosa che trattiene dall'agire. Il condizionale, appunto, condiziona e pone limiti alla vendita. "Sarebbe il caso di…" è una frase portatrice insana di problemi e genera dubbi, perché invita a chiedersi: secondo chi sarebbe il caso? Inoltre, per come è formulata, presenta una deresponsabilizzazione: chi si sta prendendo la responsabilità? Molto meglio: "Per lei è importante che…".

Potrei, ma non voglio. Andrei, ma non è il caso adesso. Direi, ma preferisco stare zitto.

Ipotesi, tentativi? I clienti vogliono certezze o, almeno, impegno. Il condizionale va nella direzione opposta. Quindi: "Indossi questo capo, è molto apprezzato da tante persone", "Cosa le piace di più di questa soluzione?", "Inizi a utilizzare subito il prodotto e verificherà che…".

Dovrei, vorrei

"Dovrei vedere in magazzino", "Dovrei chiedere al responsabile",

"Dovrei prendere l'abito dalla vetrina", "Dovrei chiamare gli altri punti vendita per chiedere", "Dovrei chiamare la finanziaria per avere conferma", "Vorrei capire meglio…". Vorrei ma non posso. Tutte frasi che denotano grande inconsapevolezza comunicativa. Infatti, l'addetto vendite non si rende conto di inviare il seguente messaggio: "Non mi va proprio di fare questa cosa, che palle! Se potessi evitare sarebbe meglio, anche perché a me di aiutare lei non interessa per nulla. Se mi andasse, invece, le direi che lo faccio subito".

Sostituire con: "Verifico, vado subito in magazzino…", "Solo un minuto per valutare con il responsabile il modo migliore per risolvere questa cosa…", "Prendo subito dal manichino l'abito che mi ha chiesto…", "Voglio capire meglio…".

Mi auguro che

Se tu addetto te lo auguri, io devo accendere i ceri alla Madonna in chiesa? Prego in ginocchio? Recito dieci Ave Maria e venti Padre nostro? Il cliente si aspetta sicurezza. Per questo, è fuori luogo dirgli che ci si augura che la sua richiesta possa essere soddisfatta. Un professionista, anche se non ha informazioni certe, si impegna a dare risposte che facciano percepire credibilità. Ad esempio: "Verifico subito ciò che posso fare per lei", "Mi impegno a dar seguito alla sua richiesta, come se fossi io stesso ad avere urgente necessità della risposta".

Nel caso in cui fosse utile confrontarsi con i colleghi o con il responsabile per fornire un feedback al cliente, per essere percepiti in modo affidabile, appena si torna da lui, in ogni caso, è bene dire: "Mi confermano di avere le mie stesse indicazioni, cioè che…".

Una piccola bugia bianca, innocua, ci può stare. Sarebbe un grave errore riferire "Mi sono sbagliato", oppure "Non lo sapevo", perché toglie valore e fiducia agli occhi del cliente. Da quel momento non avrebbe più piacere di essere seguito da chi è impreparato e non dà sicurezza.

Spero che… Spero di non sbagliare

Un addetto alle vendite che spera qualcosa dimostra di essere incerto su quello che dice, e genera dubbi nel cliente. Non è affidabile. Non dà sicurezza. Tu ti affideresti mai a chi spera?

"Spero che lei sia soddisfatto", "Spero di riuscire a…", "Spero che la merce arrivi la prossima settimana" sono frasi killer. Molto meglio dire: "Ho il piacere di fare il massimo perché lei sia soddisfatto", "Faccio di tutto per…", "Verifico che la merce arrivi la prossima settimana".

Fanno molto sorridere, per non dire altro, gli effetti che l'addetto vendite genera sul cliente quando dice che spera di non sbagliare. In realtà, ha appena comunicato: "Sappia che io sbaglio sempre, non ne azzecco una. Spero, quindi, che almeno questa volta non accada perché, ripeto, caro cliente, ci tengo che lei sappia di avere di fronte una persona che commette errori di continuo. Sono in pochi a sbagliare come me".

Eccezionale, vero? Ti affideresti mai a chi ti ha appena confessato di essere un campione nel prendere cantonate?
Magari l'addetto crede, in buona fede, di essersi espresso bene, per non creare false aspettative nel cliente. Non si rende conto, però, del "disastro comunicativo" appena creato. Per non incorrere in questo errore, utilizzare: "Verifico", "Abbia la serenità che…", "Mi accerto io personalmente di questa cosa".

Dubito che...

Se già l'addetto vendite dubita, figuriamoci gli effetti sul cliente. Invece di riferire ciò di cui non c'è certezza, meglio dire quello di cui si è sicuri. Cioè, l'altra faccia della medaglia. La frase "Dubito che per la prossima settimana sia tutto pronto..." va sostituita con: "Verifico subito quanto tempo è necessario per garantirle che tutto sia perfetto come lei, di sicuro, desidera". Trasformazione in positivo.

Credere, credo che...

Un conto è credere, un altro è essere sicuro. Nel caso, è inutile aggiungere il verbo credere che, invece, rappresenta un'interpretazione personale del venditore, una sua convinzione. Che non è assimilabile alla realtà. Ma, soprattutto, al cliente di quello che crede l'addetto potrebbe non interessare alcunché.

Ciò che conta è quello che crede il cliente, in base ai suoi parametri. Ti è mai accaduto di fare una domanda ben precisa e sentirti rispondere "Credo di sì"? Cosa hai pensato di quel venditore? O è sì o è no. Non saprei come catalogare un "credo di sì".

Decidere

È un verbo che fa paura. Vuol dire tagliarsi fuori da altre possibilità. Alle persone non piace decidere. Si preferisce rimandare piuttosto che prendere una decisione. È umano. Ci pone di fronte a situazioni difficili e complesse: "Decidi cosa vuoi fare nella tua vita...", "Hai deciso di studiare o di lavorare?", "Deciditi, o mi sposi o lasciamoci ora", "Devo decidere se cambiare lavoro...".

Non si può chiedere a un cliente di decidere, altrimenti lo si pone in posizione di disagio, di difficoltà. Lui preferisce ascoltare che è possibile valutare, prendere in considerazione, scegliere.

Mi scusi se la disturbo

Frase killer molto utilizzata al telefono e nelle relazioni con la clientela. A chi piace essere disturbato? Infastidito? A nessuno. E allora perché la si usa così tanto? Sempre per lo stesso motivo, per abitudine. La si sente così spesso che ripeterla diventa normale, senza rendersi conto del significato disgustoso. Se pensi ai disturbi di stomaco visualizzi qualcosa di piacevole? Eh no.

È difficile predisporre positivamente nei propri confronti una persona a cui si presenta un'immagine sgradevole. Sostituire con: "Buongiorno. Mi dedichi un minuto e le mostro...", "Solo un momento per presentarle...", "È un buon momento per lei per...?".

Le rubo qualche minuto. Posso rubarle qualche minuto?

Ladro. Non hai iniziato neanche a parlare e già mi vuoi sottrarre qualcosa. Rubare è fra i verbi più negativi che ci siano. Nella nostra mente si crea subito l'idea del furto. Quindi, cancellare dal vocabolario delle vendite e positivizzare, come nell'esempio precedente.

Forse riusciamo a...

Il massimo dell'insicurezza. Invece: "Ho verificato quello che possiamo fare per lei, cioè...", "Verifico la situazione in modo da aggiornarla subito su...".

Scusa

Chi si scusa, di solito lo fa perché ha sbagliato qualcosa. Ha commesso errori. A volte chiedere scusa è necessario se il cliente ha vissuto un grave disagio, se si ha colpa, o responsabilità, di qualcosa. "Le chiedo scusa a nome di tutti per quanto accaduto".

Ma sono da evitare le seguenti frasi, con le quali implicitamente si sta già ammettendo di avere delle colpe: "Mi scusi se la chiamo a quest'ora", "Scusi, mi passa quel maglione?", "Mi scusi per l'attesa".

Chiedere scusa oltre misura fa apparire deboli e, da un punto di vista negoziale, pone il venditore in una condizione di inferiorità. In tal modo diventa difficilissimo farsi percepire credibili e autorevoli. Va detto, ma consapevolmente.

È bene sostituire le frasi errate con: "Può dedicarmi un minuto?", "È un buon momento per…", "La sto chiamando a quest'ora perché…", "Per favore, mi passa quel maglione?", "Eccomi. Grazie per l'attesa. Ora mi dedico completamente a lei".
In genere, invece di dire "scusa", quando si vuole attirare l'attenzione di qualcuno è molto meglio utilizzare "per favore".

Mi corregga se sbaglio. Se non ho capito male… Se non ricordo male…
Sono forme che denotano insicurezza personale e riducono la

forza dell'addetto vendite. Correggere, sbagliare, capire male, creano suggestioni negative. Richiedere di essere corretti toglie valore, con l'aggravante dello sbaglio. Vuol dire che si è abituati a commettere errori.

Non ha senso, inoltre, presumere di aver capito male. Si fa percepire che, siccome accade spesso, può essere una circostanza che si è ripetuta ancora una volta. In più, la parola "male" è fuori luogo. Idem il fatto che si possa avere un ricordo distorto.
Al cliente arriva il messaggio che siccome si sbaglia, si capisce male e si ricorda peggio, è necessario l'intervento di un'altra persona per mettere ordine. Ora ci si sente più sicuri, eh?

Cambiare le frasi in positivo è necessario per condizionare il cliente in modo vincente. Quindi: "Mi conferma che...?", "Ho capito bene che...?", "Ricordo bene che...?", "È corretto quando dico che...?".

Non sono d'accordo
Con questa affermazione si creano due schieramenti. Uno contro l'altro. È finita, si passa allo scontro su chi ha ragione. È una

risposta che crea un muro, una barriera, il massimo della distonia. A nessuno piace sentirsi dire che ha torto, che sbaglia. Usare, invece: "Capisco che...", "Comprendo che...", "Quello che lei dice è interessante ed è anche vero che...", "Entrambi sappiamo che... quindi è anche vero che...", "Comprendo il suo punto di vista e lei può anche verificare che...".

Non ho mai detto questo

Difendersi o, peggio, smascherare il cliente non produce positivi effetti commerciali. Quindi, è totalmente inutile. È come dire al cliente che è un bugiardo, perché riporta cose non vere. La tendenza a reagire così dipende dall'orgoglio dell'addetto, che non accetta la scorrettezza altrui e si sente umiliato. Ma i soldi del cliente che "ci prova" sono identici a quelli del cliente gentile e educato.

Ad esempio, il cliente: "L'ultima volta che sono stato qui mi ha detto che questo cappotto me lo avrebbe scontato del 30%". Risposta corretta: "Sono rammaricato per ciò che mi riferisce, di sicuro non mi sono espresso bene. Il valore di questo cappotto è di 300 euro, come può verificare lei stesso sull'etichetta, ed è previsto uno sconto del 15%. Questo è il massimo che posso fare per lei". Oppure, nel caso in cui il cliente insistesse con il bluff: "La capisco e le chiedo scusa se, involontariamente, le ho detto che...". Va considerato che il cliente sa che non è vero e che ci sta solo provando. È un mercante. Ma va evitato lo scontro. Sempre.

È la terza volta che...

Ai clienti non interessano le statistiche. Così, se un cliente è la terza volta che entra in negozio per rivedere un prodotto, non ha senso infastidirsi e sottolinearlo ma va accolto sempre con la solita cortesia.

Io penso che...

Se un consiglio o un parere non sono sollecitati dal cliente (se sì, invece, è positivo, perché significa che c'è apprezzamento e si riconosce valore) è errato prendersi la libertà di esprimerli, perché lo si infastidisce e ci si fa percepire come addetti invadenti, impazienti di vendere, interessati solo al suo denaro.

Quindi, cancellare dal vocabolario delle vendite anche: "Io credo", "Ritengo che...", "Secondo me...", "A me non piace",

"Io le consiglio di…". L'unico parere che conta è quello del cliente. Sostituire con: "Cosa ne pensa di…", "È interessante per lei…", "Cosa ne dice di valutare…", "Cosa le piace di più di…?".

Utilizzo eccessivo del "noi"

È vero che crea l'idea del gruppo, della collaborazione e dell'affidabilità, ma senza esagerazioni. Se usato troppo spesso genera distanze, allontana il cliente, che si sente quasi escluso. Da preferire "io e lei", con il noi inteso in quel senso e non riferito al negozio. È un plurale maiestatis un po' troppo aulico.

Sarò sincero (e affini…)

"Se devo essere sincero", "a essere sincero", "sinceramente", "a dire la verità", "se devo dire la verità", "onestamente", "a essere onesti", "francamente", "davvero".

Tipiche espressioni di chi non si rende conto che la percezione è l'opposto di quello che vuole far credere. Anche se è in buona fede o realmente sincero. Spesso è utilizzata dall'addetto che parla e parla per convincere, con l'obiettivo di vendere e basta.

Genera insicurezza nel cliente, toglie credibilità, perché

comunica: "Sappi che io non sono un addetto sincero, racconto sempre frottole e balle, invento di tutto pur di vendere. Siccome ora sono sincero, a differenza di tutto quello che ti ho detto finora, sento il bisogno di sottolinearlo. Ma stai attento, non ti fidare di me...".

Compreresti mai da una persona che ti ha appena detto di non essere sempre onesta?

Non è colpa mia

Il cliente non vuole sapere di chi è la colpa, ma pretende soluzioni e ha il piacere di sentire che l'addetto alle vendite lo comprende e non cerca alibi e giustificazioni pur di non mettersi a sua disposizione.

Si tratta di una risposta infantile, da asilo. La maestra sgrida Giorgino che risponde: "Non è colpa mia, maestra. La lampada è caduta perché Paolino mi ha spinto". Te lo immagini un professionista che si giustifica davanti al cliente, rimpallando le responsabilità, come un bambino? Quindi, rispondere così come indicato nel capitolo sulla gestione di qualsiasi reclamo.

Non dipende da me

Alcuni addetti aggiungono: "Io sono un semplice dipendente, mi devo attenere alle regole del negozio, non posso prendere altre decisioni". In poche parole, riferiscono di contare quanto un cavolo. Da quel momento in poi, diventano fantasmi che vagano nel punto vendita, perché la clientela, se mai tornerà, non li degnerà più nemmeno di uno sguardo. Cancellati.

Dire solo quello che si può fare per il cliente, senza sottolineare che non si ha potere alcuno. Inoltre, come per l'esempio precedente, nessuna persona in negozio vuole sapere da chi dipenda quanto accaduto di negativo. Urge la soluzione.

Non so che dirle

Il cliente pensa: "Se non lo sai tu, figurati io…" e la cosa lo infastidisce di brutto, perché è una risposta deresponsabilizzante. L'altra faccia della medaglia: dire quello che si sa. "Verifico subito con… quello che posso fare per lei."

È un sacrificio che le conviene fare

La parola "sacrificio" è molto negativa ed è incoerente con il fatto che il cliente oggi voglia vivere emozioni, esperienze d'acquisto uniche e distintive, coinvolgenti, multisensoriali, in modo da essere stimolato a tornare in quel punto vendita per rivivere la stessa piacevole situazione. Per questo, il termine "sacrificio" è improponibile, perché la gente ne fa fin troppi ogni giorno. Anche in negozio no!

Meglio dire: "Con qualche euro in più si garantisce il vantaggio di portare a casa questo prodotto che tanto le piace...", "Con qualcosina in più...".

Un brevissimo discorso, ben strutturato e altamente emozionale produce effetti eccezionali: "Ho il piacere di condividere con lei qualche considerazione. Ognuno di noi ogni giorno fa sforzi di ogni genere, si impegna, lavora, si sacrifica, segue i figli, problemi, malattie ecc. In situazioni come questa, in negozio, io stesso quando sono cliente mi dico che ogni tanto merito un regalo, che devo darmi un riconoscimento e un premio per tutto quello che faccio, che io valgo qualche euro in più, che per una volta posso pensare solo a me. Crede anche lei, signora Paola, che merita qualcosa in più solo per lei? Si merita un regalo, questo [prodotto] solo per lei? Si tratta di appena tre euro al giorno per un mese, per possedere ciò che più le piace. Se lo merita".

È chiaro che questa ultima indicazione vale solo in determinate circostanze, con i clienti ben predisposti e ha un effetto positivo solo se espressa con le giuste parole, con il cuore, con autorevolezza e capacità di creare pathos.

Poi vediamo quello che si può fare

È la frase dilettantistica utilizzata da chi, non sapendo cosa rispondere ad alcune domande del cliente, cerca di prendere tempo. Produce insicurezza e fastidio, oltre a togliere credibilità. Dove devi vedere, ti aiuto? Da sostituire con: "Verifico io personalmente quello che posso fare per lei…", "Ci tengo a darle subito una risposta, verifico in un minuto…", "Mi confronto con il responsabile in modo da confermarle quello che posso fare per lei…".

Lei è il primo a lamentarsi

Che fortuna. Ho vinto qualcosa? Festeggio con la famiglia? Organizziamo una grande festa per premiare lo sfigato dell'anno? Chi si sente dare questa risposta immagina di essere al centro del campo dello stadio San Siro, a Milano, tutto esaurito, e i tifosi che urlano: "Scemo, scemo, scemo...". È una frase che può mai essere apprezzata da qualcuno?

I clienti non vogliono sapere come sono posizionati in classifica fra quelli che si lamentano. Essere l'unico è un alibi che alla clientela non interessa, visto che desidera solo una soluzione. Si tratta di una delle peggiori risposte che si possa dare a un cliente. Sembra quasi che la colpa diventi la sua, essendo etichettato come l'unico "sfigato" a cui è accaduta una tal cosa. Invece, usare quanto indicato per la corretta gestione di un reclamo. "La ringrazio per la segnalazione."

Insisto perché...
Il verbo insistere è negativo. Chi insiste è fastidioso, invadente. Sostituire con: "Può verificare lei stesso che...", "Lei per primo può verificare che...".

Glielo garantisco io
Questa espressione può andare bene solo nel caso in cui il cliente fosse fedelissimo all'azienda e riconoscesse all'addetto vendite

una totale credibilità e fiducia. Altrimenti genera diffidenza, perché il cliente pensa che il venditore non potrebbe dire il contrario e che garantisce il prodotto solo per venderlo, come farebbe chiunque.

Diverso è l'effetto che si ottiene, ad esempio, con frasi tipo: "Potrà verificare subito che questo jeans elasticizzato dopo il lavaggio mantiene la stessa qualità che lei sta apprezzando ora, come ci riferiscono tanti clienti che li indossano ormai da tempo…", "Può verificare lei stesso che la qualità del prodotto è la migliore garanzia…", "Sarà lei stesso, mentre utilizzerà il prodotto, a rendersi conto che…".

Mi segue?
È come chiedere: "Ha capito?". Il senso è: "Riesce a starmi dietro, visto che mi sembra molto limitato e inferiore rispetto a me?". L'addetto che si esprime così vuole mettersi al centro dell'attenzione e togliere la scena al cliente. Ha bisogno di sentirsi importante, vuole riconoscimenti, desidera sentirsi dire che è bravo. Sostituire con: "Entrambi sappiamo che…", "Sono stato chiaro?".

Lei mi fraintende. Non mi fraintenda. C'è stato un malinteso. Non ci siamo capiti

Sono frasi con cui l'addetto fa pesare l'errore o il difetto di comunicazione al cliente, assegnandogli una quota di responsabilità. Gli comunica che se non ci si è intesi è stata anche colpa sua. A parte l'orgoglio personale, chi altro ottiene vantaggi con queste frasi? Nessuno. Difficile che il cliente sia felice o motivato ad acquistare, ora. Quindi, meglio che l'addetto si assuma tutta la responsabilità, per evitare inutili discussioni.

Anche se è stato il cliente a capire il contrario? Sì. A che cosa serve prendersi la ragione e perdere la vendita?

È preferibile dire: "Mi dispiace, sicuramente non mi sono spiegato bene. Intendo dire che...", "Sono rammaricato, riconosco di non essermi espresso molto bene...".

Siamo seri...

Mai rispondere alle richieste "provocatorie" o "al limite" da parte dei clienti, che spesso ci provano per ottenere vantaggi oltre misura, con un'affermazione che invia il messaggio: "Lei è un buffone, pagliaccio. È fuori...".

Difficile

Qualsiasi cosa, presentata come difficile, diventa quasi un'impresa nella mente dell'interlocutore. Anche in questo caso, si tratta della faccia negativa della stessa medaglia. L'addetto deve concentrare l'attenzione del cliente su ciò che è facile, non su ciò che è difficile. Le persone tendono ad allontanarsi da ciò che è complicato e si avvicinano a ciò che è più semplice. Meglio raccontare cosa è facile. "Non è facile" o al massimo "È impegnativo", piuttosto che difficile.

Mi creda, si fidi

Il messaggio che arriva al cliente è: "La prego, si fidi di me, visto che di solito non lo fa nessuno e non sono credibile. So che lei non lo farebbe mai se non glielo chiedessi io. Per favore!". La credibilità e la fiducia devono essere riconosciute, non si chiedono. Peggio, non si elemosinano.

Anche in questo caso l'espressione si può accettare solo in caso di cliente molto fedele, che già riconosce l'affidabilità dell'addetto. "Ci conosciamo da tempo e può confermare che ha sempre fatto bene a fidarsi. Proprio per questo le dico che…".

Negli altri casi: "Il mio obiettivo giornaliero è fare in modo che ogni persona che entra in negozio voglia ritornare in breve tempo. E affinché ciò accada, lei sa bene che si deve creare un rapporto di fiducia. Per questo, mi fa piacere che lei valuti quanto merito la sua fiducia...", "Lasci che le dimostri concretamente, con i fatti, che la sua fiducia in me è ben riposta...", "Mi dia la possibilità di dimostrarle, concretamente, perché c'è da fidarsi...".

Io al suo posto...

Il venditore invadente si esprime così, purtroppo. Ma chi ti ha chiesto niente? Ma chi sei? Cosa vuoi? Stai al tuo posto. Chi si permette di esprimere pareri non richiesti, di entrare in valutazioni non sollecitate, dimostra di essere impaziente. Vuole vendere a tutti i costi.

Da sostituire con: "Qual è la cosa più importante per lei rispetto a...?", "Cosa ne pensa della possibilità di...?", "Quanto è interessante per lei...?", "Come valuta la soluzione...?".

Posso chiederle...? Posso mostrarle...?

È una domanda da usare con il contagocce, magari solo in fase iniziale di una trattativa, perché si rischia, altrimenti, di mettersi in una posizione di inferiorità rispetto al cliente. Essere educati non significa diventare sottomessi e perdere valore negoziale. È bene rivolgersi in maniera più diretta: "Le faccio una domanda: secondo lei…?", "Le mostro questo nuovo prodotto così mi dice che cosa ne pensa".

Dovere. È il nostro lavoro. Siamo qui per questo. Quando vuole, siamo sempre qui (detto con il volto triste…)

Chissà quante volte ti è capitato di ringraziare un addetto vendite in negozio e sentirti rispondere: "Dovere". È una parola pessima, da commesso old style, che non esprime il piacere di servire il cliente: "Fosse per me non mi interesserei a lei, di cui non me ne può fregare di meno. Purtroppo è il mio lavoro, che non amo, sono costretto a svolgerlo per necessità, non ho alcun piacere di servirla".

La parola chiave è *piacere*. Bisogna passare dal dovere professionale al piacere professionale.

Tutte le espressioni appena indicate, comprendo che si dicano in buona fede. L'addetto che riferisce, senza entusiasmo, di essere sempre in negozio, a disposizione, pur senza volerlo è come se affermasse: "Purtroppo la nostra vita è qui, in negozio. Dalla mattina alla sera. Che palle. A qualsiasi ora lei venisse, noi siamo qui. Tempo libero quasi nullo e una vita tristissima. Uffa…".

Sostituire, quindi, con: "È stato un piacere dedicarmi a lei", "Mi consideri sempre a sua disposizione", "Ogni volta che avrà il piacere di venire a trovarci, sarò a sua completa disposizione", "Per qualsiasi cosa, passi pure a trovarci. È un piacere".

È da stamattina che lavoriamo. Siamo in pochi. Noi lo chiediamo di aumentare il personale…

Nei giorni di grande affluenza e di inevitabile stress, qualche addetto si lascia andare a considerazioni inopportune con la clientela, specie se si reclama loro di essere serviti. Mai portare i clienti su fatti a cui non arriverebbero da soli, come riferire aspetti organizzativi o lamentele di vario genere. Il cliente non è il confessore a cui parlar male dell'azienda in cui si lavora. Follia.

Ho iniziato da pochi giorni e ancora non conosco tutti prodotti (non so bene dove si trovino tutti prodotti). Sto facendo ancora pratica

Le affermazioni sono comprensibili ma al cliente non interessa.

Anzi. Lui pretende risposte, non vuole sapere da quanto tempo lavori un addetto. A meno che sia scritto "stagista" sul badge, non ce l'ha stampato in fronte e il cliente si aspetta un servizio professionale anche da lui. Si tratta di risposte dilettantistiche, superabili facilmente con: "Verifico subito con i colleghi come possiamo esserle utili".

Quello che vede

Argomento già trattato in sede di accoglienza e gestione del cliente nel punto vendita. Ma utilissimo ribadire che non va bene. In questo modo è come se si stesse comunicando che per l'addetto è un fastidio servirlo. Se non si accontenta di quello che vede può andar via. In tanti sceglieranno di andar via. E non per colpa della crisi.

La taglia più grande

Espressione killer tipica nei negozi di abbigliamento. A nessuno fa piacere indossare taglie "più grandi", che subito si associano al fatto di essere ingrassati. Grandi, ingombranti. L'impatto è molto negativo e porta al rifiuto del capo. Non a caso molti addetti, durante i corsi, mi riferiscono di clienti che hanno una taglia 46 e pretendono di indossare una 42. Molto meglio parlare di "una taglia diversa". E, se proprio fosse indispensabile la 46, riferire che "veste molto stretta", perché l'azienda realizza vestiti molto "slim". Una bugia bianca, a fin di bene.

In altri casi, quando un abito sta davvero male a un cliente e non sembra convinto nemmeno lui, essere onesti paga ed è apprezzato, semplicemente dicendo: "Devo riconoscere che altri abiti la valorizzano di più rispetto a questo". È un modo elegante per aiutarlo a fare la scelta migliore, ma solo se non piace nemmeno a lui. Altrimenti il rischio è di offenderlo e perderlo.

Guardi che stiamo chiudendo

È un'accoglienza pessima, nel caso in cui il cliente entrasse pochi minuti prima della chiusura. Integra quanto scritto nella parte dedicata, cioè che il cliente non è un ospite sgradito ma colui il quale deve vivere un'esperienza d'acquisto da protagonista, perfettamente integrato in negozio. Sappiamo tutti che se il negozio deve chiudere non si possono fermare le lancette dell'orologio, ma c'è modo e modo di rivolgersi alla clientela.

Un'altra possibilità può essere: "Buonasera signora, mi dedico volentieri a lei anche se il negozio chiude fra pochi minuti. Si senta libera di dare un'occhiata e di scegliere con calma. Mentre i colleghi sistemano tutto per la chiusura, ci sono io con lei".

Evitare l'imperfetto e i verbi al passato

Ad esempio: "Avevo da proporle questa soluzione…", "Pensavo di valutare con lei…".

Vuole dire forse che adesso questa possibilità non c'è più? Così si trasferisce al cliente precarietà e incertezza. L'addetto alle vendite deve abituarsi a utilizzare l'indicativo presente e l'imperativo presente, seppur con garbo.

Son proprio tante, eh? E altre ancora ce ne sarebbero…

Ricordi la prima volta che hai guidato l'auto? Non è stato semplice, giusto? Hai dovuto pensare a mille cose insieme, a tanti buoni consigli ricevuti da guidatori più o meno esperti e dal tuo maestro della scuola di guida. È stato tutto abbastanza meccanico. Specchietto, cintura di sicurezza, messa in moto, frizione, freno, acceleratore, freccia. E poi, il primo sorpasso che non finiva mai. I parcheggi complicati. All'inizio hai dovuto abituarti. Poco alla volta.

Lo stesso vale per la sostituzione delle frasi killer con quelle corrette. Bisogna ricreare un'abitudine. E allenarsi. Ogni secondo della giornata. Ora guidi con disinvoltura? Spero di sì…

Ci sono diverse parole che hanno la funzione di amplificare la percezione positiva. Innanzi tutto è fondamentale l'atteggiamento dell'addetto vendite. In particolare, quello che dice a se stesso, il cosiddetto dialogo interiore. La motivazione è ciò che stimola ad agire e risulta fondamentale. Il professionista la trova in sé ogni giorno, perché è consapevole che la sua giornata lavorativa viene condizionata dall'approccio alle diverse situazioni e alle persone. E tali effetti ricadono sulla qualità del servizio al cliente, la cui esperienza d'acquisto deve essere memorabile.

Sono da evitare, quindi, le frasi demotivanti che l'addetto tende a dirsi prima, durante e dopo l'incontro con il cliente.
Ad esempio: "Non mi va proprio di essere qui oggi…", "Oddio quanta gente c'è in negozio… che stress", "Che tamarri questi due signori, ma vedi tu con chi devo avere a che fare…", "Tanto quello non compra…", "Speriamo di vendere qualcosa oggi…",

"Penso che questo prodotto costi troppo, io non lo comprerei...", "È un periodo pessimo di vendite...", "Questo cliente non sa nemmeno lui che cosa vuole...", "I clienti vengono a perdere tempo in negozio, vedi?".

Ospitare nella propria mente immagini negative vuol dire darsi da soli la zappa sui piedi e predisporsi all'insuccesso commerciale. Il grande professionista, invece, rende ogni giornata il suo capolavoro.

Integrare tra loro le parole positive è utile per influenzare il cliente in maniera ancor più forte e coinvolgente.

Alcune utili parole positive

Rispondere con il **sì** a un cliente, ad esempio, è quanto di più positivo esista. Rappresenta l'apertura al dialogo, alla collaborazione, alla costruzione di un rapporto. Genera un'ottima percezione. Ogni volta che se ne ha la possibilità, è bene iniziare la frase con un *sì*.

"Sì, è giusto", "Sì, è da questa parte", "Sì, la sua è una considerazione interessante", "Sì, ho capito", "Sì, il prodotto è disponibile", "Sì, ricordo bene che...".

Più, in più

Nella nostra mente appare il segno dell'addizione. Rappresenta qualcosa che si somma ad altro. È un vantaggio. Positività pura. "Questo prodotto le offre l'opportunità di... e in più...". È un valore aggiunto. Ai clienti piace molto, supera le aspettative.

Tra sottrarre e aggiungere, ognuno di noi, ovviamente, preferisce la seconda soluzione. Tranne che per il peso quando facciamo la prova costume, prima di andare al mare. Stimola gli acquisti sentire: "Il servizio garantito ai clienti è ritenuto il più veloce oggi sul mercato", "Questa linea è ancor più apprezzata da altri clienti che, come lei, preferiscono...", "Grazie al vastissimo assortimento, ha molte più possibilità di scelta", "Il prodotto è stato arricchito con più principi attivi e garantisce risultati ancor più rapidi", "Oltre a quanto le ho detto, in più le offro...".

Perché

Ha un grande potere persuasivo come congiunzione. Fornisce credibilità perché stimola ad ascoltare le motivazioni relative a ciò che si sta dicendo. "Le chiedo questo perché...", "Si tratta di un'ottima scelta perché...", "Preferire un prodotto di qualità è importante perché…”.

Nuovo, novità

La maggior parte della gente è motivata da tutto ciò che è nuovo. Desidera le novità, che generano grande appeal. Acquistare qualcosa di innovativo fa sentire di essere i primi, importanti, superiori agli altri. Un nuovo prodotto stimola la curiosità delle persone, che si sentono gratificate dal fatto di potersi distinguere. Non è un caso che in tanti punti vendita gli addetti ricevano quasi sempre la domanda: “È arrivato qualcosa di nuovo?”, “Avete qualche novità?”, “Vi è arrivato il nuovo modello di...?”, “Quando esponete la nuova collezione?”.

Perché aspettare la richiesta del cliente? È bene anticipare, con affermazioni come: “C'è un nuovo prodotto/sistema/servizio che ha migliorato alcuni aspetti di quello precedente, pur molto valido”, “È una novità assoluta nel settore”, “C'è qualcosa di nuovo ora, per chi è avanti (per chi richiede il meglio)”, “La nuova soluzione le consente di...”, “La novità che le presento è stata considerata sorprendente da…”.

Entusiasmo, passione, con il cuore

Sono parole che evocano motivazione. Immagini positive, coinvolgimento, partecipazione, amore, calore, valori. Identificano una persona che ci mette tutta se stessa per i clienti, per superare le loro aspettative.

Responsabilità, Mi sento responsabile di...

Ai clienti piace sapere che di fronte hanno un addetto che si impegna con piacere. Si è così stanchi di incontrare venditori avvezzi al famoso scarica barile e alla deresponsabilizzazione che essere serviti da chi fa il contrario genera entusiasmo.

Facile, semplice

Le persone sono motivate ad "allontanarsi da" tutte le difficoltà e ad avvicinarsi volentieri a ciò che risulta facile, semplice. Sono parole magiche, che predispongono positivamente. Sapere che un prodotto sia facile o semplice da usare e che una soluzione fornisca facili risultati è una calamita per i clienti.

Provato e verificato e collaudato

Invece di dire: provato, verificato e collaudato. Il vantaggio è che usare due volte la congiunzione "e" dà ritmo, intensità ed enfasi al messaggio, separando e sottolineando i tre punti chiave. Si tratta di tre parole che, in questa sequenza, risultano estremamente persuasive, come ben sanno i grandissimi venditori.

Risparmio

Molti clienti si illuminano quando sentono questa parola. Ha un effetto molto positivo perché è associata a un vantaggio immediato, sia esso economico, di tempo, di fatica, di energie, di attività in genere.

"Grazie a questo prodotto (chiamarlo per nome), risparmia almeno un'ora al giorno che, così, può dedicare a se stessa", "Utilizzando il **suo** nuovo prodotto, risparmia la fatica di…", "Con questa soluzione che abbiamo analizzato insieme, risparmia x euro rispetto a… e quindi può…".

Gratis

C'è bisogno di spiegare perché attiri l'attenzione dei clienti? Scontato. Un'ottima promozione è: "Uno lo compri, l'altro è gratis".

Migliorato

Ogni versione successiva di un prodotto si presuppone che sia migliore della precedente. O almeno è ciò che ci si aspetta. Quindi persuade i clienti sapere che: "Il prodotto è stato addirittura migliorato, per quanto già ottimo e apprezzato", "Il servizio clienti è stato migliorato in… per superare le aspettative", "Questo tipo di prodotto ha migliorato nettamente le prestazioni di tutti quelli precedenti", "Per chi non si accontenta e cerca un prodotto migliorato negli anni, questa è la soluzione perfetta, come può valutare…".

Libero, libertà

C'è chi lotta per il valore di questa parola. Altri hanno dato la vita. Per questo, il significato che la gente attribuisce a tale termine è profondo. Lo amiamo tutti. Ci viene in mente il gabbiano Jonathan Livingston.

Essere liberi di fare qualcosa ci predispone positivamente. In quel momento non ci sono più muri, barriere, ci riempiamo di energia e di entusiasmo. Il potere di questa parola è immenso e va utilizzato spesso nella vendita. Nell'accoglienza dei clienti in negozio è fondamentale. "Visiti pure liberamente (con la massima libertà) il nostro negozio", "Lei è libero di valutare ciò più preferisce", "Si senta libero di scegliere fra queste due soluzioni...".

Potente

Si tratta di un'altra parola che rassicura e dà sicurezza. Richiama l'idea della forza, dell'affidabilità. "Come ha potuto notare, è un sistema molto potente", "La potenza di questo prodotto garantisce risultati eccellenti".

Risultati

Sin dai tempi della scuola ne siamo molto attratti. Nello sport è un termine utilizzato di continuo. La parola "risultato" attrae perché ci accompagna nella vita, in cui ognuno punta a ottenere vari tipi di risultati. Positivi. "Il risultato è che grazie a questa soluzione lei può...", "Con questo prodotto si garantisce un doppio risultato...".

Vantaggio

È una parola estremamente persuasiva, perché tutti vogliono

ottenere vantaggi. Se l'addetto vendite è bravo a renderli ancor più specifici e validi per il singolo cliente, diventano un magnete. "Il vantaggio specifico che lei ottiene, in base a quello che mi diceva prima, è che con questo prodotto...", "In più, il vantaggio di acquistare ora è che...", "Con quest'offerta, il vantaggio di risparmiare si somma all'opportunità di...".

Speciale

Chi compra è sempre affascinato da ciò che è speciale. L'interesse si moltiplica. "È speciale il fatto che...", "Si tratta di un'offerta speciale, valida solo per questa settimana", "Questo prodotto è considerato speciale dai nostri clienti...".

Ricordo ancora, durante un corso, dopo aver passato in rassegna le principali parole killer da eliminare e da sostituire con quelle positive, fondamentali in ogni momento dell'incontro in negozio con il cliente, l'espressione basita di un addetto vendite che mi fissava e scuoteva la testa. Alla mia richiesta se stesse bene, si coprì il volto con le mani e disse: "Mi hai eliminato più del 50% delle parole che utilizzo. E ora, che cosa dico?!?". Che ridere. Ma, il più delle volte, scherzando si esprime proprio la verità.

Ti starai chiedendo: "Se il concetto è abbastanza simile, ma cambia solo qualche parola, va bene lo stesso?". Per nulla. Se un concetto giusto lo esprimi con parole sbagliate, influenzerai il cliente in maniera negativa. È quella la differenza fra il professionista e un commesso qualunque.
Definisci il tuo programma di miglioramento.

Parlarne in pizzeria con gli amici, correggerli e fare il figo, non ti servirà a nulla. Se riconosci di usare qualcuno tra i termini da cancellare nella vendita, impegnati ogni settimana a lavorare su almeno due frasi, sia nella vita privata sia in negozio. In poco tempo, il tuo modo di esprimerti si arricchirà di valore e, in più, vendere risulterà più facile. La tua autostima si rafforzerà e farai sempre meglio. Riceverai apprezzamenti, ti differenzierai e la tua crescita professionale sarà più veloce.

Dai... scegli le prime due parole o frasi killer da eliminare e sostituiscile con quelle positive.
Inizia sin d'ora. Distinguiti dai commessi mediocri.

I punti chiave del 9° capitolo

Evita sempre le frasi killer:

Problema	Firmare	Utilizzo eccessivo del "noi"
Non	Acquistare	Sarò sincero (e affini…)
Non ci sono problemi	Appunta-mento	Non è colpa mia
Non si preoccupi	Clienti	Non dipende da me
Mi faccio carico	Ho venduto al cliente	Non so che dirle
Non voglio prenderla in giro. Non creda che voglia prenderla in giro. Non lo dico per vendere	Se lei vuole… Come vuole lei. Come preferisce	È un sacrificio che le conviene fare
Non mi sembra convinto. Ha dei dubbi? Mi sembra che abbia dei dubbi	Cercherò di risolvere (tentare, provare, sforzarsi, sperare)	Poi vediamo quello che si può fare

Non è male	Provare	Lei è il primo a lamentarsi
No. Non posso. Non riesco. Non c'è	Uso del condizionale	Insisto perché…
Peccato, purtroppo, mi dispiace, impossibile, pazienza	Dovrei, vorrei	Glielo garantisco io
Però, ma, invece	Mi auguro che	Mi segue?
Non le prometto niente	Spero che… Spero di non sbagliare	Lei mi fraintende. Non mi fraintenda. C'è stato un malinteso. Non ci siamo capiti
"Non vuole altro?", "Serve altro?" "Solo questo?" "Nient'altro?" "Basta così?" "Non vuole acquistarlo?"	Dubito che…	Siamo seri…
In alternativa	Credere, credo che…	Difficile

Le piace?	Decidere	Mi creda, si fidi
Bisogna	Mi scusi se la disturbo	Io al suo posto…
Niente	Le rubo qualche minuto. Posso rubarle qualche minuto?	Posso chiederle…? Posso mostrarle…?
I nostri prodotti/servizi sono i migliori. Il prodotto è ottimo.	Forse riusciamo a…	Dovere. È il nostro lavoro. Siamo qui per questo. Quando vuole, siamo sempre qui (detto con il volto triste…)
È regalato. È economico. Costa di meno. Vuole spendere di meno?	Scusa	È da stamattina che lavoriamo. Siamo in pochi. Noi lo chiediamo di aumentare il personale…

Prezzo, costo	Mi corregga se sbaglio. Se non ho capito male… Se non ricordo male…	Ho iniziato da pochi giorni e ancora non conosco tutti prodotti (non so bene dove si trovino tutti prodotti). Sto facendo ancora pratica
È costoso	Non sono d'accordo	Quello che vede
Acconto	Non ho mai detto questo	La taglia più grande
Pagamento mensile	È la terza volta che…	Guardi che stiamo chiudendo
Contratto	Io penso che…	Evitare l'imperfetto e i verbi al passato

Capitolo 10:
Come superare le obiezioni per vendere

Obiezione.

In tribunale va bene, in una causa. Le parti sono l'una contro l'altra. Nella vendita, invece, non è così. Anzi. Addetto vendite e cliente devono trovare un punto di incontro e vincere entrambi.

Da sempre il tema delle obiezioni attira la massima attenzione da parte di chiunque faccia il venditore. Durante i corsi aziendali gli occhi dei collaboratori brillano nella speranza di conoscere le parole magiche che fanno superare tali ostacoli e vendere. Il professionista, invece, sa bene che il cliente è influenzato da ogni secondo dell'esperienza d'acquisto, ancor prima di entrare in negozio.

Se si è perfetti in ogni passaggio, se tutte le variabili di marketing sono coerenti, l'acquisto dovrebbe essere una naturale conseguenza. Non è il momento finale quello decisivo.

L'obiezione si presenta quando c'è ancora qualcosa che trattiene il cliente dalla scelta definitiva. Ben venga, perché aiuta a capire cosa può dargli la sicurezza che ancora gli manca.

Le teorie, al riguardo, si sprecano. Così, ho deciso di risparmiarti voli pindarici ed effetti speciali. Gli studi degli ultimi anni forniscono indicazioni molto interessanti, dalle neuroscienze in poi. Comunicazione ipnotica, manipolazione, sono alcune fra le diverse frontiere. In tanti anni di professione ho imparato una cosa, nella formazione e nella consulenza: essere "talebani" di una scienza o di un'impostazione non è mai positivo. E gli estremismi lasciano il tempo che trovano.

La soluzione migliore è prendere il meglio da tutti e mettere in pratica ciò che più è utile nelle diverse situazioni. Altrimenti è come se si diventasse tifosi di una squadra, avversari dell'altra. Seguaci di un guru e haters di altri.

Anche in questo caso, seguendo una precisa linea del manuale, trovi le indicazioni operative necessarie per rafforzare l'addetto vendite che intende differenziarsi dalla massa dei commessi qualunque. Solide basi da arricchire con la formazione continua. Troverai tantissime soluzioni alle obiezioni più comuni in negozio: molte andranno benissimo per te, altre meno, e alcune saranno adeguate per ambiti diversi dal tuo. Segui solo ciò che senti più adatto a te. E approfitta di questi stimoli per studiare le ulteriori obiezioni che ricevi e le migliori risposte possibili per superarle. Ci conto.

Eppure una cosa va detta, con estrema trasparenza. Papale papale. Senza tanti giri di parole. Come si può pensare che un addetto vendite, che da anni riceve obiezioni, non le studi da subito nei dettagli individuando almeno le migliori dieci risposte da dare ai clienti, fra cui scegliere le più giuste per le varie circostanze? Se già lui sa che potranno esserci obiezioni, perché non si prepara? Ha senso affidarsi al caso? Alla buona sorte? Alla speranza di essere in forma in quel momento? Alla preghiera di riuscire a esprimere parole e frasi illuminate? Al colpo di fortuna?

L'improvvisazione non produce grandi risultati. Il dilettantismo nemmeno. La mediocrità meno che mai. La superficialità, è impossibile. La fortuna di vendere è cieca, l'insuccesso ci vede benissimo. Ma se il cliente poi non compra, non ha senso crearsi alibi e giustificazioni. Con umiltà, piuttosto, chiedersi: che cosa ho sbagliato e cosa devo migliorare la prossima volta?

I professionisti sono motivati a impegnarsi con lo studio. I commessi mediocri si lamentano di tutto. Tranne che di sé. E continuano a sbagliare la gestione delle obiezioni.

Come si comporta un professionista, nel significato classico del termine? Si prepara per ogni evenienza. Analizza nei dettagli ciò che può accadere e definisce, a priori, le possibili strategie per ottenere il risultato desiderato. Così come fa un avvocato per difendere il suo assistito.

Un bravo legale, molto prima dell'udienza, si chiede cosa potrebbe obiettare la controparte, oltre a ciò che il giudice ha il potere di contestare. Così, studia le varie possibilità e porta avanti una linea ben precisa. E prevede come rispondere quando si sforzeranno di metterlo in difficoltà. Studia. Per non farsi trovare impreparato. Conosce il codice, le sentenze della Cassazione in casi simili.

Te lo immagini un avvocato di altissimo livello che si presenta in tribunale e improvvisa l'arringa difensiva? Ad culum? No, vero? Che cavolo, per vincere una causa come fa a non prepararsi?

E allora perché tantissimi commessi non si fermano a studiare un po' le obiezioni? Purtroppo non sono dei professionisti, non sentono la vendita come un vero e proprio mestiere e, di conseguenza, agiscono da dilettanti. Con i risultati che può ottenere un commesso qualunque. E con i compensi limitati che merita. Peccato.

Prima di entrare nel merito di diverse obiezioni, alcune considerazioni sono utili.

Un aspetto che merita di essere sottolineato è quello della concentrazione. La vendita va costruita, mattone su mattone, attimo su attimo, e perdere qualche passaggio e le affermazioni del cliente, anche quelle quasi bisbigliate, compromette l'esito della trattativa nella fase topica.

Senza tutte le informazioni, gestire l'obiezione diventa complicato. Il professionista lo sa e mantiene un'attenzione elevatissima, per tutta la giornata di lavoro.

Altro errore madornale, in aggiunta al fatto di interromperlo di continuo, è quello di discutere con il cliente. Si potrebbe vincere la disputa ma perderlo per sempre. Ricordati sempre il valore della mappa di ogni persona.

In più, il cliente non è sempre sincero. Dice anche tante bugie. Come sottolineò P. Morgan: "Un uomo generalmente ha due ragioni per fare una cosa. La prima sembra vera, la seconda lo è". Così, bisogna sforzarsi sempre di capire se il cliente sta dicendo la verità, se sta omettendo il vero motivo, oppure se si tratta di semplici scuse per rimandare o, peggio, evitare l'acquisto. E anche in quel caso, è importante capirne i motivi.

In generale, l'addetto deve restare tranquillo e valutare l'obiezione in maniera positiva e non negativa, come un'opportunità e non un problema. È un modo con cui il cliente, in realtà, sta comunicando che c'è qualcosa che lo frena. Può darsi che voglia saperne di più.

Spesso il cliente preferisce evitare di agire in maniera affrettata, per non pentirsene dopo. Per lui è più facile rimandare piuttosto che decidere subito. È un'abitudine delle persone. Il compito dell'addetto alle vendite è trattare l'obiezione, fornendo al cliente le rassicurazioni per godere dei vantaggi dell'acquisto. Eliminare gli ostacoli, in maniera persuasiva.

In ogni caso, quando si presenta un'obiezione, il cliente va prima "ricalcato" e poi "guidato".

Ricalcare vuol dire dimostrare al cliente di aver compreso ciò che esprime e il suo punto di vista, verso il quale c'è rispetto. Subito dopo, *guidare* significa portarlo a considerare le cose anche da un altro punto di vista e valutare diverse soluzioni. È un modo per influenzare il cliente in positivo, nella direzione dell'addetto, già analizzato nella parte sulla comunicazione efficace.

Di seguito, alcuni esempi di frasi utili a creare accordo:

- "Entrambi sappiamo che…"
- "Lei può verificare che…"
- "Sarà d'accordo con me che…"
- "Capisce bene che…"
- "Capisco che…"
- "Anch'io al suo posto…"

- "È vero che..."
- "Condivido che..."
- "È interessante per lei...?"
- "Le faccio una domanda..."
- "Cosa ne pensa se...?"

Va chiarito che le frasi previste in questo capitolo, per trattare le obiezioni, se sono usate nel contesto sbagliato possono avere addirittura un effetto contrario. Né il cliente può essere sottoposto a una raffica di domande.

Ci si rimette, quindi, alla sensibilità degli addetti e alla loro capacità di comprendere le differenti situazioni. Inoltre, se ci si fa intimorire e condizionare da un'affermazione del cliente, al punto da demotivarsi e convincersi che vendere sarà impossibile, l'unico risultato sicuro è che non ci sarà alcun acquisto. Perché? Lo ha già deciso l'addetto con il suo atteggiamento negativo.

Per gestire bene le obiezioni del cliente, invece, ci sono alcune domande che risultano estremamente utili:

- "Perché?". Consente di arrivare in profondità. "Perché dice che...?".

• Isolare sempre l'obiezione appena fatta e chiedere: "È solo questa l'unica cosa che la trattiene dall'acquisto (dal fare una scelta) o c'è qualcos'altro?", "C'è qualche altra ragione che non le consente di approfittare della mia offerta, oggi (fare la sua scelta, oggi)?".

• "E oltre a questo?". Il cliente può rispondere che non c'è altro. Bene, è possibile così fare un'altra domanda per verificare se c'è un reale interesse a comprare o meno. Chiedere: "Quindi se le risolvo questa cosa poi è tutto ok (possiamo procedere), giusto?", "Allora signor Orazio, mi sta dicendo che se... e... non fossero situazioni da risolvere, lei comprerebbe oggi?".

Altre forme interessanti, che hanno la funzione di valutare se l'obiezione è vera e può essere superata, sono:

• "Supponga che... [obiezione]... non fosse un fattore in gioco. Allora comprerebbe?".

• "Supponga di sentirsi sereno (a suo agio) a proposito di... [obiezione]... Allora comprerebbe?".

• "Supponga di aver già superato... [obiezione], allora sarebbe disponibile a comprare il prodotto?".

Un modo valido per stabilire empatia con il cliente e rimarcare la validità dell'offerta, indipendentemente dal tipo di obiezione, è dire: "Sa cosa faccio per svolgere al meglio il mio lavoro? Mi chiedo sempre: 'Se fossi al posto del cliente, nelle identiche circostanze, che cosa farei?'. Ecco perché le dico di essere sereno e sicuro che...".

Fatte queste premesse interessanti, è giunto il momento di valutare una lunga serie di suggerimenti per superare le obiezioni più comuni, quelle che ti rivolgono più spesso in negozio. Sentiti libero di modificarle come meglio credi, in base al tuo settore, al negozio, ai diversi clienti e alle tue predisposizioni. L'importante è riprendere il controllo della situazione, centrare l'obiettivo e recuperare qualche vendita che altrimenti andrebbe persa. Non ho la bacchetta magica, ma ti piacerebbe farne qualcuna in più su dieci? Bene, allora lavoraci su. Si studia, forza.
Eccole.

Ci devo pensare
Risposte:

- "Cosa intende, esattamente, per 'Ci devo pensare'?".

La domanda "Cosa intende?" può essere utilizzata per trattare tantissime altre obiezioni ed evito, quindi, di inserirla in seguito.

- "Capisco. Di sicuro non perderebbe il suo tempo a pensarci su se non fosse seriamente interessato, vero?".

- "Siccome è interessato, immagino che valuterà questa proposta molto attentamente, vero?".

- "Ottimo, questo significa che il prodotto le interessa, vero?".

- "Ottimo, allora possiamo pensarci insieme. Sono a sua completa disposizione. Che cosa, esattamente, la trattiene un po'?".

- "Bene signor Giuseppe, questa è la migliore soluzione che abbiamo valutato insieme. Forse c'è qualcosa che non capisco, allora…".

- "Sì, signor Giuseppe, le confesso che sono un po' imbarazzato. Mi è sembrato di capire che la soluzione individuata insieme fosse ottima per lei. Come mai, allora, intende pensarci?".

- "Capisco, che cosa non ho chiarito a sufficienza e, invece, le piacerebbe approfondire, dato che siamo qui?".

- "Sì, signor Giuseppe. Una domanda: dopo le varie valutazioni fatte, e aver verificato tutti i vantaggi, sarà d'accordo con me che lei ha ormai tutte le informazioni per fare la scelta migliore: che cosa la trattiene un po', allora?".

- "La capisco, signor Giuseppe, per fare la migliore scelta di sicuro possono esserle utili altre informazioni. Quali, in particolare?".

- "Capisco, mi dice almeno un paio di cose su cui intende pensarci su?".

Probabilmente una sarà il prezzo. A quel punto, chiedere: "E l'altra?", in modo da riprendere la trattativa.

- "Sì, capisco, signor Giuseppe. Il rischio è che, mentre lei ci pensa, qualche altro cliente compri proprio il suo prodotto e che poi lei non lo trovi più. Vuole rischiare di perderlo o preferisce prenderlo?".

- "Cosa ne pensa di valutare gli aspetti negativi legati al fatto di rimandare?".

Elencarli.

- "Capisco, signor Giuseppe. Ma ora ho un dubbio: sta dicendo che deve pensarci solo per liberarsi di me?".

Suggerisco di dirlo solo in rarissimi casi, con il sorriso, per disarmare e non irritare.

- "Le faccio una domanda, signor Giuseppe. In una scala da 1 a 10, dove 1 significa che non acquista e 10 vuol dire possedere il prodotto, lei dove si trova in questo momento?".

Dopo la risposta, aggiungere: "Perché mi dice (numero)?". E poi: "Cosa ci vuole per arrivare a 10?".

Nel caso in cui ci fossero promozioni in corso nel punto vendita, può essere utile rispondere all'obiezione con le seguenti frasi:

- "Le ricordo che il prezzo è bloccato solo fino a domenica, poi da lunedì aumenterà. Le conviene approfittarne subito, vero?".

Aggiungere quanto già indicato prima, sul rischio di non trovare più il prodotto.

- "La informo che questo è l'ultimo prodotto in offerta che abbiamo in magazzino. I tempi di riordino sono variabili e, soprattutto, poi il prezzo aumenta. Non vorrà mica perderlo solo perché ci deve pensare su...".

Solo in rarissimi casi, dato che si tratta di modalità abbastanza spinte di gestione dell'obiezione, si può scegliere fra:

- "Sa, signor Giuseppe, ho la vaga impressione che sia una frase di cortesia. Forse ho sbagliato tutto e lei non ha un reale interesse verso i nostri prodotti. Sia sincero la prego, è così?".

- "Sì, signor Giuseppe, abbiamo verificato insieme, in maniera concreta, tutti i vantaggi che questo prodotto le garantisce. Bene, mi permetta di chiederle: Se lei fosse al mio posto, cos'altro farebbe per dimostrare i vantaggi di possedere questo prodotto? Che consiglio mi darebbe per farle apprezzare di più che questa è la migliore soluzione per lei? Mi risponda. La ascolto...".

- "Le chiedo un parere, signor Giuseppe. Lei ha un prodotto, sa che fa al caso mio e me lo dimostra con schiettezza e professionalità. Io, nonostante ciò, le rispondo che ci voglio pensare. Lei, a quel punto, crederà che forse c'è qualcosa che non le ho detto, qualcosa che mi trattiene dal fare una scelta, vero?".

- "Sì, signor Giuseppe. Mi permetta di chiederle di mettersi per un attimo al mio posto. Cosa farebbe se avesse individuato il miglior prodotto, al giusto prezzo, molto utile al cliente, e lui non facesse alcuna scelta, senza dare una giustificazione plausibile? Cosa farebbe? La ascolto...".

- "Bene, signor Giuseppe, questo significa che dopo averci pensato è molto probabile che torni a prendere questo prodotto, vero?".

Se risponde di sì, aggiungere sorridendo: "Allora ho fiducia in lei: prenda il mio orologio e me lo riporti quando torna, ok?". E verificare la reazione, visto che è una richiesta bizzarra e disarmante.

Non compro mai d'impulso…

Risposta:

- "Sono d'accordo con lei, signor Giuseppe. Anch'io spesso non compro subito **ma**, quando vedo qualcosa che mi piace davvero, e so che è la soluzione che mi serve e che il prezzo è giusto, penso seriamente di fare un'eccezione. Ora, verifichiamo intanto quali vantaggi può ottenere da questo prodotto…".

Il cliente si è "buttato in avanti" per creare una barriera, per sentirsi più sicuro e, soprattutto, non vincolato. Rispondendo così ci si è mostrati simili a lui, per fare in modo che poi possa lasciare aperto uno spiraglio per decidere di acquistare in prima battuta.

Il prezzo

Se credi che tutto dipenda dal prezzo, unica variabile che condiziona un acquisto, ti invito a bruciare questo manuale. È inutile leggerlo.

Il personale commerciale e i titolari succubi del prezzo sono in numero elevatissimo, purtroppo. È la logica che spinge ad abbassare i prezzi, nella speranza di vendere. E i concorrenti, per non essere da meno, li riducono ulteriormente. Fino a erodere i margini. Si crea, così, la guerra tra poveri che porta alla sicura chiusura dei punti vendita. In particolare, a condizionare i clienti è la tendenza dei negozianti a operare solo sul prezzo.

Ti faccio un esempio. Ci sono tre negozi di abbigliamento, abbastanza simili. Prodotti dello stesso livello, qualche marchio uguale, servizio scadente in tutti. L'unica differenza è data dai prezzi del terzo punto vendita, più bassi degli altri due. Dove andrà a comprare il cliente? Dal terzo, perché essendo tutti uguali, con un servizio pessimo, almeno beneficia del vantaggio economico. Quei negozi sono indifferenziati, tutti uguali, e solo allora si sceglie in base al prezzo.

Sono state quelle condizioni di mercato a influenzare il comportamento d'acquisto del cliente, il quale non è uscito di casa alla ricerca spasmodica del prezzo più basso. Se negli altri due negozi fosse stato offerto un servizio d'eccellenza, in grado di produrre valore ai suoi occhi, è probabile che per qualche euro in più avrebbe fatto una scelta diversa.

L'obiezione prezzo diventa meno semplice da superare tutte le volte che è l'addetto stesso a credere che sia l'aspetto più importante. Lo trasmette al cliente. Tieni sempre presente, infatti, che **non è il prezzo di un prodotto o di un servizio a far sfumare una vendita, ma il timore del venditore che ritiene il costo eccessivo**. Il prezzo non è mai determinante quando si desidera abbastanza qualcosa e le si dà il giusto valore, incluso il servizio.

Ricordo quando due fratelli, proprietari di una grande rivendita d'auto d'occasione, mi posero un quesito: "Come mai noi due vendiamo l'80% di auto che supera i 30mila euro e i nostri collaboratori, invece, nell'80% dei casi riescono a proporre solo quelle che costano meno di tale cifra?". Nonostante le condizioni fossero identiche, i risultati commerciali erano molto diversi.

Dopo una breve analisi, l'arcano fu svelato: i fratelli, più autorevoli, potendosi permettere auto molto costose, essendo ricchi imprenditori, consideravano normale fare tali vendite, a differenza dei collaboratori che proponevano quei prezzi con assoluto timore, non essendo loro stessi nelle condizioni di comprare. Trasferivano insicurezza e la paura del prezzo al cliente.

Idem in un negozio di abbigliamento di lusso, con tantissimi brand importanti. Molti commessi non riuscivano a vendere capi che valevano il doppio o il triplo dei loro stipendi. Il cliente è libero di spendere quello che vuole, chiaro??? Non sono cavoli dell'addetto. Chi fa vendita ha solo il compito di servire, non di giudicare se un prezzo è elevato o meno.

Spesso l'obiezione prezzo nasce, inoltre, perché non si è fatta una presentazione corretta. Se si impara a proporre bene un prezzo, qualsiasi richiesta del cliente, dopo, diventa molto più blanda.
Tra gli errori maggiori degli addetti c'è la tendenza a chiedere se

il cliente abbia o meno un budget da rispettare. Tale domanda può avere un senso se una persona deve fare un regalo e, quindi, non riguardando se stessa, è meno coinvolta. Eppure, può risultare offensiva. A maggior ragione quando un cliente deve acquistare qualcosa per sé. È come dirgli: "Siccome mi sembri un pezzente morto di fame, voglio sincerarmi da subito che tu abbia un minimo di disponibilità economica".

Fare le giuste domande, come già visto, aiuta. Proprio in questa logica, compatibilmente con il settore di riferimento, l'ideale è avere tre tipologie di prodotti che coprano tre differenti fasce di prezzo: top, premium e base.

Ad esempio: "Alcune persone più fortunate sono disposte a investire in questo prodotto anche cifre tra 1.500 e 1.000 euro. Molte altre, per ottenere buona qualità e vantaggi, sono pronte a investirne circa 800. E poi c'è chi ha un budget fisso o limitato, che preferisce non andare oltre i 500 euro. Quale di queste possibilità le sembra più adatta a lei?". Così, è possibile fare meno sconti. Le statistiche, infatti, registrano che la maggior parte della gente acquista i prodotti intermedi.

Hai letto, nel capitolo sulla persuasione, quanto sia potente la **legge del contrasto**. Utilizzarla per smontare l'obiezione prezzo è fondamentale e deve diventare un'abitudine, da professionisti.

Immagina una cliente che desidera acquistare un cappotto in cachemire che ha un valore di 2.400 euro. Le piace ma solleva l'obiezione prezzo: costa troppo e chiede di averlo a 2.000 euro, scontato. L'addetto risponde: "Il massimo che posso fare per lei, considerando la nostra politica di prezzi, che ben conosce, è uno sconto di 100 euro". Ora ci sono due possibilità. Un commesso qualunque sbaglia e continua a richiedere 2.300 euro per il cappotto, riferendosi sempre a quella cifra.

Il professionista, invece, sa bene che il focus della vendita ora si è spostato a 300 euro, cioè la differenza fra l'offerta di 2.300 euro e i 2.000 proposti dalla cliente. È come se dovesse iniziare una nuova vendita. La signora è disposta a pagare 2.000 euro, che rappresentano una base certa. Si tratta di persuaderla che è giusto aggiungere 300 euro per possedere il cappotto in cachemire che tanto l'ha colpita.

Il segreto è dividere quella somma per l'arco temporale di utilizzo del capo; ad esempio 3 anni per 365 giorni. In totale, circa 1.000 giorni. Per la legge del contrasto, quei 300 euro sono ora diventati appena 30 centesimi al giorno.

"Cara signora Luisa, per appena 30 centesimi al giorno lei può possedere il cappotto in cachemire che tanto le piace e che potrà indossare almeno per i prossimi tre anni. Quindi, le chiedo: lei se li merita 30 centesimi al giorno, solo per lei, per ciò che più le piace?". Diventa difficilissimo, per la signora Luisa, rispondere di no.

Ridurre su base giornaliera l'eventuale differenza di prezzo fra quanto richiesto dall'addetto e quanto è disposto a spendere il cliente, è un sistema fantastico per superare l'obiezione prezzo e concludere la vendita. Quando l'utilizzo è previsto per diversi anni, il valore che si ottiene è ancora più basso. Esercitati, creati una tabella per facilitare i calcoli. È semplice verificare che, ad esempio, per contrasto, meno di 2 euro al giorno non sono nulla rispetto a 700 euro l'anno. Tu, caro lettore, meriti 2 euro al giorno per te? Sì, li meriti.

Ho visto su internet e costa meno

Risposta:

- "Capisco che possa aver trovato un prezzo diverso. Comprende bene che le dinamiche online sono differenti da quelle di un negozio fisico. Poi c'è un altro aspetto da considerare. Lei oggi è in un punto vendita del suo territorio, che dà lavoro a diverse persone, a tanti giovani come me. Si parla molto di occupazione e sostenere le imprese locali è importantissimo, è d'accordo con me? E allora, si tratta di una differenza minima. In più, qui siamo sempre a sua disposizione per qualsiasi cosa. È un discorso onesto, vero?".

Lo sconto

Risposte:

- "Sa, signor Piero, questo non è il prezzo più basso in assoluto. Potrei ridurlo ancora di più ma andrei in perdita e non posso farlo, così come non potrebbe farlo lei se fosse al mio posto. Sono certo che mi comprende e non vuole questo per me, così come io non lo vorrei per lei".

- "Per garantire trasparenza ai nostri clienti, di solito non prevediamo sconti. Solo in alcuni casi, come questo, partiamo da un minimo del 5% fino a un massimo del 20%".

Affermando che non si prevedono sconti si riducono le aspettative e, limitando la possibilità tra il 5% e, al massimo, il 20%, quest'ultimo, per la legge del contrasto, appare un vantaggio maggiore e fa sentire agevolato il cliente. La concessione ricevuta potrebbe portarlo, per reciprocità, ad accettare l'offerta.

• "Abbiamo deciso di applicare una politica di prezzi fissi per garantire maggiore trasparenza e serietà ai nostri clienti, in modo che ognuno, come lei, possa avere la serenità che non ci sono prezzi diversi in base alle differenti persone o alla maggiore o minore capacità di chiedere sconti. Come si sentirebbe, uscendo dal nostro negozio, se avesse il dubbio che il prezzo non fosse giusto? È un discorso serio e onesto, per rispetto nei confronti di chi, come lei, frequenta il nostro negozio. Condivide, vero?".

• "Da lei, signor Piero, mi aspetto che pretenda qualità, servizi, affidabilità, assistenza ecc., e non che mi chieda di fare uno sconto. Sono io che le dico che lei da noi **deve pretendere**, perché è giusto. Altrimenti, mi dica, a cosa è disposto a rinunciare per ridurre il prezzo?"

Con queste frasi si rompe lo schema del cliente, dicendogli qualcosa che lui non si aspetterebbe mai di sentire da un addetto, cioè di pretendere. È un truismo, è giusto. In più, interviene il principio di scarsità, con l'ipotesi di togliere qualcosa all'offerta per far diminuire il prezzo. Ciò rende maggiormente desiderabile il prodotto.

Costa troppo

Insieme alla richiesta di sconto, si tratta della più comune obiezione sul prezzo. Il punto è che il cliente fa la sua parte e ci prova sempre. Tranne rarissimi casi. Bisogna capire se è un'abitudine d'acquisto, quella di dire comunque che il prezzo sia alto, anche se non è vero, oppure rappresenta un reale ostacolo da superare.

L'obiettivo principale è deviare l'attenzione verso altre variabili, in modo da farle percepire come più importanti rispetto al prezzo. Di seguito, ho previsto una lunga serie di domande, facili da comprendere e con la funzione di andare più a fondo, per aprire a nuove opportunità di vendita.

Risposte:

- "In confronto a cosa, lei, valuta così questo prodotto?".

Sottolineando il *lei*, si comunica che si tratta di una sua considerazione, non condivisa da tutti gli altri clienti.

- "Oggi tutto sembra costare troppo. Cosa intende, lei, per troppo?".

- "Cosa costa meno?".

Se il cliente fa notare che il prezzo è alto, dovrebbe spiegare, allora, cosa costa meno, al punto da fare quell'affermazione. Dall'eventuale confronto si può ripartire per presentare al meglio l'offerta.

- "Mi sta dicendo che se il prezzo fosse più basso acquisterebbe?".

Se è davvero l'unico motivo e se è sincero, il cliente deve dire di sì. E la vendita è in discesa ormai. Se risponde di no, vuol dire che ci sono altri ostacoli da rimuovere. Quali? Una volta fornite le nuove indicazioni, il focus non è più il prezzo e si riparte.

- "È assolutamente vero. Perché secondo lei?".

Questa risposta spiazza il cliente perché lui si aspetterebbe di ricevere giustificazioni e difese a oltranza. Invece, l'ammissione di avere un prezzo più alto, e la richiesta di indicarne i motivi, hanno la funzione di spingere il cliente a fare un breve elenco delle ragioni che legittimano a costare di più.

Al termine, basterà dire che lui per primo, quindi, riconosce che è giusto, visto che c'è una differenza rispetto agli altri.

- "Ha già fatto il confronto con altri prodotti/servizi?".

Se la risposta è sì: "Qual è la principale differenza che riscontra?".

E prendere spunto da quello che il cliente dice per procedere.

- "In cosa consiste la differenza tra i prezzi, secondo lei?".

Ovviamente non ci si aspetta un calcolo matematico, ma di valore.

- "Confrontiamo insieme il prezzo con tutti i benefici, in modo da valutare la convenienza di fare questa scelta".

- "A formare il prezzo del nostro prodotto/servizio concorrono diversi fattori. Potrebbe dirmi a quale è disposto a rinunciare, per abbassarlo?".

In altra forma, questa domanda la ritrovi di seguito, con la relativa spiegazione.

- "È il suo punto di vista, signor Piero, e lo rispetto. Entrambi sappiamo che ognuno di noi vorrebbe ottenere, se fosse possibile, la migliore qualità, un servizio eccellente e il prezzo più basso. A me, purtroppo, non è mai capitato di avere queste tre cose insieme e, immagino, nemmeno a lei. Quindi le chiedo, per fare la migliore scelta per lei, a cosa non rinuncerebbe mai fra prezzo, servizio e qualità?".

Se il cliente non risponderà prezzo, così come credo, sarà possibile argomentare tutto da capo.

• "Capisce bene che il prezzo varia in base alla qualità. Definiamo, intanto, qual è la qualità che per lei è davvero importante?".

• "Bene, se facciamo i conti, si tratta di appena x euro al giorno. Vero? E poi ci sono tutti i vantaggi aggiuntivi".

La potenza della legge di contrasto, come già scritto.

• "Secondo lei è più importante il prezzo o la qualità del prodotto/servizio e tutti i suoi vantaggi?".

In base alla risposta, trattare la relativa obiezione.

• "È solo questo l'unico motivo che la trattiene dal fare una scelta?".

Se risponde di sì: "Quindi se risolviamo questa cosa poi per lei è tutto ok, giusto?".

Se risponde di sì: "Bene, per lei posso...". Resta solo da

spiegare cosa è possibile fare per lui.

• "Capisco. Questo vuol dire che se riesco a farle un po' di sconto e ci mettiamo d'accordo, poi è tutto risolto?".

• "Sono un po' confuso, ora. In base a quanto ci siamo detti, ero proprio convinto di aver capito che il prezzo fosse uno degli elementi meno importanti per la sua valutazione. Ho forse perso qualche passaggio? Mi aiuti a capire meglio, per favore".

• "Entrambi sappiamo, signor Piero, che la fiducia è alla base di un rapporto personale e commerciale. Proprio per questo, abbiamo sempre pensato che offrire prodotti appena sufficienti, per far risparmiare, non garantisca reale soddisfazione ai clienti e non crei fiducia. E la sua fiducia, per noi, è fondamentale. Cosa ne pensa?".

• "Al di là del prezzo, tutti i vantaggi e i benefici del prodotto generano, alla fine, una valore percepito ancor maggiore. E lei lo verificherà di persona, utilizzandolo…".

• "Sicuramente, signor Piero, le sarà accaduto di avere a che fare qualche volta con addetti che si sono dovuti scusare a lungo perché i prodotti venduti si sono rivelati mediocri. È più serio, invece, proporre un'ottima qualità e far investire qualche euro in più, per un acquisto in totale sicurezza. Penso che lei condivida, vero?".

• "A me piace molto confrontarmi con coloro i quali frequentano il nostro negozio, signor Piero. E spesso chiedo loro un parere sugli acquisti che di solito fanno in giro, sui prezzi, sulla qualità e su altre variabili importanti. Bene, in tanti mi fanno notare che la soddisfazione di aver acquistato a un prezzo basso dura ben poco se paragonata all'insoddisfazione, che dura molto nel tempo, per la scarsa qualità di quel prodotto. Quindi, secondo lei, è meglio ottenere solo un prezzo basso o scegliere un ottimo prodotto con qualche euro in più?".

• "È importante e giusto essere attenti ai costi, signor Piero. Allo stesso tempo, lei sa bene che un prodotto di ottimo valore non può avere un prezzo basso, e che un prodotto con un prezzo basso non può certo essere di valore. Immagino che lei non voglia qualcosa che le riservi brutte sorprese, ma un prodotto davvero affidabile, è corretto?".

• "Se pensa ai suoi acquisti passati, signor Piero, verificherà lei stesso che oltre al prezzo ha considerato anche altre variabili importanti. Perché nessuno di noi compra solo in base al prezzo. Se un abito non piace, ad esempio, non lo si compra, nemmeno se c'è il 90% di sconto. Oppure non si sceglie un cardiochirurgo perché la visita specialistica costa solo 20 euro. Per questo, per aiutarla a fare la migliore scelta possibile, mi aiuta a capire quali sono gli altri aspetti che, oltre al prezzo, per lei sono importanti?".

Può anche accadere che qualche cliente esageri e proponga di acquistare a una cifra così bassa da rendere impossibile la vendita. È necessario restare tranquilli, fare domande e prestare massima attenzione alle risposte; è possibile che il cliente fornisca alcune indicazioni utili per negoziare.

Ecco alcuni esempi di domande:

- "Immagino che ci sia qualche motivazione che l'ha portata, signor Piero, a farmi questa proposta. Me la indica, per favore?".

- "La sua proposta mi spinge a farle una domanda, signor Piero: in base a quali dati mi fa questa richiesta?".

- "Non mi aspettavo da lei una simile richiesta, signor Piero. Proprio per questo, le chiedo cosa l'ha spinta a manifestarla così?".

Tra le modalità più spinte, per smuovere il cliente quando sembra che ormai non ci sia più possibilità di vendere, ne spicca una che fa leva sul suo senso di colpa:

- "A questo punto le devo chiedere scusa, signor Piero. Temo di aver commesso qualche errore e di non essere stato in grado di farle apprezzare appieno perché il prodotto che le ho presentato è la migliore soluzione in assoluto per lei. Sono molto rammaricato per questo e siccome vorrei evitare di commettere lo stesso errore con altre persone, può essere così gentile da farmi notare che cosa ho detto oppure ho fatto di sbagliato?".

È chiaro che si tratta di un tentativo disperato, improntato all'umiltà, ma potrebbe ammorbidire il cuore del cliente e riaprire la trattativa, grazie anche all'effetto simpatia e all'imbarazzo che genera negli altri chi si pone in tal modo.

Prima voglio vedere un po' in giro...

Risposta:

- "Certo, a volte accade che alcune persone vogliano vedere un po' in giro prima di acquistare da noi. È sicuro che lei voglia la migliore soluzione per le sue esigenze, giusto? Perfetto, mi dice un paio di cose su cui vuole fare il confronto?".

Se risponde, come è probabile, che una è il prezzo, chiedere: "E l'altra?".

Ne devo parlare prima con...

Risposte:

- "Capisco, signora Mara. Mi permetta una domanda: in una scala da 1 a 10, dove 10 significa che se fosse per lei comprerebbe, qual è la sua posizione, ora?".

- "Bene, signora Mara, apprezzo che me lo dica. Ho una curiosità, comunque: se dipendesse solo da lei, sarebbe seriamente interessata?".

- "Chi meglio di lei, signora Mara, conosce suo marito. Quale potrebbe essere il suo parere su questo prodotto?".

- "Bene, signora Mara, qual è la cosa migliore che possiamo fare, in modo che anche suo marito apprezzi questo prodotto?".

- "Pensa che suo marito avrebbe bisogno di altre informazioni o di qualcosa in particolare, per decidere di tornare in negozio con lei?".

Nella gestione di questa obiezione, consiglio sempre di verificare se c'è un reale appoggio del cliente e di creare complicità con lui, per poi persuadere gli altri decisori. Sempre che sia vero che il loro parere è determinante.

Torno nei prossimi giorni…

Risposte:

- "Solo una domanda, signor Luca: cosa la trattiene dallo scegliere ora?".

- "Capisco, signor Luca. E se non dovesse trovare più il suo prodotto? Sarebbe un peccato, non crede? Perché decidendo ora, invece, gode da subito di tutti i vantaggi di possedere questo prodotto".

- (sorridendo) "Devo interpretarlo come un no? Mi dica, davvero, che cosa non la convince del tutto?".

Per ogni obiezione, un sistema estremamente valido è quello di **riferire una situazione simile**, in cui il protagonista si è comportato esattamente come il cliente che si sta servendo e che, alla fine, ha manifestato la sua completa soddisfazione per la scelta fatta. Dire: "Sarà lo stesso anche per lei".

Ad esempio: "Capisco come si sente, è normale. Alcuni dei miei clienti, che oggi sono estremamente soddisfatti, mi hanno posto le sue stesse domande. E poi hanno verificato che… Ricordo, per esempio, un signore che…".

Va chiarito, infine, che esiste una linea sottile di demarcazione fra l'area in cui si può entrare nella gestione delle obiezioni, e quella in cui è meglio fermarsi, con discrezione. Il rischio di essere percepito come un addetto vendite invadente è fortissimo se non si mantiene un certo equilibrio. L'insistenza è fastidiosissima e poco tollerata. Indispone.

Dipende tutto dalla tipologia di persona che si sta servendo, dalle situazioni, dai prodotti, dal settore, da tantissime variabili. Può accadere che con qualche cliente si rischi di fare troppa pressione, seppur in buona fede, perché davvero si ritiene che il prodotto proposto sia la migliore scelta per lui.

Allora, è il caso di dire: "Mi dispiace signor Francesco, mi sono lasciato prendere un po' la mano. Non era mia intenzione andare così in fretta (profondità). Intendo solo dire che…".
Oppure: "Riconosco di essere andato un po' di fretta, signor

Francesco. Ma si tratta solo della migliore soluzione di cui abbiamo parlato finora. E lei mi sembrava, d'accordo, vero?".

La conclusione della vendita

Arrivati a questo punto, superate le obiezioni, durante i miei corsi tutti vorrebbero conoscere le parole magiche per concludere la vendita. "Cosa posso dire al cliente, per farlo comprare?".
"Abracadabra", "A me gli occhi", "Sim Sala Bim", "Apriti Sesamo" ecc.

Spero vivamente che tu abbia ben compreso che le vendite non si concludono per magia ma con autorevolezza, capacità persuasiva, preparazione e mille altre cose trattate in questo manuale. Certo, qualche aiutino può essere utile, come leggerai dopo, ma tutto dipende da quello che hai detto e fatto prima con il cliente. Ogni secondo, dall'inizio alla fine.

Intanto, bisogna essere abili a cogliere eventuali segnali d'acquisto del cliente, cioè:

- Chiede di ripetere alcune informazioni già fornite o altre su modalità di pagamento ecc.

- Chiede il prezzo dopo aver mostrato interesse.

- Mostra evidenti espressioni di consenso.

- Fa domande che iniziano con "E se…?".

- Si sporge in avanti.

- Guarda cataloghi, contratto, appunti ecc.

Alcuni esempi per concludere la vendita:

- **Alternativa**: "Preferisce il maglione grigio o quello blu? Quello blu? Bene, aggiudicato allora!".

- **Presunzione d'acquisto già avvenuto**: "Con le sue nuove scarpe da running percorrerà molti chilometri e si sentirà leggero anche dopo aver corso. È un ottimo acquisto, complimenti".

- **Riepilogare i vantaggi chiedendo conferma al cliente**: "Prima mi ha detto che per lei è importante questa caratteristica, vero? Infatti le consente di ottenere questo importante vantaggio, giusto? Al punto che si assicura un beneficio fondamentale per lei, ho capito bene? Perfetto, allora è tutto ok. Procediamo…".

- **Parlare di altre persone/categorie che hanno già acquistato**: "Molti suoi colleghi acquistano…", "Alcuni brillanti professionisti della sua città...", ma nella massima discrezione, altrimenti si è percepiti come pettegoli.

• **Ragioni per rimandare contro ragioni per acquistare:** fare in modo che dal confronto fra i due elenchi risultino di più i motivi per acquistare. Quindi, il cliente va guidato.

• **Confronto di vari aspetti del prodotto con quello dei concorrenti:** definito ciò su cui si vuol fare il confronto, agire come al punto precedente.

• **Asso nella manica:** ogni buon professionista delle vendite in negozio ne ha sempre uno. Si tratta di un'offerta a sorpresa. Quale? Studiala ogni giorno, con creatività.

Per molti commessi qualunque, essere riusciti a fare la vendita di un prodotto è già un successo. I professionisti, invece, sanno che c'è la possibilità di completarla, con altri acquisti, o migliorarla, con la proposta di un prodotto di livello superiore, che sostituisca quello scelto, con una piccola differenza di prezzo.

Nel primo caso si parla di **cross selling**, nel secondo di **up selling**. È il modo più intelligente per far aumentare lo scontrino medio in negozio e, di conseguenza, il fatturato. Lavorando meglio sui clienti effettivi. Ogni eccellente addetto vendite fa cross selling e up selling, sempre dopo che il cliente ha già manifestato la volontà di acquistare.

Hai presente quello che ti chiedono in cassa negli uffici postali, negli ipermercati, da McDonald's? Dalla ricarica telefonica al biglietto gratta e vinci, entrambi acquisti complementari, fino al menù completo, proposta di up selling.

Esempi di cross selling:

- "Su questo pantalone ci stanno proprio bene alcuni maglioni, vero? Glieli mostro subito. Quali preferisce fra questi tre?".

- "Cosa ne pensa di abbinare una bella camicia a questo abito?".

E dopo: "Ora ci manca solo una bella cravatta". E, magari, si può completare la vendita con le scarpe.

- "Per ottenere il miglior risultato con questo prodotto, molte altre persone aggiungono l'articolo che le mostro, perché consente di…".

- "La informo che ci sono in promozione alcuni prodotti che si completano benissimo con quello che ha scelto. Glieli mostro…".

• "Ci sono alcune idee regalo che stanno piacendo molto ai nostri clienti. Gliele mostro, così le tiene presenti per qualche pensierino".

• "Da qualche giorno sono arrivati dei nuovi prodotti (nuova collezione), irresistibili. Glieli mostro, così mi dà un suo parere".

• "Cosa ne pensa di abbinare una cinta dello stesso colore delle scarpe che ha scelto?"; oppure, più incisiva: "Quale tipo di cinta preferisce abbinare a queste scarpe?".

• "Chi acquista scarpe di valore come queste, aggiunge sempre il kit per mantenerne intatta la bellezza nel tempo. Si tratta di appena 20 euro".

• "La informo che ha la possibilità di prevedere una garanzia aggiuntiva per [prodotto tecnologico/elettrodomestici ecc.] da tre anni o da uno, in modo da essere ancor più sereno del suo acquisto. Quella da tre anni viene 90 euro, mentre da un anno soltanto 35 euro. Quale preferisce?".

Per la legge del contrasto, sarà più facile vendere quella da un anno.

Esempi di up selling:

• "Per le lenti a contatto della marca che ha scelto c'è una promozione in questi giorni. Acquistando due confezioni, la terza è gratis. È un'ottima opportunità di cui approfittare, vero?".

• "Lo smartphone che ha scelto, da 64 giga, è disponibile anche nella versione da 128 giga, addirittura il doppio, con una differenza di appena 50 euro. Considerando il vantaggio di avere tanta memoria in più, è conveniente, vero?".

La conclusione della vendita, in poche parole, deve essere gestita come la cosa più naturale in assoluto per un addetto. Senza ansie o paure. È una semplice fase di un lavoro che è iniziato molto ma molto tempo prima. L'esito dipende dalla coerenza e dal valore di ogni passaggio.

Il cliente ha acquistato? Elimina i trionfalismi. Non ci sono vincenti e perdenti.
Vincono sia l'addetto sia il cliente. Anzi, **la vera vendita inizia ora. Con il post acquisto.**
E se qualcuno reclamasse? Speriamo di no. Nel caso in cui

dovesse accadere, ho previsto un ottimo metodo per te, nel prossimo capitolo.

I punti chiave del 10° capitolo

• Ogni professionista della vendita in negozio studia le obiezioni che riceve per formulare, almeno, le migliori 10 risposte fra cui scegliere quella adeguata alle diverse situazioni.

• In generale, l'addetto deve essere concentrato, tranquillo e valutare l'obiezione in maniera positiva, come un'opportunità e non un problema. È un modo con cui il cliente, in realtà, sta comunicando che c'è qualcosa che lo frena. L'obiettivo è gestire l'obiezione, superarla e concludere la vendita.

• L'obiezione prezzo è la più temuta dagli addetti vendite che, purtroppo, lo trasmettono al cliente. Tieni sempre presente, infatti, che non è il prezzo di un prodotto o di un servizio a far sfumare una vendita, ma il timore del venditore che ritiene il costo eccessivo. Il prezzo non è mai determinante quando si desidera abbastanza qualcosa e le si dà il giusto valore, incluso il servizio.

• Le principali obiezioni sono:

  ▪ "Ci devo pensare"

  ▪ "Non compro mai d'impulso…"

  ▪ "Ho visto su internet e costa meno"

  ▪ "Vorrei uno sconto"

- "Costa troppo"
- "Prima voglio vedere un po' in giro…"
- "Ne devo parlare prima con…"
- "Torno nei prossimi giorni…"

• Per superare le obiezioni, alcune domande sono estremamente utili in ogni situazione: "Perché?", "È solo questa l'unica cosa che la trattiene dall'acquisto (dal fare una scelta) o c'è qualcos'altro?", "E oltre a questo?". Usa la legge del contrasto per superare l'obiezione prezzo.

• Per concludere la vendita, individua i segnali d'acquisto del cliente e usa, fra le tante, modalità come l'alternativa, la presunzione d'acquisto già avvenuto, il riepilogo dei vantaggi, parlare di chi ha già acquistato e di situazioni simili, ragioni per rimandare contro quelle per acquistare, confronto di vari aspetti del prodotto con quello dei concorrenti. In più, ogni eccellente addetto vendite in negozio ha sempre un asso nella manica, un'offerta a sorpresa. Studiala ogni giorno.

• Completa sempre la vendita con attività di up selling e di cross selling.

Capitolo 11:
Come gestire i reclami da professionista

Uffa, che scocciatura. C'è un cliente che reclama.

È così che un commesso qualunque vive la situazione. Un fastidio, una pratica da chiudere al più presto. Toglie tempo. E poi, in fondo: ma chi se ne frega di te? Ho così tanti pensieri per me stesso, dal mutuo in poi, e ora devo farmi carico anche di quello che ti è accaduto in negozio o della lamentela per l'acquisto? Non mi va proprio.

L'approccio appena descritto è il migliore… per perdere clienti a vita.

Mettiamo ordine allora. Se scrivo che i reclami sono i benvenuti, è probabile che tu possa nutrire dubbi sul mio equilibrio mentale. Infatti, commettere errori di continuo non è per nulla positivo. Espone a troppi rischi. Intendo dire che se il cliente non dovesse essere soddisfatto per qualsiasi cosa, bisogna pregare in ginocchio e sperare che torni in negozio per esporre quanto accaduto, in modo da trovare una soluzione. Se preferisce evitare di reclamare e sceglie di mettere una croce su quel negozio, beh, allora è davvero grave. Con il passaparola reale e virtuale, il danno diventa notevole. Si perde un patrimonio. E si rischia di chiudere presto.

La soluzione per non trovarsi in queste situazioni imbarazzanti? Non sbagliare mai.

Ma è impossibile. Lo stai pensando, è così? Ti capisco. Appunto per questo, le rare volte in cui i professionisti sbagliano, sono i primi a essere contenti che il cliente reclami. Sì, contenti. Per rimediare subito e rafforzare la sua fedeltà. Con la massima disponibilità. Con il cuore.

Il cliente, attraverso il reclamo, aiuta a migliorare il livello dei servizi e le performance offerte. Consente di diventare ancor più bravi. A patto che, ripeto, accada moooolto di rado. In un mercato ormai disumano, spietato, infatti, non c'è più spazio per l'errore umano. Purtroppo, aggiungo.

L'errore va considerato come un momento importante del processo di apprendimento e di miglioramento. Nella nostra società invece, a partire dalla scuola, sbagliare è valutato quasi sempre in maniera negativa. Si pensi ai voti che vanno per sottrazione in base agli errori, evidenziati con la penna rossa, invece di sottolineare, innanzi tutto, ciò che è stato fatto bene.

Così, sin da piccoli l'errore genera un senso di colpa che si cerca di nascondere invece di affrontarlo per migliorare. Ciò si ripercuote in azienda. E quando si verificano episodi che generano insoddisfazione nei clienti, tutti si defilano pur di non assumersi alcuna responsabilità. Se ne lavano le mani e il povero cliente diventa il protagonista involontario del gioco dello scarica barile.

Ma perché il cliente reclama?
Ritiene che ci sia una **differenza negativa fra la prestazione** che gli viene fornita **e le sue aspettative**, sia in termini di prodotto sia di servizio.
Come ho già anticipato all'inizio del manuale, la clientela è diventata molto più consapevole, informata e preparata, e ormai vive esperienze d'acquisto in tutto il mondo. Ciò consente di confrontare le prestazioni ricevute, e anche nel negozio di un

piccolo centro si pretende un servizio d'eccellenza.

L'insoddisfazione si trasforma in reclamo perché **il cliente ritiene di aver subito un torto**. E anche se non dovesse avere per nulla ragione, la sua mappa lo condizionerebbe fino al punto di convincersi di aver subìto uno sgarbo. A volte ciò può dipendere, ad esempio, dalla mancanza di conoscenze, di preparazione o di informazioni adeguate, che impediscono di valutare le diverse situazioni con cognizione di causa.

Ma, come ben sai, dal suo punto di vista, nonostante tutto, il cliente può credere di essere nel giusto. C'è anche chi ci prova spudoratamente, pur sapendo di avere torto marcio, ma questo è un altro discorso. È abituato a fare il furbetto e smascherarlo non agevola per nulla. Anzi. Negherà sempre.

Il timore di aver ricevuto una fregatura si rafforza quando i clienti hanno vissuto diverse esperienze negative nella loro vita, che li hanno portati a diventare estremamente diffidenti e polemici. Si aprono i cassetti della memoria, con il ricordo di alcune frasi dette loro da un genitore o da amici, come: "Sei proprio scemo, ma come ti sei fatto fregare…?".

Così, **il torto che il cliente ritiene di aver subìto si trasforma in rabbia**. Essa porta in uno stato emozionale negativo, esaspera e non consente di essere lucidi.

Mai discutere con un cliente che è molto arrabbiato. O, peggio, incazzato. Infuriato.

La rabbia va fatta sfogare. Inutile parlare a chi sente solo il bisogno di esprimere il proprio disappunto. Non ascolterebbe. Bisogna solo restare tranquilli e attendere il momento giusto per gestire al meglio la situazione.

L'obiettivo è far calmare il cliente, che tende ad arrabbiarsi con il primo che gli capita a tiro.

L'addetto vendite ci resta malissimo, perché la prende a titolo personale e non capisce che quel cliente ce l'ha con l'errore e non con lui. Sta condannando la situazione, non la persona. Il fatto in sé. Il cliente vuole solo una cosa, in cima ai suoi pensieri: la soluzione.

A livello psicologico il venditore prova un turbinio interno: il proprio ego non accetta di essere trattato così e allora la reazione immediata è difendersi, giustificarsi, in alcuni casi rispondere male, generando conflitto ("Non è colpa mia", "Io non so che dirle", "Deve parlarne con un responsabile", "Si calmi", "Sta esagerando con i toni", "Come si permette di parlare così..." ecc.).

Più l'addetto si pone sulla difensiva, più il cliente si infuria perché non sa cosa farsene delle giustificazioni e degli alibi. Vuole solo la benedetta soluzione.

Accade che il venditore si concentri sul suo bisogno di importanza e dimentichi di girare il faro verso il cliente. È questo l'errore più grande.

Le 3 fasi della gestione del reclamo

Come va gestito, allora, un reclamo? In modo eccellente.

Entrambi ci auguriamo che non ce ne sia bisogno ma, nel caso, ti consiglio di seguire nei dettagli tre fasi:

1. **Dopo aver ascoltato, in silenzio, dando segnali di estrema attenzione, stabilire da subito empatia.** Far sentire al cliente che lo si comprende, di essere dalla sua parte. Non si è avversari.

Mettersi nei suoi panni, capire il suo stato d'animo. Il cliente in questa fase lo pretende. Va ringraziato per la segnalazione.

Attenzione, comunque, a non chiedere subito scusa, a prescindere, perché implicitamente si comunicherebbe di aver commesso un errore e quindi diventerebbe un'ammissione di colpa. Per lo stesso motivo non dire subito, da veri paraculi, che il cliente ha ragione. E se è lui ad aver interpretato male?
Intanto va valutato, quindi, nella fase di ascolto, se il cliente reclama a ragione o meno. In modo da definire le parole più idonee da utilizzare.

Quindi, dire: "Mi dispiace tantissimo per questa cosa (questo fatto, questa situazione, quanto accaduto, per ciò che mi ha descritto, per quanto mi riferisce) e, soprattutto, per l'impatto che ciò ha avuto su di lei".

Se è certo l'errore dell'azienda, mettere le scuse al centro della frase, il cosiddetto "effetto sandwich": "Mi dispiace tantissimo per questa cosa (questo fatto, questa situazione, quanto accaduto, per ciò che mi ha descritto, per quanto mi riferisce) e le chiedo scusa a nome dell'azienda; in particolare sono rammaricato, soprattutto, per l'impatto che ciò ha avuto su di lei".

Utilizzare "per ciò che mi ha descritto", "per quanto riferisce" è un modo per non prendere posizione, anche quando il cliente ha torto. Ci si limita a sottolineare quello che lui dice, ma non significa che sia corretto. L'approccio è morbido e non irrita. Inoltre, mai sottolineare il disagio, il problema, il disservizio, usando tali parole inappropriate, peggio ancora riferite al proprio negozio. Benzina sul fuoco.

"Impatto", invece, è una chicca nella direzione dell'empatia.

2. In questa fase **utilizzare un verbo che disarma le persone e le spinge** a dare il meglio di sé, **a far uscire la propria parte migliore.** Predispone positivamente verso gli altri. Si tratta di **"aiutare".** Se tu ora incontrassi una persona che ti chiedesse aiuto, cosa faresti? Se un bambino per strada ti pregasse di dargli qualcosa da mangiare e tu gli comprassi un panino, come ti sentiresti dopo? Cosa provi quando aiuti chi ha bisogno, in genere? Di sicuro, sei orgoglioso della tua buona azione. E ti senti una persona migliore. Vero?

Ecco perché aiutare è un verbo utilissimo per cambiare lo stato d'animo del cliente che reclama.

Alla frase del punto precedente, aggiungere:

"Proprio per questo le chiedo: mi aiuta a comprendere meglio, nei dettagli, in ogni singolo passaggio, quello che è accaduto (che si è verificato, che mi ha riferito ecc.)?".

Emerge un reale interesse a capire, ad aiutare. L'addetto crea complicità.

3. Pausa di un secondo e ultima parte: è la fase in cui **tranquillizzare definitivamente il cliente, ribadendo la totale disponibilità nei suoi confronti.**

"È importante, perché così posso impegnarmi io personalmente (con i colleghi, con il responsabile, con il fornitore...) e verificare qual è la migliore soluzione per lei (quello che possiamo fare per lei...)".

È una frase da utilizzare se non c'è ancora una risposta definitiva da fornire. In più: "Domani sarà mia cura contattarla per darle un feedback sulla soluzione individuata. Possiamo procedere così, vero?".

Se, invece, l'addetto sa di poter risolvere subito la cosa, dire: "Così posso occuparmi io personalmente della soluzione (di seguire la cosa, mi dedico io personalmente a risolvere la cosa)".

Per riassumere, ecco un esempio completo con le tre fasi insieme: "Mi dispiace tantissimo per quanto accaduto e, soprattutto, per l'impatto che ciò ha avuto su di lei. Proprio per questo le chiedo: mi aiuta a comprendere meglio tutti i dettagli? È importante, perché così posso impegnarmi io personalmente a risolvere la cosa".

Ormai il cliente ha ricevuto quello che desiderava sin dall'inizio. Attenzione, cura, ascolto e impegno per la soluzione. Oppure, direttamente la soluzione. Ha motivo alcuno per essere ancora irritato, infastidito, arrabbiato? Per nulla.

E se proprio dovesse accadere che qualcuno non si calmasse per nulla, un tentativo estremo può essere il seguente: "Signor Nicola, ha sicuramente notato che sono a sua completa disposizione e la sto ascoltando con grande attenzione e nel massimo rispetto per la sua persona. Il mio atteggiamento è positivo e costruttivo. Sono certo che per agevolare la soluzione della cosa, posso contare d'ora in avanti anche sulla sua collaborazione positiva, vero?".

Altro discorso d'impatto: "Signora Paola, grazie per avermi chiarito la situazione e per aver espresso con la massima sincerità quello che ha provato. È importante che lei sappia che voglio aiutarla, con piacere. Capisco come si sente e ne ha tutto il diritto. È disposta a collaborare con me per trovare la migliore soluzione a quanto accaduto, vero?". Anche la persona più arrabbiata cederà le armi.

È fondamentale ragionare in termini di *life time value*, cioè di valore del cliente nell'intero arco temporale di relazione con il negozio. Quale fatturato ti garantisce in dieci anni se lo fidelizzi? E quanto ti costa perderlo per qualche euro?
Meditate addetti vendite, store manager e proprietari. Meditate.

I punti chiave dell'11° capitolo

- Il reclamo è un'opportunità, non una "seccatura". È l'occasione per migliorare il livello di servizi offerti. È il cliente che, in questo caso, fa un favore al negozio. Infatti, avrebbe potuto limitarsi a non comprare più, parlandone male in giro e sul web.

- Il reclamo nasce quando il cliente, nella sua mappa, ritiene di aver subìto un torto, che si trasforma in rabbia. E vuole solo la soluzione, non sentire giustificazioni.

- Fai sfogare il cliente. Stai tranquillo, non prenderla sul personale perché è arrabbiato per la situazione, non con te. Attendi il giusto momento per intervenire, seguendo le tre fasi suggerite nel capitolo.

- Ascolta il cliente, in silenzio. Mettiti nei suoi panni, crea empatia, dai segnali che lo stai seguendo con attenzione. Riferisci che ti dispiace molto per quanto accaduto, che sei rammaricato soprattutto per l'impatto che la situazione ha avuto su di lui. Anche se tu ritenessi che ha torto, non ha senso litigare.

- Chiedi al cliente di aiutarti a comprendere, nei dettagli, cosa si è verificato.

- Tranquillizza il cliente, riferendo che ti occupi tu personalmente della cosa, con la massima disponibilità. A quel punto, non avrà più motivo di arrabbiarsi.

Conclusione

Io ho finito di scrivere. Tu hai finito di leggere. Ti confesso di essere emozionato. Molto. È stato un lavoro lungo un anno, in cui ho pensato, ogni attimo, alla missione per cui lo scrivevo: dare la possibilità alle migliaia e migliaia di addetti vendita di diventare migliori.

Si può! Ne sono certo.

Mettiti una mano sul cuore, l'altra sulla tua coscienza. Dopo aver letto questo manuale, vuoi essere un commesso qualunque o diventare davvero un addetto vendite migliore? Essere indifferenziato, facilmente sostituibile con altri commessi, o unico ed eccellente? Tu puoi essere un campione, se vuoi, se studi ancora, se ti impegni ad applicare quello che ho scritto. Tutto, senza tralasciare alcun passaggio. Ho fiducia che lo farai, altrimenti non avrebbe senso aver dedicato il tuo tempo alla lettura. Allo studio.

Sono contento per il manuale ma sono felice soprattutto per te. Hai tutti gli strumenti per fare la differenza, ora. Un sacco di materiale, di spunti, di esempi, di parole, di frasi che identificano i professionisti. Ho preferito scrivere un libro un po' più lungo proprio per essere sicuro di trasferirti il massimo, in maniera completa.

Dall'analisi dello scenario in cui opera il moderno addetto vendite e del nuovo concetto di servizio, non più locale ma globale, siamo passati al "saper essere" del professionista in negozio, a cui si richiede un'evoluta cultura del servizio, del lavoro e del team. Fissati questi punti fermi, per comprendere definitivamente – da subito – che non c'è futuro per commessi qualunque, abituati al dilettantismo e alla superficialità, è iniziato il lavoro sulla consapevolezza comunicativa e sugli effetti che un addetto produce sul cliente.

L'educazione all'ascolto e la capacità di formulare le giuste domande sono stati argomenti centrali per rafforzare la struttura dell'addetto vendite, insieme con la parte sull'influenzamento del cliente, sul suo bisogno di importanza e sulla mappa personale, veri pilastri che è impensabile non conoscere nella vendita. Il successo commerciale dipende anche dalla capacità di eccellenti venditori di far leva su bisogni, emozioni, motivazioni e criteri di scelta, per stimolare il cliente a comprare.

Solo dopo aver trattato questi temi, è stato il giusto momento per aprire le porte del negozio, studiare come accogliere e gestire il cliente fino all'uscita. Un'infinità di indicazioni operative per fargli vivere un'esperienza d'acquisto così positiva da fidelizzarlo, con l'ausilio dei principi di persuasione che ogni addetto vendite di valore deve conoscere e applicare. Senza usare frasi killer, parole così sbagliate da influenzare in maniera negativa il cliente. Un capitolo che andrebbe iniettato per endovena, per andare subito in circolo ed evitare gravi errori in negozio.

Se il servizio al cliente è stato perfetto, sin dall'inizio, le eventuali obiezioni sono più blande; hai letto, quindi, un lungo elenco di soluzioni per trattarle e giungere più facilmente alla conclusione della vendita. E, in caso di reclami, ora hai un metodo per gestirli al meglio.

Tanta roba, tutta indispensabile.

Beh, ora sono proprio curioso di sapere che cosa ne pensi tu. Quanto ti è stato utile il manuale? È importante che tu abbia ricevuto utilità, concretezza e valore. Entrambi sappiamo che il giudizio più importante è il tuo. Vorrei tanto essere con te in negozio per apprezzare i tuoi miglioramenti. Brindare ai tuoi successi. Celebrare lo sviluppo della tua carriera.

Ma non ho il dono dell'ubiquità, purtroppo. Per questo, ho piacere che tu mi raccontassi i tuoi progressi e i successi. O le difficoltà da superare. Non sarà facile. Ne sei consapevole, vero? Se lo fosse, tutti riuscirebbero a migliorare e ad avere successo. Non è per tutti, però. Tu sii perseverante. Non ti abbattere mai. Rialzati quando cadi. Dopo un no, riparti di slancio. Chiediti: cosa posso fare meglio la prossima volta? E, soprattutto, fatti i complimenti quando concludi ogni vendita.

Mi piacerebbe molto stare ancora con te ma è giunto il momento di salutarci. Dopo tanto tempo insieme si fa abbastanza fatica, eh? Voglio che tu sappia che è stato bellissimo scrivere per te.
È solo un arrivederci. Con la lettura del manuale hai dato una

spinta alla tua crescita, per essere un addetto vendite migliore. Se ti è piaciuto, vai su Amazon e lasciami una recensione a 5 stelle.

E, per approfondire e restare in contatto con me, vai su:

- www.addettovenditemigliore.it
- www.facebook.com/groups/addettovenditemigliore
- www.facebook.com/MarianoTriaPage

Lasciami la tua migliore email, quella che utilizzi sempre, e ti invierò approfondimenti e aggiornamenti per migliorare sempre di più. Perché non si finisce mai di apprendere in un mondo, come quello del retail, che cambia rapidamente.

Mi aspetto che scriverai presto per farmi sapere come stai applicando ciò che hai imparato.

Ci tengo molto.

Non vedo l'ora di conoscerti di persona durante le giornate di formazione che ho previsto per chi, come te, vuole essere un addetto vendite top. Proprio per questo, ho pensato a un regalo per ringraziarti del tempo trascorso insieme: utilizza il codice promozionale AVM20 per il primo corso a cui partecipi e ottieni uno sconto del 20%.

Sei interessato a ingaggiarmi per intervenire a una conferenza o a un evento aziendale? Vuoi che mi occupi della formazione degli addetti vendite e degli store manager dei tuoi negozi, a cui offrire anche consulenza?

Contattami direttamente all'indirizzo:

info@addettovenditemigliore.it

Chiediti: in un mercato in continua evoluzione e così spietato, costa di più formarsi o non formarsi?

Non perdere mai l'opportunità di crescere professionalmente. Approfitta di ogni occasione. Non ti accontentare mai. Decidi con ardore di essere un numero 1.

Forza. Metticela tutta.

Io ho fiducia che ce la farai. Conto su di te.

Faccio il tifo per te. Con il cuore.

Mariano Tria

www.addettovenditemigliore.it

www.facebook.com/groups/addettovenditemigliore

www.facebook.com/MarianoTriaPage

www.ingramcontent.com/pod-product-compliance
Lightning Source LLC
LaVergne TN
LVHW020312200726
843507LV00012B/2063